Unterwegs in Marokko

Zu diesem Buch

Wer nach Marokko reist, wird eine Vielzahl intensiver Eindrücke erleben. Ob Städte wie Meknès, Casablanca, Fès oder Marrakesch mit ihren architektonischen Schätzen, Moscheen, Palästen und altehrwürdigen Medinas, ob malerische Bergstädtchen wie Chefchaouen oder UNESCO-Welterbestätten wie Aït-Ben-Haddou – sie alle sind faszinierende Reiseziele, die es zu entdecken gilt. Die vielfältigen Naturlandschaften wie das Rif- und Atlas-Gebirge locken ebenso wie die Strände und Surfspots von Mittelmeer und Atlantikküste. Und ganz im Süden beeindruckt die unendlich weite Dünenlandschaft der Sahara. Dieses Buch entführt an die schönsten Orte Marokkos und lässt den Leser eintauchen in die faszinierende Welt von Tausenduneiner Nacht.

Inhalt

DIE SCHÖNSTEN REISEZIELE

DIE SCHÖNSTEN REISEROUTEN

Bild oben: Eine Karawane zieht durch den Erg Chebbi.
Bilder auf den vorherigen Seiten: S. 2/3: Ksar Aït-Ben-Haddou bei Ouarzazate, Drâa-Tafilalet; S. 4/5: Souk in Marrakesch.

ATLANTISCHER
OZEAN
RABAT
CASABLANCA
Mohammedia
El-Jadida
Chaouïa
Oued Mellah
Oued Oum er-R
Settat
Khouribga
Cap Beddouza
Safi
Barrage Al-Massira
MARO
Oued Tensif
Essaouira
MARRAKESCH
Oued Tassao
El-Kelaâ M'Gouna
Hoher
Adrar-n-Deren
Cap Rhir
Taroudant
Agadir
Ouarzazate
Barr. El-Mansour-Eddahbi
Atlas
Oued Mass
Tafraoute
Anti
Iriki
Cap Drâa
WESTSAHARA

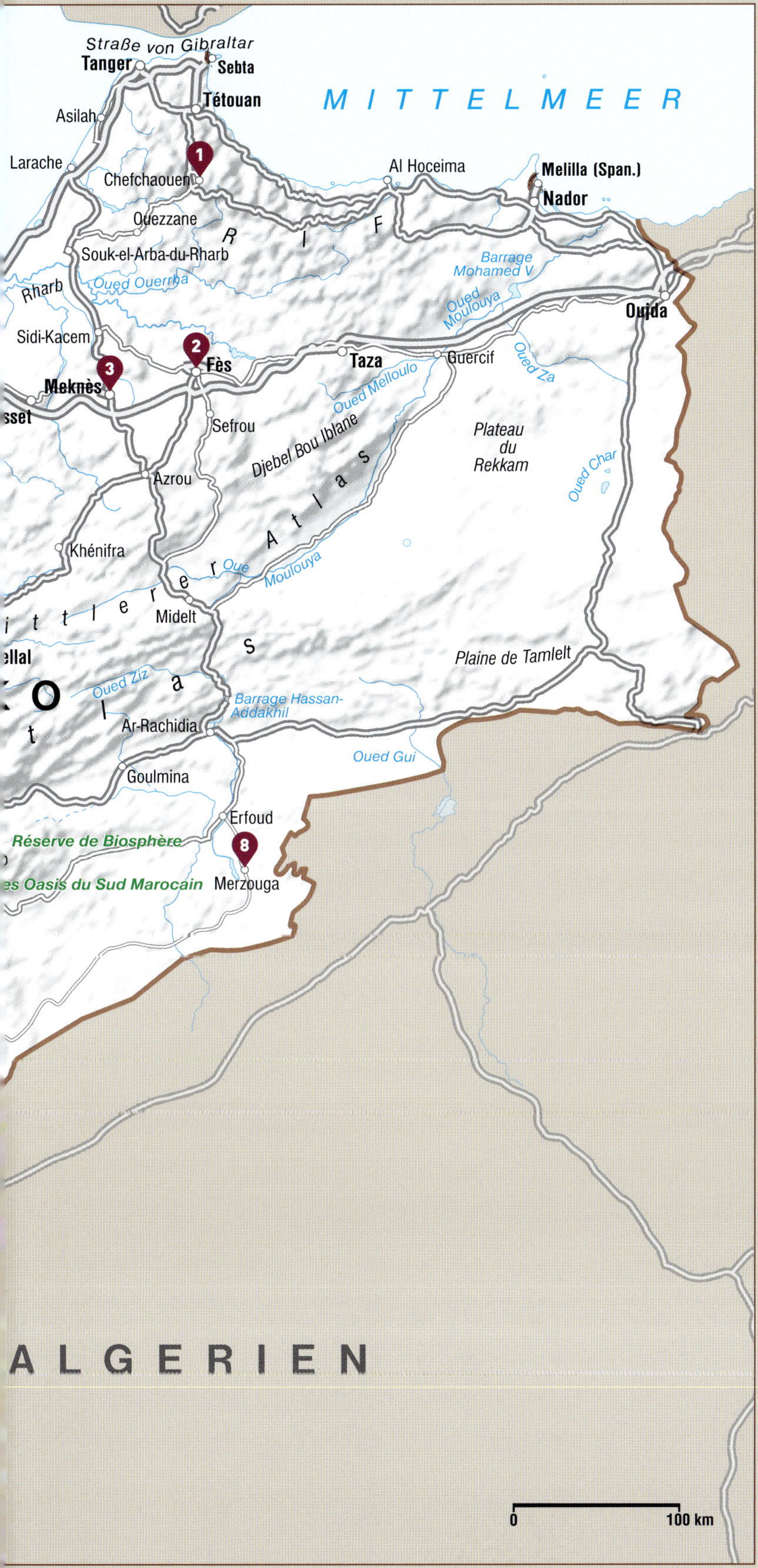

HIGHLIGHTS *

1 Chefchaouen

»Blaue Stadt« wird Chefchaouen mit seiner idyllischen Altstadt und dem Gassenlabyrinth auch genannt.

2 Fès

Fès besitzt die älteste und eine der verwinkeltsten Medinas in Marokko. Weitere Höhepunkte der Königsstadt sind verschiedene Moscheen, die Koranschule und das Gerberviertel.

3 Meknès

Die Stadt wartet mit zahlreichen gigantischen Bauwerken auf, die unter der Herrschaft von Sultan Moulay Ismail entstanden sind. Das Bab Mansour zählt zu den schönsten Toren weltweit.

4 Rabat

Die Hauptstad Marokkos beeindruckt mit der blau-weißen Kasbah, dem Königspalast oder mit der Nekropole Chellah.

5 Casablanca

Der gleichnamige Filmklassiker (1942) mit Humphrey Bogart und Ingrid Bergman machte die Millionenstadt weltberühmt.

6 Essaouira

In der Hafenstadt geht es noch etwas beschaulicher zu als in den quirligen Königsstädten.

7 Marrakesch

Hier betört eine unendliche Fülle an Gewürzen, Töpferwaren, Teppichen, Gauklern, Feuerschluckern und Schlangenbeschwörern die Besucher.

8 Merzouga

Mitten in der Wüste unter einem funkelnden Sternenhimmel zu übernachten und die Sonne hinter den Dünen aufgehen zu sehen, ist ein ganz besonderes Erlebenis.

9 Agadir

Agadir bietet eine schöne Strandpromenade sowie fantastische Strände und ist vor allem ein Mekka für Surfer.

10 Tafraoute

Die kleine Stadt im Antiatlas liegt inmitten steiler Berghänge und umgeben von Dattelpalmen. Bis heute leben hier ausschließlich Berber.

Die schönsten Reiseziele

Marokko bietet eine unendliche Fülle an faszinierenden Reisezielen: einmalige Küstenlandschaften und lebhafte Küstenstädte, imposante Bergmassive, verschlafene Örtchen, einsame Bergdörfer und ursprüngliche Bergvölker, prächtige Königsstädte, prachtvolle Moscheen und Paläste, imposante Ruinenstätten und eine ganze Menge spannender Geschichten und Geschichte. Die interessantesten Orte des Landes werden in diesem Buch Region für Region in Text und Bild vorgestellt. Detaillierte Informationen zu Museen, Palästen, Moscheen, historischen Stätten und Nationalparks, Themenartikel zu Kultur, Kulinarik und Geschichte, Pläne der wichtigsten Städte sowie ein Klassifizierungssystem mit Sternen – *** drei Sterne = »eine eigene Reise wert«, ** zwei Sterne = »einen Abstecher wert«, * ein Stern = »sehenswert« – erhöhen den praktischen Nutzwert. Bild: Agdal-Gärten, Marrakesch.

Marokkos Norden

Superlative in allen Facetten prägen Marokkos nördlichen Teil zwischen Tanger und Rabat. Mit Rabat ist hier die von der UNESCO zum Welterbe geadelte Landeshauptstadt ebenso angesiedelt wie die reizenden Königsstädte Fès und Meknès. Weite Strände, wilde Wellen, römische Relikte und Art-déco-Architektur zählen zu den weiteren Attraktionen, ebenso wie weiße Städtchen und Fischerdörfer aus portugiesischer oder spanischer Zeit.

Unterwegs in Tanger-Tétouan-Al Hoceïma

Der Zauber verwinkelter Medinas, die Weite endloser Strände und die zerklüftete Gebirgsszenerie des Rif prägen den Norden Marokkos. In dieser wilden Landschaft bewahren die Rif-Berber ihre eigenwillige Kultur und ihren unbändigen Unabhängigkeitswillen.

**** Tanger** Kräftig geputzt hat die »Weiße Taube auf der Schulter Afrikas« ihr Gefieder in jüngster Zeit. Trotz neuem Hafen und anderer städtebaulicher Maßnahmen ist die Faszination einer kosmopolitischen Welt jedoch geblieben. Maler wie Eugène Delacroix und Henri Matisse berauschten sich schon früh am Licht des Kaps, auf dem sich Tangers Medina zusammendrängt. Schriftsteller wie Paul Bowles, Tennessee Williams oder Jack Kerouac erlagen ebenfalls dem Reiz der an zwei Meeren gelegenen Stadt. Zahlreiche Filmemacher erwählten Tanger als Filmkulisse. Im Kasbah-Viertel entstanden etwa einige Szenen des James-Bond-Abenteuers »Spectre«. Der Souk und der weite Sandstrand tragen das Ihre zur Faszination Tangers bei. Und bei gutem Wetter schaut man vom legendären Café »Hafa«, in dem schon die »Beatles« und die »Stones« saßen, hinüber nach Europa.

***** Tanger: Grand Socco** Offiziell heißt er Platz des 9. April 1947 – aber keiner der Einheimischen nennt ihn so, auch wenn sich sein Ge-

INFO

TANGER-TÉTOUAN-AL HOCEÏMA

Hauptstadt
Tanger

Fläche
17 262 km²

Einwohnerzahl
3 636 000

Bevölkerungsdichte
211 Einwohner/km²

Blickfang im Kasbah-Viertel: der Bab el-Assa, ein mit Mosaiken verzierter Brunnen.

Bis in die späten Abendstunden herrscht in Tangers Innenstadt reges Treiben. Der Grand Socco ist ein lebhafter Platz mit vielen Teestuben, Geschäften und Ruhebänken unter Palmen.

sicht nach der Renovierung drastisch gewandelt hat. Ursprünglich ein großer, quirliger Marktplatz, auf dem neben den Händlern auch Musiker, Geschichtenerzähler und Schlangenbeschwörer ihren Auftritt hatten, zeigt sich der Grand Socco nun als Oase im Stadtgetümmel. Alte Frauen und junge Mütter sitzen hier ebenso auf den Bänken im Schatten hochstämmiger Palmen wie ermattete Touristen und junge einheimische Pärchen. Am Saum des Grand Socco indes herrscht nach wie vor rege Betriebsamkeit: Cafés und kleine Lokale drängen sich hier ebenso wie die Taxiflotte der Altstadt. Und sowohl aus den Souk-Gassen als auch aus den nahen Markhallen strömen vollbepackte Käufer zu dem von einem Kranz von Ausfallstraßen gesäumten Platz.

***** Petit Socco** Auf dem »kleine Markt« in Tangers Medina spiegelt sich die große Ära der

Fischhändler präsentieren ihre Prachtexemplare am Grand Socco.

nordmarokkanischen Hafenstadt, in der sowohl legale Handelsgüter als auch Drogen im Herzen der Altstadt umgeschlagen wurden und die Prostitution blühte. Bankiers, Diplomaten, Kaufleute und Spione nutzten im 19. Jahrhundert den Petit Socco als Treffpunkt und Handelsbörse. Bis in die 1950er-Jahre fungierte er außerdem als Wohnzimmer europäischer Intellektueller: Schriftsteller wie William S. Borroughs, Allen Ginsberg und Camille Saint-Saëns logierten entweder in einer der Pensionen oder hielten in den Cafés Hof. Eingerahmt von Geschäften, Restaurants und Hotels, herrscht auf dem Platz und in den umliegenden Gassen auch heute zu jeder Tages- und Nachtstunde rege Geschäftigkeit. Von einem Logenplatz auf einer der Caféterrassen und bei einem Glas Minztee lässt sich das bunte Treiben bequem beobachten.

***** Kasbah-Viertel** Bereits die alten Römer umgaben die höchste Erhebung Tangers mit einer ersten Mauer. Die portugiesischen Herrscher des 15. und 16. Jahrhunderts ließen den Schutzwall des Burgbergs dann nochmals verstärken. Eine steile, aber breite Treppenstraße führt heute aus der Medina zu dem befestigten Kasbah-Viertel hinauf. In seinen Gassen haben sich inzwischen Galerien, Kunsthandwerksläden und edle kleine Gästehäuser sowie Restaurants angesiedelt. Der einstige Sultanspalast Dar el Makhzen aus dem 17. Jahrhundert diente im Laufe der Zeit auch als Stätte der Gerichtsbarkeit. Seit Anfang des 20. Jahrhunderts birgt er das »Musée de la Kasbah«.

***** Musée de la Kasbah** Das Archäologische Museum im ehemaligen Sultanspalast Dar el-Makhzen galt seit seiner Eröffnung im Jahr 1922 bis in die 1930er-Jahre als Marokkos bedeutendster Ausstellungsort für Altertümer. Eingerichtet wurde es von der internationalen Verwaltung, der Tanger damals unterstand. Als in Marokkos Hauptstadt Rabat ein eigenes historisches Museum seine Tore öffnete, verblasste der Ruhm von Tanger. Dabei zeigt das Museum Exponate von außergewöhnlichem Wert. In den um einen prächtigen Innenhof liegenden Sälen beider Etagen ist eine Fülle kunsthandwerklicher und künstlerischer Exponate aus der mehr als 2000 Jahren währenden Stadtgeschichte versammelt, darunter Mosaiken, Statuen und andere Funde aus den römischen Stätten Nordmarokkos, besonders aus Volubilis. Auch die Sammlung marokkanischen Kunsthandwerks ist außergewöhnlich. Komplettiert wird das reizvolle Museum durch die teils aus dem 17. Jahrhundert stammenden Räume und Innenhöfe des Palastes, in denen Majolika, Marmor sowie geschnitzte und bemalte Holzdecken noch vom fürstlichen Glanz des Sultanssitzes zeugen.

Bilder oben: Tanger, »Das Tor zu Afrika«, ist auf einem Berghang errichtet und zieht sich bis hinunter ans Meer. Über eine Treppe gelangt man von der Medina zum Tor der Kasbah und zum Kasbah-Viertel.

Innenhof des Kasbah-Museums.

Bunte Mosaiken, vergoldeter Stuck und Holzornamente fallen in der Kasbah ins Auge.

*** Ksar es-Segir** Der kleine Fischerort hat eine wechselvolle Geschichte hinter sich. Vermutlich wurde der ursprüngliche römische Ankerplatz zur Zeit der islamischen Eroberung bereits um das Jahr 708 erstmals befestigt und besiedelt. Im 11. Jahrhundert wurde die Bucht von den Almoraviden und Almoharen als Schiffsbauplatz und Ausgangspunkt für Überfahrten genutzt. Eine erste größere Stadt mit Türmen entstand schließlich im 13. Jahrhundert unter Merinidensultan Abu Yaqub Yusuf. Im 15. Jahrhundert eroberten dann die Portugiesen unter König Alfons V. den Ort, den sich mittlerweile Seeräuber als Unterschlupf eingerichtet hatten. Bis 1549 sollte es dauern, dann zog die portugiesische Besatzung ab. Bereits Anfang des 17. Jahrhunderts war Ksar es-Segir ein kleines Fischerdorf, was es bis heute geblieben ist. Viel Besonderes gibt es in dem verschlafenen Örtchen nicht zu sehen. Im kleinen Kasbah-Museum werden Fundstücke aus der Vergangenheit von Ksar es-Segir gezeigt.

*** Cap Malabata** Da die Bucht von Tanger für gewöhnlich durch die einmündenden Flüsse und die unmittelbare Nähe zur Stadt nicht mit klarem Wasser gesegnet ist, empfiehlt es sich, zum Baden etwa neun Kilometer weiter zu fahren. Die Bucht am Cap Malabata bietet schöne Badegelegenheiten wie zum Beispiel den Strand von Mrissa. Man muss jedoch nicht unbedingt zum Baden hierherkommen. Allein die Aussicht lohnt einen Abstecher. Fotomotive gibt es genügend. In den frühen Morgenstunden bietet sich bei Sonnenaufgang ein fantastischer Blick auf Tanger und die Straße von Gibraltar. Auch die kurvenreiche Strecke von Tanger entlang der Felsenküste überrascht immer wieder mit neuen Fernblicken auf das Meer.

Eine imposante Wallanlage aus der Zeit Königs Alfons V. umgibt die weißen Häuschen Asilahs.

Großes Bild oben: Im Gegensatz zu seinem viel besuchten Nachbarn Asilah ist das nicht weniger sehenswerte Larache mit seinen bunten Häusern eher ruhig und ursprünglich. Aufgrund seiner Lage direkt am Meer spielt hier in den letzten Jahren der Bade-Tourismus eine immer größere Rolle. Großes Bild oben: Mit ihren blau-weiß gekalkten Häusern erinnert die Medina von Asilah an die spanische Vergangenheit.

***** Asilah** Asilah ist Alltag, marokkanischer Alltag. Wer zeitgenössische Authentizität sucht, ist genau richtig in dieser kleinen Küstenstadt. In ihrer Nähe siedelten schon die Phönizier und später die Römer; die Portugiesen nutzten Asilahs Hafen als Stützpunkt für ihre Erkundungs- und Handelsfahrten nach Indien. Den portugiesischen Herrschern verdankt Asilah auch sein heutiges Gesicht mit der kleinen ummauerten Altstadt. Die farbenfrohen Wandbilder dort sind indes ein Produkt der Moderne. Denn jedes Jahr richtet Asilah ein Kunstfestival aus, dessen Teilnehmer Wände und Hausfassaden der Medina bemalen. Kunst ganz anderer Art findet sich südlich der Stadt, in M'zora: Hier liegt Marokkos einziger Steinkreis. Ansonsten umgeben wunderbare Strände Asilah – und am Meer außerhalb der Medina liegt auch ein alter Friedhof mit den Gräbern von Marabouts (Heiligen).

***** Larache** Lei Araïch, die Weinreben, so nannten die Berber vom Stamm der Beni Arous, die im 9. Jahrhundert in das Küstengebiet kamen, die Hafensiedlung. Sie liegt heute nur etwa vier Kilometer von der antiken Ruinenstätte Lixus entfernt. Im 15. Jahrhundert versuchten die Portugiesen Larache einzunehmen. Zwischen 1610 und 1689 sowie ab 1909 bis zur Unabhängigkeit Marokkos gehörte es zu Spanien. Der im spanischen Stil erbaute, kreisrunde Place de la Libération bildet mit seinen von Arkaden überdachten Cafés das Zentrum von Larache und gleichzeitig den Übergang von der Altstadt zur Neustadt. Das alte Stadttor Bab el-Khemis führt vom Platz direkt in die Medina zum Socco de la Alcaiceria, dem ehemaligen Markt der Stoffhändler. Ebenfalls aus spanischer Zeit stammt die mächtige Festungsanlage Castillo de las Cigueñas.

Fischerboote im Hafen von Larache.

Auf dem Socco de la Alcaiceria in Larache gibt es fast alles zu kaufen.

Heute kann man nur noch erahnen, wie Lixus einst aufgebaut sein mochte.

Teilweise noch erhaltene Mosaiken sind in Lixus besonders sehenswert.

***** Lixus** Gelegen auf einer Hügelkuppe nahe dem mäandernden Oued Loukos, einem der längsten Flüsse Marokkos, war Lixus einst ein prähistorischer Seehafen. Von hier wurden die Schätze des Hinterlandes verschifft: Blei, Eisen, Kupfer und Gold. Um 800 v. Chr. besetzten die Karthager die Anlage und überbauten die megalithischen Fundamente. In römischer Zeit gehörte Lixus zu der von Kaiser Claudius geschaffenen Provinz Mauretania Tingitana. Während der langen, mehrfach unterbrochenen Ausgrabungsära (1949–1970) wurde nur das Zentrum, also etwa zwanzig Prozent der ehemaligen Gesamtfläche des antiken Stadtgebiets, untersucht. Das Ruinenareal liegt heute gegenüber der Stadt Larache und ist nach Volubilis die bedeutendste antike Ausgrabungsstätte Marokkos. Sie steht auf der Vorschlagsliste der UNESCO, das Gelände ist heute für Besucher frei zugänglich.

Neben Volubilis ist Lixus die bedeutendste archäologische Stätte Marokkos. Für Liebhaber antiker Ruinen lohnt ein Besuch, zumal Lixus mit einem Superlativ aufwarten kann: Im Südteil der Unterstadt liegen Reste einer Fischverarbeitungsanlage, die man noch gut erkennen kann. Es sind die größten ihrer Art weltweit.

**** Ksar el-Kebir** Vor den mächtigen Umfassungsmauern der »Großen Festung« Ksar el-Kebir scheiterten 1578 die portugiesischen Bestrebungen, Nordmarokko zu christianisieren. Bei der legendären »Schlacht der Drei Könige« verloren sowohl der angreifende portugiesische König Sebastiaõ und dessen marokkanischer Verbündeter als auch Sultan Abd el-Malek das Leben. Zu jener Zeit war Ksar el-Kebir eine vor allem von andalusischen Flüchtlingen bewohnte Stadt. Diese aus Südspanien vertriebenen Muslime und Juden verhalfen Ksar el-Kebir zu wirtschaftlicher Blüte, und noch heute gelten die malerischen Souks in der Altstadt als kommerzieller Brennpunkt des fruchtbaren Gharb-Tals. Nach Gewerbe aufgeteilt präsentieren sich Parfumhändler im Souk el-Attarine, Importeure in der Kaysaria und Stoffhändler im Souk el-Haïk. Mehrere Moscheen aus dem 17. und 18. Jahrhundert rufen die Gläubigen zum Gebet.

**** Fnideq** Das einstige Fischerdorf ist in der heutigen modernen Stadt südlich von Ceuta nicht wiederzufinden. Noch unter spanischer Verwaltung bestimmten der Rhythmus des Meeres und die vorbeiziehenden Fischschwärme das Leben der Menschen, die mit dem Rif-Gebirge im Rücken ein bescheidenes Leben führten. Als Fnideq 1956 unter marokkanische Verwaltung gestellt wurde, während das benachbarte Ceuta eine spanische Exklave blieb, zogen viele Berberfamilien aus dem Rif an die Küste und tauschten die mühselige Landwirtschaft gegen den wesentlich gewinnbringenderen Schmuggel ein. Marokko hat viel Geld investiert, um aus dem Schmugglerparadies eine respektable Stadt zu machen – gut ausgebaute Fernstraßen und eine Reihe luxuriöser Strandhotels lockten wohlhabende Marokkaner und Franzosen an Fnideqs Traumstrände. Trotzdem hat die örtliche Polizei nach wie vor mit illegalen Geschäften zu kämpfen.

**** M'Diq** Dass die moderne Hafenstadt am Cabo Negro sich an einer eher beengten Stelle vom Fischerdorf zu einem Fremdenverkehrsort an der nordmarokkanischen Küste entwickelt hat, besagt ihr Name: M'Diq bedeutet im Arabischen, eng, und auch der spanische Name Rincón, der Winkel, spielt darauf an. Wie Fnideq war auch M'Diq ein unbedeutendes Fischerdorf, dem der Schmuggel mit dem nahen Ceuta nach der marokkanischen Unabhängigkeit starke ökonomische Impulse gab. Und wie der Nachbarort gelangte auch M'Diq in den Genuss wirtschaftlicher Förderung durch den Staat. Heute wird in M'Diq nicht mehr Ware verschoben, sondern gebadet. Die Strände sind traumhaft schön, und angenehme Hotels bieten jeden nur erdenklichen Komfort. Vor allem reiche Marokkaner und Franzosen schätzen das glasklare Meer vor der dramatischen Kulisse des Rif-Gebirges.

**** Martil** Kilometerlange Sandstrände, eine von Palmen gesäumte Uferpromenade, Hotels, Restaurants und Diskotheken sind die Visitenkarte der 70000-Einwohner-Stadt an der Mündung des Flusses Oued Martil. Wie die Nachbarorte hat Martil einen großen Sprung von bescheidener Fischerei zum Touristen-Hotspot getan, seine Herkunft dabei aber nicht vergessen. Wenn am späten Nachmittag die bunten Boote der Fischer mit Fang beladen in das Hafenbecken einlaufen, scheint es, als habe sich kaum etwas geändert. Im Ortsbild sind wenige geschichtliche Spuren zu entdecken, darunter die 1720 erbaute Festung Bordj Martil. Anders als bei historisch gewachsenen Städten wurde die Entwicklung von Martil in der Zeit des spanischen Protektorats auf dem Reißbrett geplant und mit geradlinigem Straßenraster umgesetzt. Die Atmosphäre eines orientalischen Souk mit verwinkelten Gässchen fehlt. Trotzdem lohnt ein Spaziergang durch den Ort und natürlich über den Hafen.

An Fnideqs Traumstränden tummeln sich vor allem wohlhabende Marokkaner und Franzosen.

Moschee Mohammed V. in Fnideq.

In M'Diq lockt das glasklare Meer vor der dramatischen Kulisse des Rif-Gebirges.

Köstlichkeiten aus Marokko

Marokko ist ein kulinarisches Paradies. Zwei Meere, Dattelpalmen und Mandelbäume, Orangen- und Olivenhaine, Rosentäler und sorgsam gehegte Gemüsefelder, die struppigen Argan-Bäumchen, in die die Ziegen so gerne klettern, um die Früchte zu fressen, aus denen das hellgelbe Argan-Öl gewonnen wird: Fast jeder Landstrich Marokkos hat etwas zu bieten, um den Speisezettel zu bereichern. Bei Meknès wachsen sogar

Reben – und die Trauben werden nicht nur als Früchte genossen, sondern professionell zu Wein verarbeitet. Getrocknet aromatisieren die Weinbeeren – ebenso wie geröstete Mandeln – die Farce für die traditionelle Pastilla. Statt aus Taubenfleisch wird diese warme Pastete heute allerdings meist mit Huhn zubereitet. Die Sardinen aus Safi schmecken auch schlicht zu einem Stück (Fladen-)Brot. Gleiches gilt für die Seeigel; die besten kommen, so heißt es, aus Oualidia. Couscous und Tajine kennt man in unzähligen Varianten. Gekonnt verbinden sich die Aromen und Gewürze der berberischen, jüdischen, arabischen, französischen, spanischen und sogar der indischen Küche in jener Marokkos. Zimt, Honig, Kardamom, Schwarzkümmel und Rosen- oder Orangenblütenwasser sind dabei nicht nur den Süßspeisen vorbehalten.

***** Tétouan** »Weiße Taube« wird das zu Füßen des Rif-Gebirges gelegene Tétouan ob seiner weiß getünchten Häuser genannt. Im Schutz der zinnenbekrönten Medina haben zahlreiche Moscheen und Souks die Zeiten scheinbar unberührt überdauert. Unmittelbar vor dem Bab er-Rouah (»Tor der Winde«), einem der Eingänge zur Medina, befindet sich der an den zentralen Place Hassan II. grenzende Sultanspalast Darel-Makhzen, der im 17. Jahrhundert unter Moulay Ismail errichtet wurde. In der Medina selbst verströmen im engen Gewirr der Gassen traditionelle Souks mit Werkstätten und Verkaufsläden die lebhafte Atmosphäre orientalischen Handels. Immer wieder öffnen sich Plätze mit kachelverzierten Brunnen, und man trifft auf Moscheen, auf Funduks (Herbergen) und einstige Karawansereien. Dazwischen reihen sich einfach Wohnhäuser. Am nordwestlichen Rand der Medina liegt die Kasbah aus dem 17. Jahrhundert. Die verwinkelte Anlage mit ihren Treppen und Gängen ist einen Besuch wert. Die Aussicht von oben auf die weißen Häuser der Stadt lohnt sich ebenso.

Tétouans Medina ist geprägt von überwölbten Gassen und verzierten Mauern.

Bilder oben: Dicht an dicht ziehen sich die weißen Häuser Tétouans den Hang hinauf. Die größte Stadt des Rif zählt wegen ihrer andalusisch beeinflussten Architektur zum Weltkulturerbe der UNESCO und war bis zur marokkanischen Unabhängigkeit 1956 Teil des spanischen Hoheitsgebiets. Tétouans Souk ist der viertgrößte Marokkos; an den Markttagen bringen Rif-Bäuerinnen ihre Produkte in die Stadt. Nicht selten sieht man in den engen Gassen der Medina Einheimische in Berbertracht.

**** Königspalast** Jeden Sommer verbringt König Mohammed VI. einige Zeit in diesem Familienpalast, dessen Ursprünge auf das 17. Jahrhundert zurückgehen. Das strahlend weiße Ensemble an dem riesigen, mit geografischen Ornamenten geschmückten Place du Mechouar, auf dem immer wieder Feste in Anwesenheit des Monarchen gefeiert werden, gilt für viele im Land als ein besonders gelungenes Exemplar arabisch-andalusischer Architektur. Zu Beginn des 20. Jahrhunderts wurde der Palast aufwendig restauriert. Er liegt am Rand der von der UNESCO zum Welterbe erklärten Altstadt, ist von einer mit Zinnen bewehrten Mauer umgeben und birgt im Herzen seiner Zimmerfluchten einen schattigen Garten. König Mohammed nutzt Tétouans Palais Royal vor allem gerne als Stützpunkt für seine Wassersportaktivitäten im rund zehn Kilometer entfernten Mittelmeerort M'Diq.

Weiße Fassaden mit grünen Fensterelementen verleihen dem Königspalast andalusisches Flair.

Eingangstor zum Königspalast in Tétouan.

Hinter den Gebäuden von Tétouans Medina werden die Berge sichtbar.

***** Medina** In Tétouans Medina, die sich hinter dem Königspalast Dar el-Makhzen zu einem Gewirr von Gassen, Gässchen, Plätzen und Innenhöfen verzweigt, arbeiten und handeln die einzelnen Zünfte und Handelszweige noch streng traditionell in ihren jeweiligen Marktbereichen. Beim Bummel durch das Labyrinth passiert der Besucher Gassen, in denen nur Metall verarbeitet wird, andere, in denen Drechsel und Hobel regieren, und wiederum andere, wo eine Flut bunter Stoffe das Mauerwerk der Häuser umhüllt. Mehrere Moscheen und Mausoleen erheben sich als fromme Ruhepole über das ständige Gedränge und Gefeilsche; Gläubige kommen zum Beten und Meditieren. Im Umfeld der religiösen Stätten duftet es besonders gut: Hier haben sich mehrere Garküchen und Verkaufsstände honigsüßer chebakia, eines beliebten Gebäcks, versammelt.

Tétouans Medina ist ursprünglich geblieben und hat sich touristischen Einflüssen weitgehend verschlossen.

Auf dem Markt von Oued Laou herrscht reges Treiben. Hier werden unterschiedlichste Waren gehandelt.

***** Oued Laou** An der Mündung des Oued Laou ins Mittelmeer lassen die steilen Hänge des Rif-Gebirges gerade genug Platz für den beschaulichen Fischerort Oued Laou und seine Sandstrände, von denen die Männer frühmorgens zur Jagd auf Anchovis, Sardinen und Rotbrassen aufbrechen. Jeden Dienstag findet auf dem Marktplatz des Städtchens ein lebhafter Markt statt, auf dem die Berberinnen aus dem Rif traditionell hergestellte Töpferwaren, Silberschmuck, die gestreiften Hüfttücher mendils und die charakteristischen Strohhüte der Rif-Kabylen verkaufen. Während dieser Wochenmarkt auch gerne und häufig von Touristen besucht wird, sind die Einheimischen beim Samstagsmarkt etwas außerhalb unter sich. Hier wechseln, Hühner, Schafe, Ziegen und der eine oder andere Esel, außerdem Werkzeuge und Dinge des täglichen Bedarfs den Besitzer.

***** Cascades d'Akchour** Ein grünes Paradies vor den Toren Chefchaouens ist das Akchour-Tal im Rif-Gebirge. Reichlich Niederschläge sorgen hier für das von den (Cannabis-) Bauern dringend benötigte Wasser. Beim Dorf Akchour fällt es in atemberaubenden Kaskaden über die Felsen herab und sorgt für üppige Fruchtbarkeit in der Monotonie halb trockener Steppen – eine echte Oase, zweigeschossig sozusagen, denn es gibt einen oberen und einen unteren Wasserfall. Azurblaue Teiche, rosa blühende Oleanderbüsche, Lorbeer und Bougainvillea erfreuen das Auge mitsamt einer eindrucksvollen Bergkulisse. Zwischen vier und fünf Stunden benötigt man zu Fuß bis zu den Wasserfällen, fast ein Dutzend Mal ist zwischen der Petite Cascade und der aus rund fünfzig Meter Höhe herabrauschenden Grande Cascade der Fluss zu queren. Ein kleines Abenteuer in wunderbarer Natur.

Eine Wanderung von Chefchaouen aus zu den Cascades d'Akchour lohnt sich, schließlich warten an ihrem Ende zwei Wasserfälle und ein kleiner natürlicher Pool, an denen man sich erfrischen kann. Auf der Strecke können Essen und Getränke entlang des Weges gekauft werden. Festes Schuhwerk empfiehlt sich, denn es geht teilweise durch unwegsames Gelände. Der Weg ist meist schattig.

Talassemtane Nationalpark

Der im Jahr 2004 gegründete Nationalpark Talassemtane liegt im Rif-Gebirge. Wälder und schroffe, oft spektakuläre Felsformationen prägen die Landschaft. Die Gipfel der Region können durchaus 2000 Meter übersteigen. Mehr als 35 Säugetierarten, darunter Ziegen, Gazellen, Füchse und Berberaffen, sind im Nationalpark beheimatet. Berberaffen sind die vielleicht bekanntesten Tiere Marokkos. Im Talassemtane-Nationalpark leben sie in den Eichen- und Zedernwäldern, in den höheren Lagen sowie in den zahlreichen Höhlen. Daneben gibt es etwa 30 Reptilien- und Amphibienarten im Nationalpark sowie etwa 100 Vogelarten, zu denen auch Raubvögel wie Bartgeier und Steinadler gehören.

Rif-Gebirge

Im Namen »arrif« (dt. Grenze) kommt die besondere Bedeutung des marokkanischen Rif-Gebirges für die hier beheimateten Berber zum Ausdruck. Es bildet mit 360 Kilometern Länge und auf einer Breite von bis zu 80 Kilometern eine Barriere zwischen der mit Wäldern bedeckten Mittelmeerküste im Norden und der fruchtbaren Meseta, die sich südlich der Berge erstreckt. Im Gegensatz zu den noch weiter südlich anschließen-

den Bergketten ist das Rif nicht Teil des nordafrikanischen Atlas. Steil erheben sich seine Flanken aus dem Meer, während es im Landesinneren in sanften Hängen ausläuft. Als höchster Berg ragt der Tidighine stolze 2456 Meter in den Himmel. Die zerklüfteten Berge sind stellenweise mit Zedern, Steineichen, Tannen, wilden Oliven und Kiefern bewaldet; Bergziegen, Gazellen und Horden von Berberaffen leben in den Wäldern und auf den felsigen Anhöhen. Menschen wohnen hier nur wenige. Die größte Stadt ist Chefchaouen mit etwa 40 000 Einwohnern. Die meisten Bewohner leben von der Landwirtschaft. Angebaut werden vorwiegend Weizen, Gerste, Hirse, Kartoffeln, Ackerbohnen, Möhren und Melonen. Große Bedeutung hat insbesondere östlich von Chefchaouen der Anbau von Hanfpflanzen, denn Marokko ist der weltgrößte Exporteur von Haschisch.

***** Chefchaouen** »La Belle Bleue«, »Die schöne Blaue«, wird Chefchaouen häufig genannt. Tatsächlich leuchten die Türen und Hauswände des Rif-Städtchens meist in Kobalt oder Azur. Eng schmiegen sich die kleinen Medina-Gebäude an die Hänge des an zwei Tierhörner (achawan) erinnernden Doppelberges Djebel Kalaa und Djebel Meggou. Geplant wurde Chefchaouen als Bastion gegen weitere Expanisonsgelüste der Portugiesen in Nordafrika. Nach dem Fall Granadas war es Zufluchtsort andalusischer Mauren und von 1926 bis zur Unabhängigkeit Marokkos unter spanischer Herrschaft. Mit ihrer ockerfarbenen Kasbah, der blau-weißen Medina und der Großen Moschee vereint die Stadt die Zeugnisse diverser Kulturen. Das Gotteshaus ließ Stadtgründer Rachid El Alami 1471 nach seiner Rückkehr aus Andalusien erbauen. Ihr achteckiges Minarett entstand nach dem Vorbild des Torre de Oro in Sevilla. Auch viele andere Bauten in der Stadt versprühen spanisches Flair.

***** Place Outa el-Hammam** Tiefe, schattige Arkaden, Geschäfte und maurische Cafés säumen die lebhafte Place Outa el-Hammam und die angrenzende Place el-Makhzen, das Zentrum der Medina von Chefchaouen. In warmen Erdfarben hebt sich die um 1700 erbaute Kasbah von den in blau und weiß gehaltenen Altstadthäusern ab. Im Gegensatz zu den Bautraditionen im Norden Marokkos ließ Sultan Mulay Ismail die Festung aus Stampfmehl, dem Baustoff des Südens, errichten. Hinter den wehrhaften Mauern verbirgt sich ein bezaubernder Garten, und darin ein Pavillon, in dem der berühmte Freiheitskämpfer und Held der Rifkabylen Abd el-Krim nach seiner Verhaftung 1926 inhaftiert war. Die Räume der Kasbah beherbergen ein interessantes Museum zur Volkskultur des Rif-Gebirges. Nach einem Bummel durch das Gassenlabyrinth der Medina bildet der frisch gepresste Orangensaft in einem der Cafés am Platz den krönenden Abschluss, während man das tägliche Treiben beobachtet.

***** Große Moschee (Masjid el-Aadham)** Das gegegen Ende des 15. Jahrhunderts erbaute Gotteshaus bildet dank seinem auffälligen fünfeckigen Minarett eine unübersehbare Landmarke an der Place Outa el-Hammam. Die sonst weitgehend schmucklose Moschee besaß eine große religiöse wie politische Bedeutung. Die Sultane ließen darin anlässlich des Freitagsgebets ihre dahir, Dekrete, verlesen. Auch als Ausbildungsstätte hatte die Moschee dank ihrer theologischen Hochschule einen großen Einfluss. Heute dient sie nur noch den Versammlungen zum großen Freitagsgebet. Die Volksfrömmigkeit gibt den zahlreichen kleineren Moscheen und Mausoleen in der Medina den Vorzug. Vor allem das Mausoleum des Sidi ben Yahia genießt tiefe Verehrung.

Verträumt wirkt Chefchaouen mit seinen blauen Gassen. Die Stadt wird besonders bei jungen Touristen immer beliebter.

Hinter einem Innenhof der Place Outa el-Hammam ragt die Große Moschee auf.

Markttreiben auf der Place Outa el-Hammam, dem Zentrum der Medina von Chefchaouen.

Chefchaouen ist vor allem wegen seines Gassengewirrs mit weiß getünchten Häusern und blauen Haustüren sehenswert.

Gewürzladen in der Medina von Ouezzane.

Nahe Al Hoceïma liegt die spanische Insel Peñón de Alhuçemas mit seiner Festung.

Eine schöne Aussicht auf Ouezzane hat man zum Beispiel vom Djebel Bou Hellal.

***** Ouezzane** Offiziell 1727 von dem Alawiden Mulay Abdallah erbaut, der Sage nach jedoch von Idris II., einem Abkömmling des Propheten Mohammed, im 9. Jahrhundert gegründet, war und ist Ouezzane eines der bedeu-

Al Hoceïma liegt spektakulär auf einer Klippe hoch über dem Meer und zieht sich bis in die wohlgeschützte Bucht hinunter.

tenden religiösen Zentren Marokkos. Sowohl Muslime als auch Juden verehrten hier lange Zeit den in der Nähe begrabenen Rabbiner Imran Ben Diva. Eindrucksvollstes Bauwerk der hauptsächlich von Berbern bewohnten, wegen ihrer vielen Scherifen und der hier ansässigen Sufi-Bruderschaft bekannten Stadt ist die Pilgermoschee der Tabiya-Bruderschaft (Zaouia) mit ihrem achteckigen, grün gekachelten Minarett. Grün sind übrigens auch die Augen vieler Ouezzani. Das Phänomen trat bereits lange vor der Kolonialzeit auf, ist also nicht der Vermischung von Einheimischen mit Spaniern und Franzosen zuzuschreiben, deren Herrschaft Ouezzane über lange Zeit widerstand.

***** Al Hoceïma** Spanische Truppen legten nach dem dritten Rif-Krieg 1926 auf einem Küstensporn rund hundert Kilometer westlich von Melilla den Grundstein für Villa Sanjurjo, aus dem nach der Unabhängigkeit Marokkos das heutige Al Hoceïma hervorging. Die Stadt, auch »Perle der marokkanischen Mittelmeerküste« genannt, verfügt über einen modernen Hafen mit einer kleinen Fischereiflotte und über eine Fachhochschule mit Schwerpunkt Umwelttechnik. Ein feinsandiger Strand, die Playa Quemado, zieht sich am Saum der inzwischen auf mehreren Küstenhügeln liegenden modernen Mittelmeerstadt bis fast zum Cap Viejo. In den Jahren 1994 und 2006 erschütterten zwei Erdbeben die Region, dessen Epizentren jeweils nicht weit von Al-Hoceïma entfernt lagen. Glücklicherweise trug die Stadt keine größeren Schäden davon. Erhalten aus der Gründungszeit sind zahlreiche spanische und maurische Handelshäuser; einige wurden nach dem schweren Erdbeben wiederaufgebaut. Westlich der Stadt beginnt der rund 500 Quadratkilometer große Al-Hoceïma-Nationalpark.

In der Medina von Ouezzane geht es meist geruhsam zu. Mit seinen verwinkelten kleinen Straßen und Gassen ist das Städtchen an den Ausläufern des Rif-Gebirges bis heute recht ursprünglich geblieben.

Unterwegs in Oriental

Die nordöstlichste Provinz Marokkos erstreckt sich vom Mittelmeer bis zur Sahara; entsprechend vielfältig sind Kulturen und Landschaften. Sie reichen von endlosen Sandstränden über raue Gebirge bis zur majestätischen Weite der Wüste.

Ein Berbermädchen transportiert Wasser mithilfe eines Esels im Hinterland von Berkane.

**** Cap des Trois Fourches** Auf Landkarten streckt sich das Kap unweit der spanischen Enklave Melilla wie ein erhobener Zeigefinger nach Norden ins Mittelmeer. Für die Schifffahrt war dieser rund 20 Kilometer lange Felssporn stets gefährlich, deshalb weist an seiner Spitze ein Leuchtturm den sicheren Weg. Noch gilt das »Kap der drei Gabeln« als Geheimtipp unter Sonnenanbetern und Tauchern. In den vom Meer ausgewaschenen Sandbuchten finden sich selten mehr als drei, vier Badende ein. Viele Buchten sind eingerahmt von grandiosen Erosionsskulpturen. An der Cara Blanca bildet die nahezu weiße Felskulisse eine Fantasielandschaft, die aussieht wie geschlagene Sahne. Wer unter kundiger Führung abtaucht, erlebt eine faszinierend bunte Unterwasserwelt voller Korallen und seltener Meeresbewohner wie Purpursternen und Kleinen Bärenkrebsen.

INFO *

ORIENTAL
Hauptstadt
Oujda
Fläche
88 681 km²
Einwohnerzahl
2 345 000
Bevölkerungsdichte
27 Einwohner/km²

**** Saïdia** Mit 14 Kilometern feinsten Sandes besitzt Saïdia den längsten und vielleicht auch attraktivsten Strand Marokkos. Gegründet wurde der Ort durch Sultan Hassan I., der hier unweit der Grenze zum damals bereits französisch besetzten Algerien 1883 eine Kasbah errichten ließ. Die Festung hatte die Aufgabe, militärische Bewegungen im Grenzgebiet zu beobachten. Knapp 30 Jahre später geriet auch Marokko unter französische Kolonialherrschaft, und die Kasbah Saïdia entwickelte sich zum bevorzugten Siedlungsgebiet einwandernder Franzosen. Die Karriere als Badedestination startete Saïdia ebenfalls bereits in dieser Zeit. Das unabhängige Königreich Marokko investierte viel Geld in den touristischen Ausbau – neben zahlreichen Strandhotels entstand auch eine moderne Marina für 740 Boote. Neben Agadir und Essouira ist Saidia wichtigster Badeort Marokkos. Im nahen Parc National de La Moulouya überwintern zahlreiche Zugvögel

*** Berkane** Die Stadt unweit der algerischen Grenze zählt zu den am schnellsten wachsenden Gemeinden des Landes. Grund ist die ertragreiche Landwirtschaft in der Tarifa-Ebene, in der vor allem Zitrusfrüchte gedeihen. Ein Orangen-Denkmal schmückt einen der Hauptplätze des Ortes. Berkane bietet dem Besucher ein weitgehend modernes Bild, doch in den Gassen des Marktbereichs begegnet man auch traditionell gekleideten Bauern und Bäuerinnen, die frisch geerntetes Gemüse und Obst feilbieten. Allen voran Orangen und Clementinen, für deren Qualität Berkane berühmt ist. Bekannt sind auch die hervorragenden Weine, die in dem Gebirgszug Massif des Béni Snassen heranreifen. Franzosen haben die ersten Stöcke in den 1920er-Jahren gepflanzt. Heute gehören die Weine der Kooperative Béni Snassen zu den besten Tropfen des Landes.

In Saïdia bietet ein neu erbautes Tor Zugang zur Medina.

In und um Berkane werden vorwiegend Orangen gehandelt. Sie gedeihen in der Tarifa-Ebene.

Am Cap des Trois Fourche lassen sich gelegentlich sogar Mönchsrobben blicken.

*** **Zegzel-Schlucht** Nackter Fels und das tiefe Grün von Zitrusplantagen, Mispeln und dunklen Wäldern aus Thuja, Eichen und Aleppo-Kiefern bilden bilden die reizvolle Szenerie der Zegzel-Schlucht. Archaische Berberdörfer wie Taforalt heben sich mit ihren aus Bruchstein errichteten Häusern kaum von den Berghängen ab. Die schmale Straße durch die Schlucht folgt den Mäandern des Oued Zegzel. In mehreren Höhlensystemen haben Archäologen hier prähistorische Funde gemacht: In der Grotte des Pigeons entdeckte man 82000 Jahre alte, zu Anhängern umgearbeitete Nassarius-Muscheln und damit die ältesten bekannten Schmuckstücke der Welt. Die Grotte du Chameau verdankt ihren Namen einem Stalaktiten in Form eines Kamels. Seit einer Überschwemmung ist sie nicht mehr zugänglich.

* **Oujda** Die Grenzstadt zu Algerien besaß bereits im 10. Jahrhundert Bedeutung als Hauptort der Zennata-Berber, die als Halbnomaden über weite Teile Marokkos bestimmten. Mit dem Aufstieg muslimischer Dynastien wie der Almoraviden und Almohaden im heutigen Algerien und Marokko wurde die Stadt zu einem Spielball der Mächte. Die Meriniden scheuten 1271 nicht einmal vor der völligen Zerstörung

Oujdas zurück, machten sich aber bereits 20 Jahre später an den Wiederaufbau und krönten diesen 1335 mit einer der schönsten Medersen, islamischen Hochschulen, des Landes. Heute ist Oujda weitgehend modern, Sitz einer Universität und Handelsknotenpunkt für Agrarprodukte, doch im Herzen der Altstadt bewahrt es mit besagter Medersa, schummerigen Souk-Gassen und einer verwinkelten Medina orientalischen Charme. Auch Teile der Stadtmauer aus Stampflehm und Tore sind erhalten.

**** Bouârfa** Knapp 300 Kilometer von der Mittelmeerküste nach Süden tut sich eine gänzlich andere Welt auf: Aride Hochebenen, nacktes Gestein, Wasser und Fruchtbarkeit nur in den vereinzelten Oasen. Viele Siedlungen werden seit Jahrhunderten von Oasenbauern bewirtschaftet, doch Bouârfa ist eine Gründung jüngeren Datums. In dem gänzlich modernen Ortsbild gibt es kaum Sehenswertes, die Wüstenlandschaft hingegen ist beeindruckend. Sein rasantes Wachstum mit inzwischen mehr als 100 000 Einwohnern verdankt der Ort der guten Verkehrsanbindung und den nahen Erzlagerstätten (Mangan, Kupfer), die inzwischen allerdings erschöpft sind. International berühmt wurde Bouârfa durch den James-Bond-Film »Spectre«: Mehrere Szenen spielen in dem Oriental Desert Express, der ein paarmal im Jahr Touristen durch die grandiose Wüstenlandschaft von Oujda nach Bouârfa kutschiert.

**** Figuig** Im Gegensatz zur Provinzhauptstadt Bouârfa besteht die noch weiter südöstlich gelegene Oase Figuig aus sieben traditionellen Kasbahs, also befestigten Siedlungen, die sich in den 1950er-Jahren zu einer Gemeinde zusammengeschlossen haben. Ein Meer von Dattelpalmen vor dem Hintergrund rostbrauner Wüstenberge empfängt den Reisenden, und in jeder der sieben Siedlungen findet sich neben den traditionellen Gemäuern wehrhafter Lehmburgen ein zentraler Platz, auf dem Markt gehalten wird und auf dem sich die Ältesten zum Beratschlagen versammeln. Die meisten Bewohner der Oase gehören Berber-Fraktionen an und sprechen das Tamazight, die überlieferte Berbersprache. Als ältestes Bauwerk gilt das Minarett von Oudaghir aus dem 13. Jahrhundert. In der Umgebung entdeckten Archäologen abstrakte und gegenständliche Felsgravuren, die mehrere tausend Jahre alt sein sollen.

Die Gorges du Zegzel (links) zählen zu den landschaftlich schönsten Passagen in den Béni-Snassens-Bergen.

Bouârfa liegt inmitten einer beeindruckenden Wüstenlandschaft.

In der Nähe der Kasbah von Oujda bietet der Park Lalla Meryem Ruhe und Entspannung.

Tor der Kasbah in Oujda.

Figuig

An der Grenze zu Algerien, umgeben von Bergen, liegt die Oase Figuig. Hier findet man ein Meer aus endlos scheinenden Palmenhainen und zahlreichen Ruinen aufgegebener Lehmbauten. Die Bewohner Fiugigs leben von traditionellem Handwerk, die Frauen verrichten meist klassische Handarbeiten, die Männer arbeiten als Schuster, Färber, Töpfer oder Tischler.

Unterwegs in Fès-Meknès

Die beiden Königsstädte Fès und Meknès überstrahlen mit ihren Kunstschätzen, ihren von Farben und Düften überbordenden Medinas und ihren heiligen Stätten die kleineren Orte zwischen Rifgebirge und Mittlerem Atlas. Aber auch die verdienen Beachtung.

***** Fès** Fès wurde von den Idrisidenherrschern – der von Idris ibn Abdallah (789–791) begründeten ersten lokalen Dynastie im westlichen Maghreb – als Doppelstadt an einer wichtigen Handelsroute von der Sahara zum Mittelmeer gegründet. Der älteste Teil der Stadt, Fès el-Bali, wurde von andalusischen Flüchtlingen aus dem maurischen Teil Spaniens und Familien aus dem heute tunesischen Kairouan besiedelt. Die auf sie zurückgehende Kairaouine-Moschee bietet sogar mehr als 20 000 Gläubigen Platz und bildet das Zentrum der 959 gegründeten Universität. Auch die Moschee der Andalusier stammt aus der Frühzeit der Stadt. Umgeben wird Fès el-Bali von einer Stadtmauer mit zwölf Toren. Unter den Meriniden erlebte Fès im 14. Jahrhundert eine Blütezeit. Aus dieser Epoche datieren der Königspalast, die Große Moschee und die Mellah, das Judenviertel. Touristische Anziehungspunkte ist neben dem Viertel Fès el-Bali auch Fès el-Jdid. Die Gegenden bieten neben ihren prächtigen Bauwerken und atemberaubenden Souks aus dem 9. Jahrhundert auch eine bemerkenswerte archäologische Sammlung sowie einige bedeutende Kunstmuseen. Am besten erkundet man Fès übrigens zu Fuß.

INFO

FÈS-MEKNÈS

Hauptstadt
Fès

Fläche
40 075 km²

Einwohnerzahl
4 290 000

Bevölkerungsdichte
107 Einwohner/km²

Einheimischer in einer der unzähligen Straßen von Fès.

1 * Altstadt** Alt im Sinne von »erbaut vor vielen Jahrhunderten« sind in Fès gleich zwei Viertel: zum einen das ab 789 entstandene Fès el-Bali mit seinem engen Gassengewirr, das keinen Autoverkehr zulässt und alle Sinne betört mit seinen Gerüchen, Geräuschen und vielfältigen Handwerksprodukten. Ebenfalls im Mittelalter entstand außerdem Fès el-Jdid, das neue Fès. Die Meriniden gründeten es, als sie 1276 die Macht übernahmen. Es liegt jenseits der Boujeloud-Gärten auf einem Plateau zwischen zwei Flussbetten. Seinen größten Teil nimmt das Ensemble des Königspalasts ein: mit Moschee, Medersa, diversen Höfen und Gärten. Fès el-Jdid birgt aber auch einen kleinen Souk und die Mellah, das im 14. Jahrhundert angelegte jüdische Viertel. Seine zweistöckigen Häuser mit außerordentlich schönen Holzbalkonen

Fès ist heute ein einzigartiges urbanes Gesamtkunstwerk. Die Altstadt ist ein Gewirr aus verschlungenen Gassen, Sträßchen, Plätzen und engen Durchgängen. Es gibt geführte Touren durch die Medina, es lohnt aber auch, das Viertel auf eigene Faust zu entdecken. Oben links: Bab Boujeloud; oben: Moschee Ahmed al-Tijani.

Das Gassengewirr der Medina von Fès steht seit 1981 auf der Liste des UNESCO-Weltkulturerbes.

im andalusischen Stil unterscheiden sich deutlich von der eher verschlossenen Architektur des älteren Fès el-Bali.

2 *** **Fès el-Bali** Fast wie im Mittelalter fühlt man sich im »alten Fès«. Tatsächlich wurde dieser Teil der Stadt bereits Ende des 8. Jahrhunderts begründet. Sein heutiges Gesicht mit dem hohen, von vier prächtigen Toren durchbrochenen Mauergürtel entspricht weitestgehend jenem des 12. Jahrhunderts. Im Gewirr der engen und oft steilen Medina-Gassen, die nur Esel und Maultiere als Transportmittel erlauben (manchmal auch Mopeds) herrscht beinahe immer geschäftige Betriebsamkeit. Hinter den hohen, sandfarbenen, kaum Fenster oder Schmuckelemente aufweisenden Fassaden werden noch unzählige alte Handwerke ausgeübt: Je feiner sie sind, desto zentraler die Werkstätten und Ateliers. Hauptadern der von der UNESCO schon 1981 zum Welterbe erklärten, in insgesamt zwanzig Viertel gegliederten Medina el Bali sind die Talaa Kebira und die parallel dazu verlaufende Talaa Sghira.

3 *** **Bab Boujeloud** Eigentlich gibt es zwei Tore mit diesem Namen: das kleine, bescheiden in eine Ecke des Place Boujeloud geduckte mittelalterliche einerseits und das mächtige, dreibogige, kunstvoll verzierte aus der Zeit des französischen Protektorats andererseits. Beide führen hinein ins Kairaouine-Viertel der Altstadt Fès el-Bali. Für das große Tor mussten im Auftrag von Capitaine Mellier, dem damaligen Chef der Stadtverwaltung, Stallgebäude und drei Läden weichen. Die reichen Kachelornamente des französischen Bab Boujeloud wurden in

Reges Treiben in Fès el-Bali.

Geduldig wartet ein Esel in den Gassen der Medina auf seinen weiteren Einsatz.

Kobalt- und Azurtönen ausgeführt. Blau ist die Symbolfarbe der Stadt, das berühmte Bleu de Fès. Auf der vom Platz abgewandten Seite ist das Tor aber mit grünen Kacheln geschmückt, der Farbe des Islam und des Propheten. Durch den großen mittleren Torbogen lassen sich zwei Minarette erspähen: jenes der Medersa Bou Inania und das der Moschee Sidi Lezzaz.

Das große Bab Boujeloud (links) aus dem Jahr 1913 verbindet die Viertel Fès el-Bali und Fès el-Jdid. Die blaue Außenfarbe steht für einen Willkommensgruß, das Grün innen ist die Farbe des Islam und des Propheten. Rechts: In den kleinen Gassen von Fès bieten Händler ihre Ware feil – von Messingkunst bis Gemüse wird hier so ziemlich alles verkauft.

4 ** Museum Dar Batha Einst Audienz-Palast und auch Sommerresidenz von Sultan Moulay Hassan I., sorgte dessen Nachfolger Moulay Abdelaziz Anfang des 19. Jahrhunderts für den Ausbau des Ensembles im maurisch-andalusischen Stil. Bereits 1915 wurde es zum Museum umgewandelt. Heute birgt das kürzlich renovierte Dar Batha eine Sammlung zu den Künsten und Traditionen von Fès, seines Umlands, des Mittleren Atlas und der südlichen Landesteile. Zu den Exponaten zählen marokkanische Fayencen, herrliche Bucheinbände, Kupfer- und Holzobjekte, Teppiche, Kleidungsstücke sowie altislamische Artefakte wie die Kanzel der Moschee des Andalusischen Viertels. Die beiden Gebäudezeilen des Museums umschließen einen schönen, ebenfalls maurisch-andalusischen Garten.

5 * Medersa Bou Inania** Die Hochschule für islamische Religionswissenschaften ist benannt nach ihrem Gründer – dem Meriniden-Sultan Abou Inan Faris – und wurde zwischen 1350 und 1357 errichtet. Gleichzeitig ist sie die letzte große merinidische Moschee der Stadt. Betritt man das Gebäude, ist man von der überbordenden Innenausstattung schlicht überwältigt: mit Bronze geschmückte Flügeltüren, marmorne, mit Kacheln verzierte Treppen, die Wände mit ornamentalen Schmuckelementen und alten Stuck-Inschriften verziert. Über dem Treppenaufgang erhebt sich eine hölzerne Muquarnas-Kuppel. Schmuckstück ist auch der prächtige Innenhof aus weißem und rosafarbenem Marmor. Der große Gebetssaal darf nur von Muslimen betreten werden und ist Besuchern anderer Glaubensrichtungen verwehrt. Wer Glück hat, kann aber vom Hof aus einen Blick in das Innere werfen.

Herzlich willkommen! Der kostbare Innenhof lässt bereits erahnen, dass das Innere der Medersa Bou Inania ebenfalls prächtig ausgestattet ist. Oben rechts: Garten des Museums Dar Batha.

Eingang zur Medersa Bou Inania.

Das prachtvoll ausgestattete Museum Dar Batha hält eine sehenswerte Sammlung zu Künsten und Traditionen von Fès und Umgebung bereit.

Holzschnitzereien, wohin das Auge blickt: Säulen, Decke, Galerie, Eingansportal des Fondouk sind kunstvoll aus Holz gearbeitet.

Brunnen und Souvenirs an der Place an-Nejjarine, wo sich auch das Holzmuseum befindet.

6 *** **Fondouk el-Nejjarine** Einst befand sich hier ein Fondouk, eine Karawanserei. In dem Gebäude aus dem 18. Jahrhundert übernachteten Kaufleute und Handelsreisende. Die Wirte hielten dafür Schlafräume und zudem Ställe für die Lasttiere vor. Diese Art von Gebäuden gab es früher überall an den Handelswegen in Marokko, üblicherweise mit quadratischer Grundform und einem Innenhof mit Trinkwasserbrunnen – eine kühle Oase für die Reisenden. Genauso ist auch der Fondouk el-Nejjarine aufgebaut. Die kunstvoll verzierten Holzbögen und Balkone bilden den idealen Rahmen für seine heutige Nutzung als Museum für Holzschnitzerei. Mahagoniholz, Eiche, Akazie und Zedernholz dienten den Holzschnitzern als Grundstoff für ihre Möbel, für die Holzarchitektur und für Instrumente. Dabei handelt es sich um ein jahrhundertealtes Handwerk in Marokko, dessen Ausführung bis heute weitergegeben wird.

Märchenhaft mutet der prächtig gekachelte Innenhof mit Springbrunnen und den umlaufenden Arkaden an.

7 ** **Mausoleum von Idris II.** Das Mausoleum (Zaouia) von Idris II., dem Nachfolger des Staatsgründers von Marokko, gehört zu den berühmtesten Pilgerstätten des Landes. Unter Idris II., der von 791 bis 828 lebte, wurde Fès zur Landeshauptstadt ausgebaut. Dies ist ein Grund, warum es heute eine der schönsten Medinas der Welt vorzuweisen hat. Von hier aus verbreitete die Dynastie der Idrisiden den Islam in ganz Nordafrika. Der Bau des Mausoleums begann 1717 und zog sich über 100 Jahre hin. Seit seiner Fertigstellung 1824 gilt es als die heiligste Stätte des Landes. Auch wenn das Innere des Gebäudes nur Muslimen vorbehalten ist, lohnen ein Blick in den Eingangsbereich zum Mausoleum mit seinen drei reich geschmückten Bögen, ein Besuch der Verkaufsstände für Pilger und nicht zuletzt die Aussichtspunkte auf dem Hügel, die einen Blick von oben auf das Mausoleum erlauben.

Für Nicht-Muslime ist der Zutritt zum prächtigen Mausoleum leider untersagt.

Paradiese hinter steinernen Mauern

Schlicht »Stadt« bedeutet das arabische Wort »medina«, von dem sich die aktuelle Bezeichnung für den ältesten Teil einer Siedlung auf meist nordafrikanischem Boden herleitet. In der Regel schützt die Medina ein Mauergürtel, der jedoch den Austausch mit den umliegenden ländlichen Zonen nicht behindert. Innerhalb des Stadtwalls mischen sich Wohnen, Handel, Handwerk sowie soziales und kulturelles Leben. Und zwar nach

einem genauen Plan. So sind die verschiedenen Medina-Viertel meist um die Große Moschee gruppiert; ein jedes hat seine eigene Infrastruktur: Hammam, Koranschule, Backofen, Lebensmittelhändler. Die vornehmsten Familien lebten in unmittelbarer Nähe zu dem zentralen Gotteshaus. Wer in Marokko unterwegs ist, sollte unbedingt versuchen, auch einen Blick »hinter die Kulissen« zu werfen. Von außen eher schlicht und unscheinbar, verbergen sich hinter den Mauern der marokkanischen Medinas nämlich oft wahre Paradiese: Da eröffnen sich hinter schmiedeeisernen Flügeltüren schöne grün bepflanzte Innenhöfe, Gärten mit kunstvoll verzierten, wunderbar plätschernden Springbrunnen, Dachterrassen und Wohlfühloasen. Wer Glück hat, kann durch die ein oder andere offene Tür hin und wieder einen Blick ins Innere erhaschen.

Eine Oase inmitten des trubeligen Kairaouine-Viertels ist die gleichnamige Moschee. Sie ist eine der größten in Marokko.

Wie ein riesiger Malkasten reihen sich die bunten Gerberbottiche im Gerberviertel aneinander.

8 *** **Kairaouine-Moschee** Überragt werden die Dächer des Kairaouine-Viertels vom viereckigen Minarett der Kairaouine-Moschee, Marokkos heiligster Moschee. Gegründet wurde sie im Jahr 857 von Fatima al-Fihri, deren Vater aus der tunesischen Stadt Kairouan nach Westen hatte fliehen müssen. Eine Erbschaft ermöglichte es der Mäzenin, ein angemessenes Gebetshaus für die tunesische Gemeinde in Fès errichten zu lassen. Die heutige Gestalt der Moschee stammt zu großen Teilen aus dem 10. und 12. Jahrhundert. Dazu gehört das Minarett, das 956 errichtet wurde und somit der älteste islamische Bau der Stadt ist. Die Rundbögen der Kairaouine-Moschee wurden nach dem Vorbild der Mezquita im spanischen Córdoba gestaltet, sind aber schlichter ausgeführt als dort. Der Gebetsraum wird von fünf mit üppigem Stuck verzierten Kuppeln gekrönt.

9 ** **Moschee und Mausoleum von Ahmad al-Tijani** Ahmad al-Tijani war der Begründer des gleichnamigen Sufi-Ordens. Der 1737 in Algerien geborene Mystiker lebte viele Jahre lang in Fès und verstarb auch dort – nachdem er auf der Suche nach Erleuchtung auch nach Mekka und Medina gepilgert war. Der Tijani-Orden gehört zu den vier großen Bruderschaften des Sufismus in Marokko, sie spielen im religiösen Leben eine viel größere Rolle als in anderen vom Islam geprägten Ländern. Das frisch renovierte Mausoleum mit den Überresten des Ordensgründers ist nach dem des Moulay Idris II. das am häufigsten besuchte in der Stadt. In Moschee und Mausoleum fallen besonders die üppigen Holzschnitzereien auf, deren Form Stalaktiten in einer Tropfsteinhöhle ähneln. Von außen ist die Moschee eher unscheinbar, nur die Mosaik-Kacheln sowie die prächtigen Türen und Simse verweisen auf das Innere.

10 *** **Gerberviertel** Hübsch sehen sie aus, die zahlreichen Bottiche – wie aus Lehmziegeln erbaute Bienenwaben, in denen Flüssigkeiten in allen Farben leuchten: Indigo, Safran und Mohn dienen als natürliche Farbstoffe. Daneben Behälter mit Kalkbädern, in denen die Arbeiter Tierhäute gerben. Nicht ganz so hübsch ist der beißende Geruch, der überall in der Luft hängt. Kein Wunder: Eine der wichtigsten Zutaten in der Gerberbrühe ist Vogelkot, daher auch der urinartige Gestank, der besonders in der flirrenden Sommerhitze in der Nase zwickt. Auf den Hausdächern trocknet das weiche Leder, um dann in den bunten Bottichen in unterschiedlichen Farbtönen zu versinken. Angeblich haben sich die Gerb- und Färbemethoden seit dem Mittelalter hier kaum verändert. Die Resultate der mühseligen Arbeit sind die angebotenen Lederwaren auf den vielen Marktständen der Medina.

Die Moschee Ahmad al-Tijani liegt zentral im Viertel Fès el-Bali in der Rue Rhabet el Raiss. Fast könnte man den Eingang übersehen, denn eher unscheinbar ist ihre Fassade. Oft sitzen Gläubige vor den Toren, die auf die nächste Gebetsstunde warten.

Die Kunst des Gerbens

La Chouara, so nennen die Einheimischen das große und älteste Gerber- und Färber-Ensemble in der Medina von Fès. Es gibt hier zwar noch zwei weitere Traditionsstätten für die Behandlung der Tierhäute, aus denen das berühmte Leder von Fès hergestellt wird, sowie einige moderne Betriebe außerhalb. Aber in der Chouara scheint die Zeit stehen geblieben zu sein. Vom Dach eines der umliegenden Häuser lässt sich der uralte

Prozess bestens verfolgen. Wie große rechteckige oder runde Waben kleben die tönernen oder gekachelten Becken und Bottiche mit Laugen und Farben aneinander. Rosa, Blau, Gelb, Braun – die Palette ist breit gefächert. Ein Fest für die Augen. In die Nase indes steigt ein stechender Geruch. Oft bis zur Taille stehen die Männer in den irdenen Gefäßen, stampfen, meist mit bloßen Füßen, auf die Ziegen-, Kamel-, Rinder- und Schafshäute ein, kneten sie. Stundenlang. Für die Gerbstoffe, so heißt es, sorgen Baumrinden, Taubenkot und Gips; die Farbe stamme nur aus Pflanzen und Mineralien. Schon im Mittelalter übten die Gerber von Fès im Debbaghine-Viertel ihr Handwerk aus. Es werden aber immer weniger. Denn der Zugang zu guten Häuten ist schwieriger geworden und die Konkurrenz der billigen Lederwaren aus Fernost wird immer größer.

11 ** Jardin Jnan Sbil Die Gartenanlage Jnan Sbil zwischen dem alten und dem neuen Teil der Medina von Fès entstand zugleich mit der Stadtmauer, die Fès el-Jdid und Fès el-Bali verbindet, im 19. Jahrhundert. Die Anlage war ursprünglich nur dem Sultan und seinem Hofstaat vorbehalten und durch einen unterirdischen Gang mit dem Königspalast verbunden. Doch 1917 öffnete die französische Kolonialverwaltung sie für die Allgemeinheit. Nach Jahren des Verfalls wurden die Gärten auf Anordnung Mohammeds VI. wiederhergestellt und bilden nun eine der wenigen grünen Lungen im Altstadtbereich. Entlang des Flusses Oued Fès drehten sich in früheren Zeiten zahlreiche norias, von Zugtieren angetriebene Wasserräder, von denen eine noch erhalten ist. Reizvoll ist besonders die vielseitige Gestaltung des Parks mit Pflanzen aus aller Herren Länder, darunter ein Bambus- und ein andalusischer Garten.

12 ** Mellah Im Jahr 1437 ging das Gerücht, die Juden hätten Wein in den Moscheen deponiert, um die Menschen zu verführen. Wie in Europa folgte den böswilligen Gerüchten prompt ein Pogrom an der jüdischen Bevölkerung. So kam es dazu, dass Abdalhaqq II. ein eigenes Viertel für sie errichtete, um künftig schnell zu ihrem Schutz einschreiten zu können. Dieses jüdische Viertel war das erste Marokkos und verdankt seinen Namen dem salzigen Untergrund (arabisch: mellah), auf dem es gebaut wurde. Heute tragen auch alle anderen jüdischen Viertel in marokkanischen Städten den Beinamen Mellah. Vieles haben sie gemeinsam: Ähnlich wie in Europa wollte man sich die Wirtschaftskraft der jüdischen Bevölkerung zunutze machen, gleichzeitig aber ihren Schutz sicherstellen. Die Mellahs befinden sich daher meist in der Nähe des Königs- oder Gouverneurspalastes. Sehr eindrucksvoll ist hier der jüdische Friedhof.

Zwischen Fès el-Jdid und Fès el-Bali liegt der Jardin Jnan, eine Oase inmitten des Trubels der Medina.

13 *** **Fès el-Jdid** Als älteste der Königsstädte hat natürlich auch Fès einen Königspalast. Als die Meriniden über das Land herrschten, bauten sie ein eigenes Viertel – Fès el-Jdid, »Neu-Fès« –, das von nun an als Sitz der Sultane diente. Schon von Weitem wirkt das Eingangsportal des Königspalastes mit seinen prunkvollen, mehrere Mann hohen, vergoldeten Türen pompös. Dieser Teil des Gebäudes entstand nicht in den Ursprungsjahren. Mitte des 20. Jahrhunderts ließ ihn Hassan II. errichten. Wie es hinter der Fassade aussieht, bleibt ein Geheimnis. Noch heute ist der Palast Residenz der königlichen Familie, die sich hier mehrere Monate im Jahr aufhält. Hohe Mauern umgeben Gärten und Innengebäude. Auch die Außenanlagen sind für die Öffentlichkeit gesperrt.

14 ** **Mereniden-Gräber** Die imposanten Ruinen auf einem Hügel nördlich von Fès el-Bali bestehen aus den Resten eines ehemaligen, womöglich bereits im 11. Jahrhundert errichteten Palastkomplexes und mehreren Koubbas. In diesen Mausoleen, deren Bedachung längst eingestürzt ist, fanden Würdenträger, Familienmitglieder und Sultane der Meriniden-Dynastie zwischen dem 13. und 15. Jahrhundert ihre letzte Ruhe. Abgesehen von zwei Grabstelen (heute im Museum) und Spuren von Fresken ist von der einstigen Grabstätte allerdings kaum noch etwas erhalten. Der Weg auf den Hügel lohnt sich dennoch, denn der Blick über die Altstadt ist grandios. Wie ein kubisches Gemälde liegt dem Betrachter das Gassen- und Häusergewirr von Fès el-Bali zu Füßen, ein Puzzle aus Dachterrassen und Farben, aus dem die Minarette wie warnend erhobene Finger in den Himmel streben.

Großes Bild links: Der Königspalast in Fès el-Jdid ist nur von außen zu besichtigen.. Oben: Ruinen der Mereniden-Gräber.

Das älteste Grab auf dem Jüdischen Friedhof stammt aus dem Jahr 1703.

***** Meknès** Meknès, eine der vier ehemaligen Königsstädte, zeichnet sich durch eine sehenswerte Medina und zahlreiche Moscheen aus, vor allem aber durch die Ruinen von Sultan Moulay Ismails riesigem Palastviertel. Das um ein altes Berberfort entstandene Meknès wurde von Herrschern der Almoraviden, Almohaden und Meriniden mehrfach erobert und zerstört, bis es unter dem Alawiden-Sultan Moulay Ismail (1672–1727) seine Blütezeit erlebte. Dieser machte Meknès zu seiner Hauptstadt, die als »marokkanisches Versailles« auch europäische Zeitgenossen beeindruckte. Moulay Ismails Leistungen als Bauherr sind in die Geschichte eingegangen. Der Despot, der rebellierende Stämme in ganz Marokko unterwarf, ließ von einer Schar Sklaven eine riesige »Ville Impériale« errichten, von der heute jedoch außer einer Vielzahl von Ruinen kaum noch etwas erhalten ist.

Das monumentale Bab el-Khemis (oben) liegt ganz im Osten der Medina. Das Tor beeindruckt durch seine mehrfarbigen Friesstreifen über dem Eingangsportal.

Nächtlicher Blick auf die Medina von Meknès. Sie zählt zum UNESCO-Weltkulturerbe.

*** **Altstadt** Medina, Kasbah und die »Ville Impériale« formen das UNESCO-Welterbe der Altstadt von Meknès. Der Oued Bou Sekrane bildet die natürliche Grenze zur Neustadt. Die eigentliche Medina liegt zwischen dem Bab Mansour und dem Bab Berdain. Bedeutendster Bau innerhalb ihres mittelalterlichen Gassengewirrs ist die Medersa Bou Inania. Die prachtvoll mit Mosaiken und Schriftdekor ausgeschmückte Koranschule in der Rue Souk es Sebbat geht zurück auf die Meriniden. Das Eingangsportal ist mit fein ziselierten Bronzeplatten beschlagen und um den Innenhof verlaufen an drei Seiten Galerien, über denen die zellenartigen Studentenzimmer liegen. Von der Dachterrasse der Medersa bietet sich ein herrlicher Blick auf die Große Moschee. Diese stammt in ihrer heutigen Form – mit zwölf durch geschnitzte Holzvordächer überwölbten Portalen – ebenfalls aus dem 14. Jahrhundert.

Hat man die Medina von Meknès einmal betreten, findet man sich in einem Labyrinth aus kleinen Gässchen, Plätzen, überdachten Straßen wieder (oben). An vielen Ecken findet man typisch marokkanische Verzierungen.

In dem riesigen Gebäudekomplex waren einst die Stallungen und der Getreidespeicher untergebracht.

Wer das Bab el-Mansour so in Ruhe betrachten kann, hat Glück. Meistens ist das gigantische Tor von Touristen belagert.

Bis heute beeindrucken die riesigen Dimensionen des Heri es-Souani, das unter Sultan Moulay Ismail einst als Getreidespeicher diente.

Kachelmosaik-Detail des Bab el-Mansour.

2 * Bab el-Mansour** Hier pulsiert das Herz der Stadt: Bab el-Mansour ist die größte imperiale und sicherlich auch berühmteste Toranlage Marokkos und beherrscht den weiten Marktplatz davor, die Place el-Hedime. Geplant und begonnen hat den Bau der Alawiden-Sultan Moulay Ismail. Nach dessen Tod 1727 führte sein Sohn Sultan Moulay Abdallah die Bauarbeiten weiter. Es sollte jedoch noch ganze fünf Jahre dauern, also bis 1732, bis das Tor schließlich vollendet war. Kein Wunder: Die detailreichen Ausschmückungen im oberen Bereich des Kolosses nahmen allein aufgrund der Größe unglaublich viele Handwerksstunden in Anspruch. Das Tor trennt die Altstadt und das Königsviertel voneinander. Die den Überbau stützenden Marmorsäulen sollen aus der 25 Kilometer entfernten römischen Ruinenstadt Volubilis stammen. In früheren Zeiten wurden im Schatten des Monuments öffentliche Gerichtsverhandlungen abgehalten.

3 * Heri es-Souani** Dass Sultan Moulay Ismail einen Hang zum Größenwahn hatte, spürt man nicht nur an seinem Mausoleum und am Bab el-Mansour. Von der im Erdbeben 1755 zerstörten gigantischen Palastanlage blieben noch die Vorratsspeicher und Stallungen stehen, der Gebäudekomplex Heri es-Souani. Er liegt zwei Kilometer südwestlich des Mausoleums. Dessen Ausmaße sind beeindruckend: Meterdicke Mauern umgeben die riesigen Rundgewölbe der hallenartigen Getreidespeicher. Gemeinsam mit den winzigen Fenstern und unterirdischen Wasserkanälen sorgte dies für eine ausreichende Kühlung der Vorratsräume. Hier lagerten Heu und Getreide für die Pferde. Die Stallungen boten Platz für 12000 Tiere. Auch die Wasserversorgung dieser Menge an Reittieren für das Militär erforderte große Dimensionen: Das Bassin de l'Agdal erscheint auf den ersten Blick wie ein großer See, ist jedoch ein künstlich angelegtes Wasserreservoir.

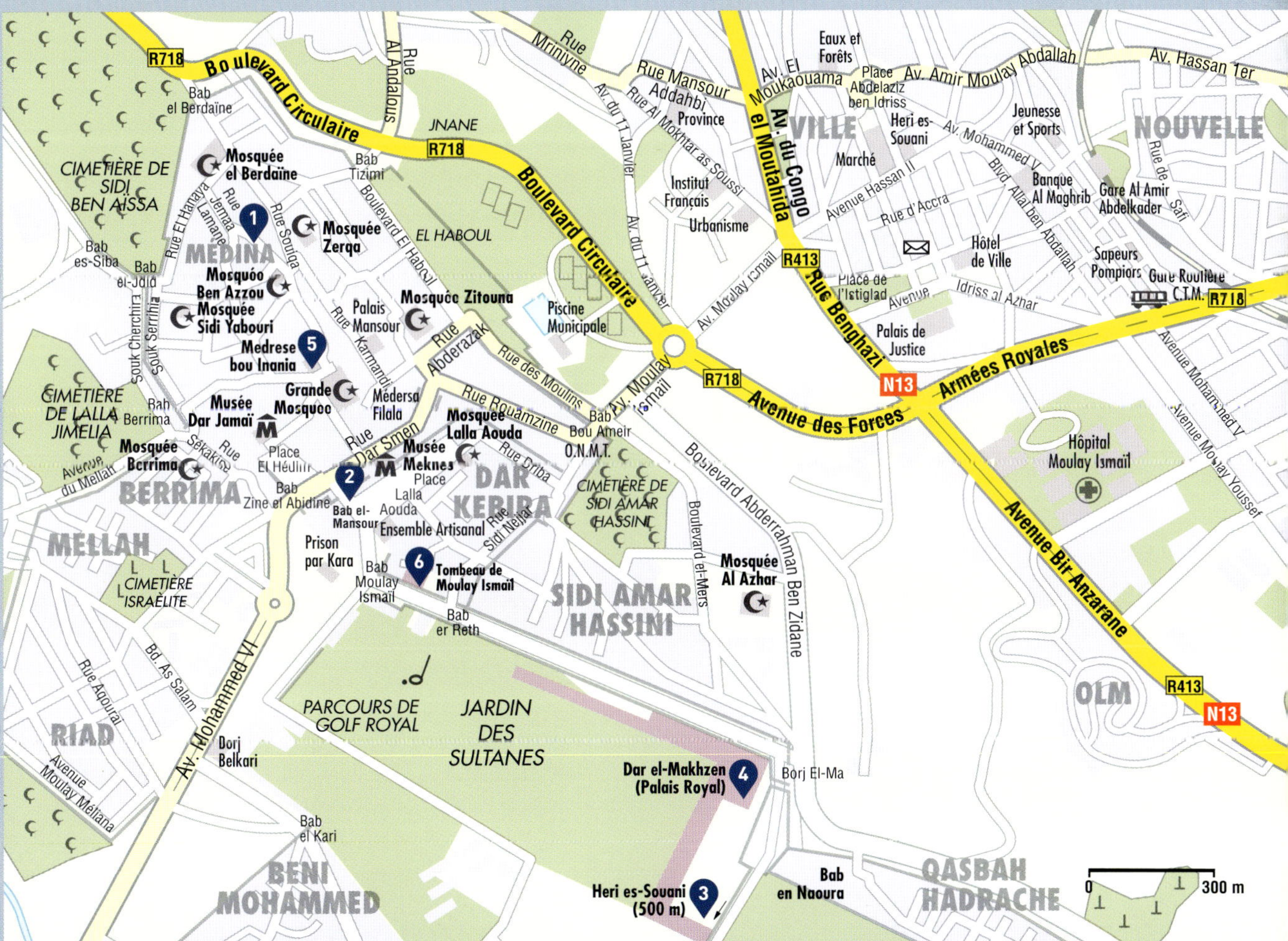

Bab el-Mansour

Was für ein Tor! Das Bab el-Mansour ist nicht nur von gigantischer Dimension, es ahmt mit seiner Dreibogigkeit auch die Architektur eines klassischen römischen Triumphbogens nach. Das Tor verbindet die Altstadt und das Königsviertel miteinander. Mit seinen kunstvollen Mosaiken und Verzierungen ist es eines der berühmtesten Tore der Stadt und meist viel besucht.

***** Dar el-Makhzen** Vom König bei seinen Besuchen noch immer genutzt wird dieser Palast aus der Zeit von Sultan Moulay Ismail. Unter dem Alouiten-Herrscher erlebte Meknès im 17. Jahrhundert seine Blütezeit. Die »Ville Impériale«, die Moulay Ismail bauen ließ, umfasste seinerzeit mehr als 50 Paläste und Pavillons; sie galt vielen als das »Versailles Marokkos«. Dar el-Makhzen – heute zwischen dem Königlichen Golfplatz in den ehemaligen Sultansgärten und den Gärten der Landwirtschaftsschule gelegen – ist der einzig verbliebene der königlichen Prachtbauten. Alle waren einst mit Kacheln aus Fès kunstvoll ausgestattet und von einer doppelten Mauer umgeben; die äußere maß zwischen neun und zwölf Meter. Zum Dar el-Makhzen führt bis heute der eindrucksvolle Gewölbekorridor des Bab er-Raiss, eine enge, fast einen Kilometer lange, von hohen Mauern gesäumte Straße.

Der Dar el-Makhzen, der Königspalast, ist nicht öffentlich zugänglich. Nur der König und sein Gefolge dürfen ihn betreten. Viele Bereiche des Palastes wurden vor wenigen Jahren aufwendig renoviert.

***** Souks** Um den Place El Hedim direkt gegenüber vom Bab el Mansour und um die Große Moschee verästeln sich die Gassen der Souks. An der Stirnseite, beim Palais Dar-Jamais, taucht man ein in die geschäftige Welt der Händler von Alltagswaren: Tajine-Gefäße, Teekannen und -gläser, Kissenbezüge, Lampen. Das Sortiment ist zeitgemäß und richtet sich meist an die Einheimischen. Wie überall im Land sind die Souk-Gassen nach Metiers unterteilt: Im Souk el Sabat stapeln sich die Töpfer-, Leder- und Korbwaren, in El Dlala Teppiche; der Souk Nejjarine ist jener für Holz und Kupfer, in Richtung des nördlichen Stadttors Bab Berdain findet sich der Obst- und Gemüsemarkt. Wer vom Ostrand des Place El Hedim ein paar Stufen hinabgeht, vor dessen Augen öffnet sich eine Markthalle mit einem ebenfalls kunstvoll arrangierten Angebot von Nahrungsmitteln. Hier kaufen vor allem Einheimische ein.

Wunderbar bunt: die Souks von Meknès.

In den Souks von Mèknes reihen sich Türme aus Zitronen, Oliven oder Nüssen aneinander.

Schriftkacheln und Stuckdekor prägen das Innere der Koranschule.

5 *** **Medersa Bou Inania** Sie ist zwar nicht so berühmt wie die namensgleiche Koranschule in Fès, dafür aber weniger überlaufen: Die Medersa Bou Inania bietet Besuchern einen Ort der Ruhe inmitten des quirligen Zentrums von Meknès – und von der Terrasse aus einen der schönsten Blicke auf die Medina und das Minarett der Großen Moschee. Helle Bögen aus Stuckstalaktiten überspannen die Nischen der kleinen Fenster im Innenhof, dahinter liegen die einstigen Zellen der Koranschüler. Abu Hassan, der achte Sultan aus der Dynastie der Meriniden, begann 1331 mit dem Bau der Koranschule. Sein Nachfolger Abu Inan vollendete die Arbeiten schließlich 20 Jahre später.

6 *** **Mausoleum des Moulay Ismail** Noch heute regiert mit Mohammed VI. ein Alawiden-König das Land. Der zweite Sultan dieser

alten Dynastie war Moulay Ismail, der sich dieses prächtige Mausoleum erbauen ließ. Seinen Beinamen »der Blutdurstige« trug er nicht ohne Grund: So ließ er, um Rivalen einzuschüchtern, die Stadtmauer mit den Köpfen von 10 000 erschlagenen Feinden »dekorieren«. Bedienstete und Sklaven wurden aus nichtigsten Anlässen gefoltert oder geköpft. Zu seinen Gunsten ist zu sagen, dass er das Alawidenreich zur Einheit führte und unter seiner Herrschaft große Bauwerke entstanden. Dies allerdings nicht, ohne dabei Tausende von Sklaven zu verschleißen.

Großes Bild: Wichtigstes Gebäude der Altstadt von Meknès ist die Medersa Bou Inania. Rechts oben: Innenhof des Mausoleums. Seit 1996 zählt der Gebäudekomplex zum UNESCO-Weltkulturerbe.

Der Brunnen im Eingangshof des Mausoleums dient rituellen Gebetswaschungen.

***** Volubilis** Sie ist eine der schönsten Ruinenstätten Nordafrikas. In der Blütezeit der Stadt lebten über 15 000 Menschen hier, viele in luxuriösen Villen mit kunstvollen Mosaikfußböden. Diese sind bis heute wunderbar erhalten, so im »Haus der Nymphen«, im »Haus der zwölf Arbeiten des Herkules« oder im »Haus der Venus«, wo eine aus dem Bad steigende Schönheit das Fußbodenmosaik ziert. Eindrucksvoll

Gut erhalten: der Caracalla-Triumphbogen.

Römisches Mosaik mit wilden afrikanischen Tieren im »Haus des Orpheus«.

überragt der Caracalla-Triumphbogen den Decumanus Maximus. Diese Hauptachse durchquert die antike Stadt von Südwest nach Nordost. In der Basilika mit ihrer eleganten Säulenhalle im Süden der Ruinenstätte wurde der Markt abgehalten und Recht gesprochen. Gleich daneben befindet sich der Kapitolstempel für Jupiter, Juno und Minerva. Als Roms Stern in Nordafrika zu sinken begann, wurde Volubilis aufgegeben.

Knapp 400 Jahre, von 40 bis 429 n. Chr., währte die römische Herrschaft über Mauretania Tingitana, das heutige Marokko. Man siedelte Veteranen an und gründete Städte – Volubilis war eine von ihnen. Die Stätte beeindruckt durch die mächtigen Ruinen und seine historischen Mosaiken, einige der wenigen figürlichen Darstellungen im muslimischen Marokko.

Marokkos römisches Erbe

Bereits seit dem 2. Jh. v. Chr. hatte Rom seinen Einfluss auf die Berberreiche Nordafrikas ausgebaut. Als Vasallen von Roms Gnaden lieferten sie dem Römischen Reich, was es zum Wohlergehen seiner Bürger benötigte: Olivenöl, Getreide, Pökelfisch und die Fischpaste Garum, außerdem Elfenbein und Felle. Der kostbare Farbstoff Purpur, der den Togen der Senatoren und Kaiser vorbehalten blieb, wurde auf den Purpurinseln vor dem heutigen Essaouira aus einer besonderen Schneckenart gewonnen. Ende des 3. Jhs. gab Kaiser Caracalla den Süden von Mauretania auf und überließ ihn aufständischen Berbern. 429 musste Rom den aus Spanien nach Nordafrika vordringenden Vandalen weichen.

***** Moulay Idris** Von Idris al-Akbar, dem ersten Herrscher der Idrissiden-Dynastie, hat das auf einer hohen Kuppe des Zerhoun-Massivs gelegene Wallfahrtsstädtchen seinen Namen. Denn der als Gründer Marokkos angesehene Kalifenabkömmling wurde, nachdem man ihn vergiftet hatte, im Jahre 791 hier beigesetzt, nahe seinem Machtzentrum Oualili (das antike Volubilis). Seither gilt Moulay Idris als heilige Stadt und war bis weit ins 20. Jahrhundert für Nicht-Muslime tabu. Weithin sichtbar ragt der prunkvolle Grabkomplex (»zaouia«) mit seinen grünen Ziegeldächern, der Freitagsmoschee, den Arkadenhöfen und den Pilgerräumen aus dem Gewirr weißer Wohnhauswürfel empor. Inzwischen strömen aber nicht nur Wallfahrer zur Verehrung des Nationalheiligen nach Moulay Idris: Samstags können sich auch Fremde an dem lebendigen Wochenmarkt des Städtchens erfreuen.

**** Taza** Wie bedeutend Taza im Zeitalter der Islamisierung und der ersten Berberdynastien Marokkos war, belegt die imposante Wehrmauer um die Altstadt. Von Berbern im 7. Jahrhundert gegründet, von Almoraviden (1074) und Almohaden (1142) erobert und immer wieder verstärkt, bilden sie bis heute eine trutzige Bastion. Taza steht im Schatten von Fès und wird deshalb nur selten besucht, dabei bildet die Medina mit ihren oft geradlinig verlaufenden Gas-

Das weitgehend noch ursprüngliche Taza braucht sich nicht zu verstecken, schließlich steht hier eine der ältesten Moscheen des Landes.

Jedes Jahr strömen rund 40 000 Pilger nach Moulay Idris zum Grab von Idris al-Akbar.

Gespräch unter Einheimischen, Moulay Idris.

sen einen nahezu unberührt erhaltenen Mikrokosmos traditioneller Gewerbe und Händler. Nicht im Zentrum, sondern am nördlichen Rand erhebt sich mit der Großen Moschee Jemaa el-Kebir eine der ältesten Moscheen Marokkos. Ihren Bau begannen bereits die Almohaden. Leider ist das unter den Meriniden prunkvoll ausgestattete Bauwerk Nicht-Muslimen verschlossen, aber man gewinnt auch von außen einen Eindruck der Pracht im Inneren.

**** Tazekka-Nationalpark** Bereits um 1950 gegründet, gilt der Tazekka-Nationalpark als zweitältester des Landes. Seine Fläche hat sich seither um ein Vielfaches vergrößert. Dadurch ist die Tropfsteinhöhle Gouffre du Friouato, die einzige Nordafrikas, im Jahr 1989 Bestandteil des Parks geworden. Ein weiteres Highlight sind die Wälder, insbesondere der charakteristische Zedernwald. Daneben wachsen verschiedene Eichen- und Kiefernarten sowie Wacholder- und Eibenbüsche im Park. An Kraterseen und Canyons lässt sich der vulkanische Ursprung der heutigen Landschaft erkennen.

Moulay Idris liegt idyllisch auf zwei grün bewaldeten Hügeln. Berühmt ist die Stadt für Idris al-Akbars Grab. Aber nicht nur Pilger kommen hierher.

Marokkos Zedern

Im Jahr 2016 wurden 20 neue Biosphärenreservate auf allen Kontinenten durch die UNESCO anerkannt, darunter auch das Biosphärenreservat Atlas-Zeder im zentralen Atlasgebirge, das eine Gesamtfläche von 14 000 Quadratkilometern aufweist. Wie der Name schon sagt, ist das Gebiet die marokkanische Heimat der majestätischen Atlas-Zeder, rund drei Viertel aller weltweit vorkommenden Bäume dieser Art stehen hier. Die Zeder ist hervorragend an die Sommertrockenheit vor Ort angepasst, kommt jedoch auch mit Kälteperioden von bis zu minus 28 Grad Celsius zurecht. Erst mit etwa 30 Jahren gehen Atlas-Zedern in die erste Blüte und bilden ihre typischen tonnenförmigen Zapfen. Keine andere Baumart steht so symbolisch für Marokko, und doch: Die immergrüne Atlas-Zeder ist akut durch den Klimawandel bedroht. Ein Großteil des Bestandes steht daher unter strengem Schutz.

Blick über die Dächer von Azrou. In der Mitte ragt das Minarett der Moschee auf.

Der Ifrane-Nationalpark beherbergt die größten Zedernwälder Marokkos und eine Menge Berberaffen.

**** Sefrou** Die Kleinstadt an den Hängen des Mittleren Atlas ist berühmt für Dreierlei: Sie gilt, zusammen mit Fès, als eine der ältesten Stadtgründungen in Marokko (9. Jahrhundert), in ihrer Umgebung wachsen, so der Volksmund, die süßesten Kirschen des Landes, und in den Wasserfällen Cascades de Sefrou spiegelt sich der große Wasserreichtum der Region. Dieser speist sich aus vom Mittleren Atlas herabströmenden Bächen wie dem Oued Aggai, der in tiefem Flussbett die Medina durchquert, sie nach heftigen Regenfällen und Schneeschmelze aber auch bedroht. Die sehr authentische Altstadt besteht aus mehreren, noch deutlich voneinander abgegrenzten Vierteln und der ummauerten Mellah, die den Juden vorbehalten war. Noch Mitte des 20. Jahrhunderts lebte hier eine der größten jüdischen Gemeinden in Marokko; inzwischen sind allerdings die meisten Mitglieder nach Israel ausgewandert.

***** Ifrane-Nationalpark** Der Nationalpark von Ifrane beherbergt die größten Zedernwälder Marokkos. 600 Jahre und mehr zählen die einzigartigen Riesen, die teils über 40 Meter hoch und mehr als zwei Meter breit sind. Darüber hinaus ist der Park ein wichtiges Refugium für Berberaffen. Insgesamt leben hier 37 Säugetier- und etwa 140 Vogelarten; zu den Ersteren gehören der im Jahr 1990 wiederangesiedelte Berberhirsch und sogar einige Leoparden. Im Park befinden sich auch etliche Flüsse, Seen, Grotten sowie mehrere kleinere Wasserfälle. Ebenfalls ein Highlight sind die einstigen Vulkankrater des Djebel Hebri und des Djebel Mischliffen. Die beiden Bergkegel sind bei Marokkanern als Wintersportziel beliebt. Von Dezember bis Februar ist hier ein Sessellift in Betrieb. Aber auch in den Sommermonaten wird das Gebiet aufgrund seiner hier herrschenden angenehmen Kühle von Marokkanern gerne und oft angesteuert.

**** Azrou** Auf 1200 Meter Höhe und nahe der Berge, war Azrou einst ein wichtiges Handelszentrum der Berber und ist bis heute wegen seiner kühleren Lage als Ausflugsziel beliebt. Vor allem die Berge südlich des Ortes werden gerne zum Wandern besucht. In den mit Zedern bewachsenen Berghängen hat man gute Chancen, Berberaffen zu beobachten. Dominant ist die Große Moschee mit dem gewaltigen Minarett und den grünen Ziegeln. Diese findet man in Azrou übrigens – durch französischen Einfluss – auch auf einigen Dächern der Alstadt, während sie sonst nur königlichen Gebäuden oder Moscheen vorbehalten sind.

Durch das alte Stadttor gelangt man in die Altstadt von Sefrou.

Nahe Sefrou laden die Wasserfälle zum Erholen ein.

Berberaffen

Berberaffen, auch Magots genannt, leben in Marokko vor allem im Mittleren Atlas und besiedeln dort die höheren, bewaldeten Bergregionen. Die den Makaken zugehörigen Tiere tragen ein gelblich-braunes Fell, besitzen nur einen Schwanzstummel und sind ihrer harschen Umgebung, vor allem den winterlichen Frösten, optimal angepasst. Landwirtschaft und Siedlungsdruck haben ihren Lebensraum immer weiter eingeschränkt, bis die Tiere kurz vor der Ausrottung standen. Durch Umsiedlung und Auswilderung von Berberaffen aus europäischen Zoos konnte der Bestand aber wieder stabilisiert werden. Im Nationalpark um Ifrane sind die Berberaffen eine der großen Besucherattraktionen. Die Tiere dort haben sich an Menschen gewöhnt und lassen sie relativ nahe an sich heran.

Unterwegs in Rabat-Salé-Kénitra

Endlose Sandstrände locken nicht nur Sonnenanbeter, sondern auch waghalsige Surfer an die wellenbewegte Atlantikküste. Reizvolle Hafenstädtchen und die strahlende Metropole Rabat bereichern die wilde Natur mit historischer Architektur und Kunst.

**** Moulay-Bousselham** Die Kleinstadt profitiert von ihrer malerischen Lage auf einer Landspitze zwischen Atlantik und der Lagune Merja Zerga. Der nur durch einen schmalen Durchfluss mit dem Atlantik verbundene Salzsee fungiert als wichtige Station auf dem Vogelzug von Nord nach Süd und als Lebensraum unzähliger Wattvögel. Im Winter sind große Schwärme von Rosaflamingos, Rostgänsen und Sabelschnäblern anzutreffen. Zwei fantastische Atlantikstrände, »Hawaï«, und »3e piscine«, locken im Sommer zum Baden. Für fromme Marokkaner ist Moulay Busselham ein wichtiger Wallfahrtsort. Das Mausoleum des Namenspatrons des Städtchens besuchen jährlich Tausende von Gläubigen, um an der baraka, der religiösen Kraft des im 15. Jahrhundert Verstorbenen, teilzuhaben. Im Umkreis des Mausoleums haben sich weitere fromme Männer niedergelassen, sodass Moulay Bousselham als Stadt der Heiligen bezeichnet wird.

***** Banasa** Kaiser Augustus persönlich gründete um 30 v. Chr. die Colonia Iulia Valentia Banasa als Ansiedlung für Kriegsveteranen in der römischen Provinz Mauretania Tingitana, dem heutigen Nordmarokko. Eine goldene Zukunft war der Niederlassung nicht beschert – die Ruinen zeugen von einer mittelgroßen und wahrscheinlich nicht sehr reichen Stadt. Einen Triumphbogen zu Ehren des Kaisers beispielsweise besaß Banasa, das bereits Ende des 4. Jahrhunderts wieder aufgegeben wurde, nicht. Forum und Kapitolstempel sind aber ebenso erhalten wie vier Thermenkomplexe, darunter die Thermes aux Fresques mit Resten von sehr dekorativen Fresken mit unterschiedlichsten Trompe-l'Oeuil-Motiven. Interessant

INFO *

RABAT-SALÉ-KÉNITRA

Hauptstadt
Rabat

Fläche
18 194 km²

Einwohnerzahl
4 669 000

Bevölkerungsdichte
257 Einwohner/km²

Kénitra besitzt ein sehenswertes Stadtbild. Besonders eindrucksvoll ist die Moschee der Stadt (links im Bild) mit ihren aufwendig verzierten Arkadenbögen und Verzierungen.

sind auch die noch erhaltenen Mosaiken in den Kleinen und den Nördlichen Thermen. Die kostbarsten Mosaiken wurden allerdings entfernt und sind heute im Archäologischen Museum von Rabat ausgestellt.

Ausgrabungen der Thermen von Banasa brachten kostbare Mosaiken zutage.

*** Thamusida** Bereits vor der römischen Okkupation bestand eine Siedlung an der Mündung des Flusses Sebou in den Atlantik. Keramiken belegen, dass sie um 70 v. Chr. Handelsbeziehungen in den Mittelmeerraum unterhielt. Unter Augustus und den folgenden Kaisern wuchs Thamusida bis zum Ende des 3. Jahrhunderts zu einer Stadt mit Thermen, Forum und Tempel heran. Über den sicheren Flusshafen verschiffte man Holz, Getreide, wilde Tiere und die begehrte Fischpaste Garum nach Rom. Zum Schutz und Ausbau der Stadt waren rund 200 Soldaten einer Kohorte im angrenzenden Militärlager abgestellt, dessen Überreste ausgegraben wurden. Nach dem Rückzug Roms 285 n. Chr. existierte Thamusida noch rund 100 Jahre und ging dann im Vandalensturm unter. Archäologische Grabungen brachten weder kunstvolle Mosaiken noch hehre Statuen zutage, sondern zumeist nur Fundamente einfacher Bruchsteinbauten.

Antike Ausgrabungen zeugen von der römischen Vergangenheit Thamusidas.

**** Kénitra** Die moderne Großstadt an der Mündung des Oued Sebou ist eine französische Kolonialgründung. Als es 1912 mithilfe der Franzosen gelang, die Aufstände der Berber gegen das marokkanische Herrscherhaus zu befrieden, war der Sultan gezwungen, einen Protektoratsvertrag zu unterzeichnen. Eine der ersten französischen Initiativen bestand in der Gründung von Hafenstädten am Atlantik, darunter von Kénitra, die dem Export landwirtschaftlicher Güter und von Bergbauprodukten dienen sollten. Für den Standort Kénitra, wo seit Ende des 19. Jahrhunderts bereits eine Kasbah bestand, sprachen das fruchtbare Hinterland und die Nähe zum Forêt de Mamora. In diesem 134 000 Hektar großen Waldgebiet wachsen fast ausschließlich Korkeichen, deren Rinde über Kénitras Hafen verschifft wurde. Die Innenstadt prägt französische Kolonialarchitektur. Ein Blickfang ist der Bau der Moschee, auch mehrere schöne Strände liegen nicht weit von Kénitra entfernt, so zum Beispiel das berühmte Strandbad Mehdya Plage.

Moulay-Bousselham liegt malerisch zwischen dem Atlantik und der Lagune Merja Zerga.

**** Mehdiya** Antike Quellen identifizieren das Fischerstädtchen Mehdya mit einer im 5. Jahrhundert v. Chr. gegründeten, karthagischen Handelsniederlassung. Ihnen folgten ein Jahrtausend später die Portugiesen, im 16. Jahrhundert dann übernahmen die Spanier. Erst im 18. Jahrhundert gelang es dem marokkanischen Herrscherhaus, die Kontrolle über diese Exklave zu übernehmen und die bestehende Festung zu einer mächtigen Kasbah auszubauen, die noch heute über die Mündung des Oued Sebou wacht. In die Geschichtsbücher ging Mehdya 1942 als einer der Landungsorte US-amerikanischer Truppen ein. Dank des Militärs steht Mehdya heute für Sonne, Strand und Meer – in Marokko stationierte Soldaten entdeckten den Sandstrand Mehdya-Plage als Surfspot, der selbst professionelle Wellenreiter herausfordern kann. Baden ist in nicht überwachten Bereichen allerdings gefährlich.

**** Plage des Nations** Auch der 25 Kilometer südlich gelegene Ferienort Plage des Nations gilt als Hotspot der Surfszene, wenngleich die Bedingungen hier nicht so optimal sind wie in Mehdya-Plage. Aber nicht nur das: Der exzellente 18-Loch-Golfplatz The Montgomerie Rabat bietet sogar Abwechslung vom Strandleben. Mit modernen Hotels, Ferienwohnungen, Apartmentanlagen und Einkaufszentren entstand hier eine perfekte Urlaubslandschaft, die sich zunehmend zu einer modernen, attraktiven Vorstadt von Rabat entwickelt. Seinen Namen verdankt die Plage des Nations dem Volksmund nach der Tatsache, dass die Strände um Rabat und Salé wenig attraktiv sind. Die europäischen Mitarbeiter der in Rabat angesiedelten Botschaften und Konsulate wichen deshalb nach Norden an den schier endlosen Sandstreifen beim Städtchen Sidi Bouknadel aus. Wegen der internationalen Badegäste wurde er zum »Strand der Nationen«.

***** Jardins Exotiques** Die »exotischen Gärten« von Bouknadel legte der französische Gartenbauingenieur Marcel François in den 1950er-Jahren an. Angefangen hatte er mit einer Plantage für Aquarienpflanzen, doch bald trieb ihn seine Leidenschaft zur Anlage thematischer Gärten, in denen er Ökosysteme aus allen Teilen der Welt imitierte. So entstanden Modelle natürlicher Landschaften wie des kongolesischen Urwalds, mexikanischer Wüsten und karibischer oder pazifischer Inselparadiese, aber auch Gärten Andalusiens oder Japans. Im Jahr 1961 machte er den Park Besuchern zugänglich, doch Mitte der 1980er-Jahre verließ er sein geliebtes Marokko tief enttäuscht – die Regierung hatte ihm die Aufsicht über sein Werk entzogen. Darauf folgten Jahre des Verfalls. Erst 2002 nahm sich eine königliche Stiftung der Gärten an, die 2005 in altem Glanz wiedereröffnet wurden.

***** Salé** In der »weißen Stadt« an der Mündung des Bou Regreg gaben sich seit dem 11. Jahrhundert Eroberer und Dynastien die Klinke in die Hand. Salé bekam nie die Bedeutung von Rabat am gegenüberliegenden Flussufer, dafür bewahrte es seinen etwas verschlafenen, orientalischen Charme. Die Tore der fast vollständig erhaltenen Stadtmauer entführen in eine labyrinthische Welt kubischer Häuser und verwinkelter Gassen, in der Marktbereiche wie der Schmuckhändlersouk Kissaria heute noch abends verschlossen werden. Im Herzen der Medina verbirgt sich eine der schönsten Medersen des Landes, die Medersa Abou el-Hassan. Von den Meriniden im 13. Jahrhundert errichtet, versprüht sie ein Feuerwerk kunstvoller Kachelmosaike, Holzschnitzereien und Marmorkapitelle. Auf ihrer Dachterrasse liegt dem Betrachter die Medina mit der Großen Moschee wie ein impressionistisches Bild zu Füßen.

Links: Dichter Urwald ist nur eines der vielfältigen Landschaftsthemen, in die man in den Jardins Exotiques eintauchen darf.

Innenhof der Medersa Abou el-Hassan in Salé. Sie gilt als eine der schönsten Marokkos.

In der Bucht von Mehdya dümpeln oft kleine Fischerboote.

*** **Rabat** An der Atlantikküste im Nordwesten Marokkos liegt die Hafenstadt Rabat an der Mündung des Flusses Bou-Regreg. Die Stadt ist neben Fès, Meknès und Marrakesch eine der vier Königsstädte des Landes. Seit 1956 ist Rabat die Hauptstadt Marokkos und damit Regierungssitz und Residenz des Königs. Die im 10. Jahrhundert von den Omajjaden als Klosterburg gegründete Siedlung wurde unter dem Almohadenherrscher Abu Yusuf Yaqub al-Mansur im 12. Jahrhundert zur befestigten Kasbah erweitert. Im 17. Jahrhundert wurde die Stadt zum Zufluchtsort der von Spanien vertriebenen Mauren und machte sich als Piratenrepublik Bou-Regreg einen zweifelhaften Namen. Die französische Intervention zu Beginn des 20. Jahrhunderts beendete diese Machenschaften schließlich – bis 1956 dauerte die Kolonialherrschaft, während der in der Stadt viele neue Viertel nach französischem Vorbild errichtet wurden.

Marokkanerin in der Nähe des Königspalastes in Rabat.

Die Hauptstadt Marokkos blickt auf eine lange und wechselvolle Geschichte zurück. Archäologische Funde belegen, dass die Region bereits vor 100 000 Jahren besiedelt war. Oben: Die Kasbah ist sehr eindrucksvoll und wird gerne und häufig besucht. Treppen führen an der Festungsmauer entlang hinauf zum Eingangstor.

Océan Atlantique
PLAGE DE RABAT
Mosquée sheikh zayed
Rue Al-Ayyachi
Avenue Sidi Ben Achir
Hopital Al Ayachi
Bab Bou Haja
MELLAH
BAB EL-BAHR
R. Fondouk Abd el Hadi
Ach-Chahid Ahmed ben Abbou
R. al Hadarissa
Rue Al-Ayyachi
Madarisse Ave.
Bab Er Rih
Avenue de la Plage
Clinique Beaux sejours
Avenue de Fès
Avenue Sidi Ben Achir
Marina Rabat Salè
Av. Tariq al Marsa
Tunnel des Oudayas
R322
Kasbah des Oudaïas
Musée des Oudayas
ANDALUSIAN GARDENS
Bou Regreg Ferry
Oued Bou Regreg
CIMETIÈRE MUSULMAN
École des Oudayas
Bab Oudaia
Boulevard al Alou
Rue Moulay el Mamoune
Rue Derb El Hout
National Craft Museum
Av. Tariq al Marsa
Boulevard Mokhtar Gazoulit
Mosquée As-Shouhada
JARDIN GHARBIYA
Bab al Alou
MÉDINA
Rue Sabat el Isri
Rue Bouqroune
R. Jouta
Rue El Fassi
Rue des Consuls
Mellah
Place Sidi Makhlouf
Av. Tariq al Marsa
N 1
Blvd. Arrahbah
Rue du Mellah
Collège Kenza
Rue de Diakarta
Abdelkrim al Khattabi
Rue Florence
Rue Arkara
Rue de Rome
OCÉAN
Mouqaouama
Rue Jazirat al Arab
Avenue Misr
Auberge de Jeunesse
R. Tajine
Av. Mohammed
Rue Sidi Fatah
Mosquée Moulay Mekki
Mosquée Moulay Sliman
Rue Souika
Grande Mosquée
Hôpital Bab Labuiba
Bab Chellah
Bab El Mellah
Hassan II
Rue Casablanca
Douanes
Boulevard Abi Radrag
Tour Hassan
Mosquée Hassan
Mausoleum Mohammeds V.
Alaouiyne
Abdelmoumen
Rue Muwahidine
R322
Rue Belgrade
Rue de Londres
Place d'Angleterre
Rue de Sénégal
Gare Routière
Esplanade Bab el Had
Marché Municipale
Boulevard
JARDIN NOVZHAT HASSAN
Place Melilya
Rue Melilya
Rue Al Marinyene
Avenue de La Tour Hassan
România
Église St. Joseph
Rue de Bruxelles
Mosquée de l'Océan
Collège Al Mouhite
Bab al Had
Musée Nationale des PTT
Ministère des Postes
Av. Allal ben Abdallah
Mosquée Moulina
Al Mansour ad Dahbi
Théâtre Nat. Mohammed V
Syndicat d'Initiative
Av. Abderrahman Anegai
Rachid
College Yacoub El
Rue Al Mourabitine
Ismail
Suisse/ Schweiz
Rue de Tunis
al Akbar
CITÉ ALBERT
Rue de Bucarest
Place de Russie
Avenue Al Mahgrib al Arabi
Congo
Hassan II
Rue Soekarno
R. Al Kahira
Avenue Mohammed
Province
Place Patrice
Rue Sefrou
Rue Moulay Ismail
Boulevard Abi Radrag
Avenue Al Mahgrib al Arabi
Rue Ghana
Rue du Mali
Rue Jean Jaurès
Deutschland
Place Al Joulan
DIOUR JAMAA
Avenue
Lycée Al Laymoune
Parlement
Place Mohammed V
Rue Abou Inan
Cathédrale St. Pierre
Lumumba
Place de l'Unité Africaine
Pl. Moulay Al Hassan
Avenue Al Jazair
Place Abraham Lincoln
ONMT
Rue Farhat Hached
Rue Omar Slaoui
Rue De Madagascar
Rue du Tonkin
Llycée Omar Al Khiyam
Rue Bescartes
Gare Rabat-Ville
Ibn Tourner
Musée Mohammed VI d'art moderne et Contemporain
Avenue Chellah
Rue Tetouan
Rue Demate
Avenue de Fès
QUARTIER DES AMBASSADES
USA
Rue Dahomey
QUARTIER DES ORANGERS
Avenue Moulay Youssef
Avenue Moulay Hassan d'Annaba
Rue Moulay Abd al Aziz
Belgie/ Belgique
Avenue Mohamed El Fassi
N 1
Mosquée Diour Jamaâ
Rue Al Ghazali
Rue Abdelhamid el Harrakati
Hatimi
Bab er Rouah
Place As Souna
Musée Archéologique
Rue Moulay Ali Chérif
Rue Ouarzazate
Avenue Président Roosevelt
Danmark
R401
Rue de Kebbat
Rue Mohammed Abdouh
Place An Nasr
Mosquée As Souna
Lycée Moulay Youssef
Rue Tanger
Trésorerie
Rue Patrice Lumumba
Rue Essaouira
QUARTIER DES MINISTÈRES
Ministère des Affaires Étrangères et de la coopération
Place Bab Tamesna
JARDIN
Avenue An Nasr
Olympique Marocain
Faculté des Lettres et des Sciences Humaines
Contro Do Conforoncos Du Ministère De L'Intérieur
Mohammed V
Ibn Al Ouazzene
BOTANIQUE
Rue Al Battani
Complexe Sportif des FUS
Palais de Justice
D'ESSAIS
Rue Oqbah Ibn Nafi
Avenue Ibn Khaldoun
Ibn Hazm
Ibn Batouta
Bibliothèque
MECHOUAR
Ministry of Economy a. Finance
Bibliothèque Nationale du Royaume du Maroc
Municipal Stadium
Faculté des Sciences
Avenue Yacoub el Mansour
Rue Al Ganzra
Rue Ibn Hajar
France
Rue Sahnoune
Rue Dayet Erroumi
MÉCHOUAR
Mosquée Ahli-Fès
Lycée Imam Boukhari
Bin al Ouidane
Institut Scientifique
Chellah
Bab Zaër
Blvd. Moussa ibn Noussaïr
Rue Dayat Aoua
Place Ibn Yassin
Salle Ibn Yasin
Stade de Maroc Telecom
Rue Innaouen
Rue Aguelmane Sidi Ali
Rue Oqbah Ibn Nafi
Arribat Center
Avenue Omar Ibn Khattab
Al Abtal
Place Ibn Zohr
Palais Royal
CIMETIÈRE MUSULMAN
Avenue Al Amir Fal Ould Oumeir
Rue Oued Draa
Rue Oued Ziz
Al Abtal
Avenue Al Oumam Al Mouttahida
Royal Palace of Rabat
Avenue Imam Malik
LAMSALA
Avenue Mohamed VI
CITÉ KHALIFA
rocade 2
École Mohammedia d'Ingénieurs
Av. Ibn Sina
Place Abou Bakr Saddik
Rue Oued Fès
O.N.M.T.
Rue Oued Baht
Mosquée Badr
JARDIN
rocade 2
0
300 m

1 * Medina** Im 17. Jahrhundert erbaut, um andalusische Flüchtlinge aufzunehmen, kann man sich auch heute noch im Gassenlabyrinth der kleinen, aber durchaus geschäftigen Altstadt verlieren. In der breiten, wunderbar überkuppelten Rue de Consuls am Ostrand logierten einst die ausländischen Gesandten; heute werden hier Teppiche und Kunsthandwerk angeboten. Hauptader der Medina ist jedoch die Rue Souika. Das Angebot ihrer Händler richtet sich weitgehend an die lokale Bevölkerung. Rindfleischhälften und Kopftücher hängen hier eng beieinander, ein Junge schlängelt sich mit einem Tablett voller frischer Teigtaschen durch die Menge, vor dem kleinen Ausgabefenster der Patisserie um die Ecke stehen die Frauen des Viertels Schlange. Auch ein paar authentische Lokale birgt Rabats Medina – und inzwischen sogar elegante Gästehäuser.

In der Medina von Rabat wimmelt es von kleinen Geschäften und Marktständen.

2 * Kasbah des Oudaias** Das Äußere der ockerfarbenen, fast unscheinbaren Festung täuscht. Wer sie betritt, kann in einer Sinfonie aus Blautönen schwelgen. Das liegt nicht nur daran, dass sie direkt an der Flussmündung des blauen Bou-Regreg liegt oder dass man, oben angelangt, eine herrliche Sicht auf das Meer hat. Es sind die engen Gassen, die sich an Häuserfronten vorbeischlängeln, die in unzähligen Blauschattierungen getüncht sind. Künstlerwerkstätten und alte Türen mit verzierten Metallklopfern und -riegeln ergänzen das pittoreske Bild. Die Kasbah mit ihren 2,50 Meter dicken und acht bis zehn Meter hohen Mauern befindet sich im ältesten Teil der Stadt, dort, wo einst die islamische Grenzfestung Ribat lag. Sie war der Vorläufer der Stadt Rabat. Eine Treppe führt zum schönen Eingangstor Bab Oudaias, das von zahllosen Ornamenten umrahmt wird und aus dem Jahr 1195 stammt. Sie bildet einen schönen Empfang für den Besuch der Kasbah.

3 ** **Mellah** Das ehemalige jüdische Viertel von Rabat zählt heute zu den ärmsten Bereichen der Medina. Die Hauptarterie Rue de la Mellah ist gesäumt von einfachen Geschäften, in denen vor allem Feldfrüchte und Obst auf Käufer warten. Juden gab es bereits im römischen Sala, wie ein Grabstein beweist. Später erlebten die jüdischen Einwohner Rabats unter den wechselnden Dynastien, die jüdisches Leben mal förderten, mal zu unterbinden suchten, wechselvolle Zeiten. Mit dem französischen Protektorat kam eine kurze Blüte, während der bis zu 13 000 Menschen jüdischen Glaubens in Rabat verzeichnet wurden. Die marokkanische Unabhängigkeit ließ viele nach Frankreich auswandern. Ende des 20. Jahrhunderts zählte man in Rabat noch 400 Juden. Im Zuge der geplanten Restaurierungsarbeiten in Rabats Medina soll auch die Mellah wieder ein repräsentativeres Gesicht erhalten.

4 *** **Große Moschee** 300 sandfarbene Säulen recken sich hier in den Himmel, die einst das Dach stützen sollten für viele Tausende Gläubige. Die Moschee mit ihren 180 Metern Länge und knapp 140 Metern Breite wäre die größte der gesamten Region geworden, sogar noch größer als die damals noch in der Hand der Mauren liegende Mezquita von Córdoba in Spanien. Doch dann starb Ende des 12. Jahrhunderts der Bauherr, der Almohadenherrscher Yaqub al-Mansur, und die Bauarbeiten kamen für immer zum Erliegen. Ein Erdbeben zerstörte die Bauruine Mitte des 18. Jahrhunderts noch weiter. Teilweise wurde die Anlage als Steinbruch genutzt. Und selbst das fertig erscheinende Minarett, der Hassan-Turm, erreichte nie seine wirkliche Höhe: Statt der ursprünglich geplanten 80 Meter wurde es nur die Hälfte. Trotzdem überragt er die Stadt als weithin sichtbares Wahrzeichen.

Oben links: Das schöne Bab Oudaias führt in das Innere der Kasbah. Das Tor gilt aufgrund seiner Ornamentik als eines der bedeutendsten Bauwerke der Almohaden-Architektur
Oben rechts: Den unvollendeten Hassan-Turm kann man auch besteigen. In seinem Inneren führt eine zwei Meter breite Rampe in Windungen hinauf zur Terrasse, denn ursprünglich sollte der Turm auch per Pferd, Esel oder Maultier begehbar sein.

Detailausschnitt des Hassan-Turms.

5 * Mausoleum Mohammeds V.** Am Rande der Ruinen der Großen Moschee erhebt sich weiß leuchtend das Mausoleum. Eine Marmortreppe führt hinauf zu den Hufeisenbögen im Eingangsbereich, darüber spannt sich ein spitzes Dach in Grün, der Farbe des Islam. Erbaut wurde das prachtvolle Mausoleum für Mohammed V., den Großvater des jetzigen Königs Mohammed VI. Er starb 1961, seine Gebeine wurden nach der Fertigstellung des Baus im Jahr 1971 hierher überführt. Flechtwerkornamente schmücken die Außenfassade, Soldaten in traditionellen rot-weißen Uniformen bewachen die Grabstätte. Auch der Grabsaal badet förmlich in dekorativer Pracht mit seinem vergoldeten Dekor aus geschnitztem Mahagoniholz und den kunstvollen Mosaiken. Besucher können die Grabkammer von einer umlaufenden, höher gelegenen Galerie betrachten. Nur Offizielle dürfen den Raum betreten.

6 * Chellah** Anstelle der in der Merinidenzeit ummauerten Nekropole Chellah befand sich bis zum 5. Jahrhundert das römische Sala. Ein imposantes Tor führt in den Bezirk, dessen üppige Vegetation überrascht. Die römischen Ruinen sind ein schlichter Abglanz vergleichbarer Stätten wie etwa Volubilis, doch die Überreste der Anlage mit Moschee und Medersa wirken zugleich eindrucksvoll und verzaubert. Zwei Grabstätten, die des Sultans Abou el-Hassan (Regierungszeit 1331-1348), den man den »schwarzen« Sultan nannte, und seiner angebeteten Gattin Chams ed-Douha (Morgenröte) befinden sich hinter der im 13. Jahrhundert errichteten Moschee, deren Minarett nahezu unbeschädigt in den Himmel ragt. Ein Erdbeben hatte Chellah 1755 weitgehend dem Erdboden gleichgemacht. Seither scheinen nur noch Störche und die als wundertätig geltenden Aale in diesem magischen Paradies zu leben.

Brunnen am Mausoleum mit Kachelmosaiken und filigranen Stuckornamenten.

7 ** Musée Mohammed VI d'art moderne et contemporain König Mohammed VI. war dieses Kunstmuseum ein besonderes Anliegen: Nicht nur Marokkos traditionelle Künste oder seine archäologische Funde sollten der Öffentlichkeit präsentiert werden, sondern auch das kreative Schaffen zeitgenössischer Künstler. Rund zehn Jahre dauerte es, bis das im traditionellen Stil gehaltene, moderne Gebäude unweit des Archäologischen Museums seine Tore im Beisein des Herrschers feierlich öffnete. Das Museum moderner und zeitgenössischer Kunst stellt in wechselnden thematisch ausgerichteten Ausstellungen Werke prominenter marokkanischer und internationaler Künstler vor. Gezeigt wer-

Oben: Zentrum des Mausoleums ist der im Boden versenkte Sarkophag mit den Gebeinen Mohammeds V. Die Säulenreste der unvollendeten Großen Moschee vor dem Mausoleum haben weder Basis noch Kapitell. Oben rechts: Ruinen der Chellah.

den außerdem Arbeiten marokkanischer Kreativer seit der Unabhängigkeit bis heute, darunter prominente Namen wie Mehdi Qotbi (geb. 1951) oder Aziza Alaoui (geb. 1966), deren Bilder, Fotografien und Installationen um das Thema Natur kreisen.

8 ** **Königspalast** Rabat wurde erst unter dem französischen Protektorat zur Hauptstadt Marokkos bestimmt, und so zählt auch sein Königspalast zu den jüngeren Bauten des Landes. In seiner heutigen Form wurde er erst im 20. Jahrhundert fertiggestellt, die Vorgängerbauten stammten aus dem 19. bzw. 18. Jahrhundert. Tatsächlich nimmt der Dar el-Makhzen einen eigens ummauerten Bezirk, Touarga, ein, in dem sich auch verschiedene königliche Institutionen und eine Moschee befinden. Da der Besuch des Palastes nicht möglich ist, kann man durch das Tor zumindest einen Blick auf den méchouar, einen großen Innenhof für zeremonielle Anlässe, erhaschen. Von dort sind auch die mit grünen Keramikziegeln gedeckten Dächer der Anlage zu erkennen, ganz nach dem Vorbild traditioneller Paläste. Weilt der König in Rabat, zieht er mit Gefolge freitags um 12:30 Uhr durch den méchouar zum Gebet.

** **Skhirat** Die Stadt am Atlantik zählt zu den exklusivsten Badedestinationen des Landes. Luxusvillen und -appartments säumen die weiten Sandstrände, doch das auffälligste Bauwerk hier ist der Dar el-Makhzen, der Königspalast. Unter den vielen Wohnsitzen von Mohammed VI. ist jener von Skhirat einer der größten. Auf einer Länge von drei Kilometern und sich über mehrere Terrassen landeinwärts staffelnd gleicht er inklusive Golfplatz einer kleinen Stadt. In die Geschichtsbücher ging Skhirats Palast ein, weil hier am 10. Juli 1971 ein Teil der marokkanischen Armee gegen König Hassan II. putschte. Der König feierte in Skhirat seinen Geburtstag mit mehreren hundert geladenen, auch internationalen Gästen, als Offiziere den Palast stürmten und wahllos in die Menge feuerten. Mehr als 100 Menschen starben im Kugelhagel; der König konnte sich mit seiner Leibgarde retten.

Der Königspalast in Rabat kann nur von außen besichtigt werden.

Storchennest auf dem Minarett der Chellah.

Mausoleum Mohammeds V.

Kunstvoll ausgestaltete Flechtwerkornamente scmücken die Hufeisenbögen der blendend weiße Fassade des markanten Mausoleums, in dem die Gebeine Mohammeds V. verwahrt sind. Das Mausoleum Mohammeds V. wurde zwischen 1961 und 1967 nach dem Tod des Königs als Gedächtnisstätte errichtet. Es gilt als eines der schönsten Bauwerke islamischer Architektur der jüngeren Zeit.

Marokkos Mitte

Mit Casablanca und Marrakesch liegen in Marokkos Mitte zwei der größten und bekanntesten Städte des Landes. Auf ihren Plätzen und in den Souks herrscht den ganzen Tag bis spät in die Dämmerung Trubel. Im Kontrast dazu steht das Hinterland, das geprägt ist von den kargen Berghängen des Mittleren Atlas. In Tälern sammeln sich hier und da Häuser zu kleinen Dörfern, kulturellen Einfluss haben bis heute die Berber-Stämme, die das Gebiet bevölkern.

Unterwegs in Casblanca-Settat

Die Millionenmetropole Casablanca prägt diesen Teil von Küste und Hinterland. Moderne Hafenstädte und Ferienorte zeichnen das Bild des in die Zukunft gewandten Marokko. Dennoch umweht einige Städtchen noch der nostalgische Hauch vergangener Zeiten.

*** Mohammedia** Die moderne Hafenstadt besaß unter den Almoraviden im 14. und 15. Jahrhundert große Bedeutung als Ausfuhrhafen, über den europäische Händler Trockenfrüchte und Getreide bezogen. Danach taucht sie erst wieder Ende des 18. Jahrhunderts in den Annalen auf: Die Dynastie der Alaouiten schmückte sie mit einer Moschee, der Zaouia Tijania, und der heute noch in Teilen erhaltenen Kasbah. Weitere hundert Jahre vergingen glanzlos, bis die Franzosen die günstige Lage erkannten und den Hafen modernisierten. Ab diesem Moment wuchs Mohammedia schnell zu einer Industriestadt mit attraktiven Stränden und Freizeiteinrichtungen für Feriengäste. Die beiden historischen Zeugnisse, Kasbah und Moschee, waren dem Verfall überlassen. Erst seit einigen Jahren sind Restaurierungsarbeiten im Gange,

INFO *

CASABLANCA-SETTAT

Hauptstadt
Casablanca

Fläche
19 448 km²

Bevölkerung
7 028 000

Bevölkerungsdichte
361 Einwohner/km²

Gewaltig ragt die Moschee Hassan II. aus dem Stadtbild Casablancas auf.

Casablanca ist die größte Stadt Marokkos und die heimliche Hauptstadt des Landes. Durch ihre exponierte Lage direkt am Meer ist sie nicht nur ein bedeutendes Wirtschaftszentrum, sondern auch ein wichtiger Verkehrsknotenpunkt.

Am Morgen leuchtet die Fassade der Moschee Hassan II. in einem besonderen Licht.

Moderne Bauten kennzeichnen den Boulevard Mohammed V.

die sich über den Altstadtkern hinaus auch der Belle-Époque-Architektur der französischen Kolonialzeit annehmen.

***** Casablanca** Die durch den gleichnamigen Filmklassiker mit Humphrey Bogart und Ingrid Bergman berühmt gewordene Millionenstadt Casablanca ist das unbestrittene Finanz- und Wirtschaftszentrum Marokkos. Die wichtigsten Unternehmen des Landes sind hier ansässig, und der Hafen zählt zu den größten Afrikas. Casablanca präsentiert sich folglich als westlich orientierte, moderne Metropole. Mehr noch als durch herausragende architektonische Zeugnisse der über 1000 Jahre alten Geschichte beeindruckt die Stadt durch ihre großzügige, aus der französischen Kolonialzeit stammende Anlage. In der Altstadt, die sich gut auf einem Spaziergang erkunden lässt, bestimmen viele Plätze und Parks sowie breite Boulevards, die von modernen Hochhausbauten oder prachtvollen Palästen im Art-déco-Stil gesäumt werden, das städtische Bild.

1 * Boulevard Mohammed V Wahre Prachtbauten säumen den Boulevard, der sein heutiges Aussehen dem französischen Generalresidenten Hubert Lyautey verdankt. Im Jahr 1912 wurde er in die neu geschaffene Kolonie berufen, um Casablanca zu einem modernen Hafen auszubauen. Zugleich wollte Lyautey Frankreich für marokkanische Handwerkskunst öffnen. So beauftragte er französische Architekten des Jugendstils und des Art déco, Hand in Hand mit Marokkos besten Kunsthandwerkern neue Dekorationselemente zu entwickeln. Das Ergebnis sind einige der Bauten entlang des Boulevards Mohammed V, so die Handelskammer Chambre de Commerce, die Markthallen des Marché Central und das Gebäude der marokkanischen Post. Sie verbinden marokkanisches Dekor mit Elementen des Art déco und verwenden anstelle traditioneller Materialien moderne wie Beton. Die Initiative Casamemoire kämpft für den Erhalt und die Restaurierung dieses Erbes.

Das berühmteste Bauwerk Casablancas ist die gewaltige Moschee Hassan II. Sie ist das Wahrzeichen der Stadt und der zweitgrößte Sakralbau der Welt nach der Moschee in Mekka.

Justizpalast, Präfektur und Französisches Konsulat befinden sich auf der Place Mohammed V.

Der Parc de la Ligue Arabe erstrahlt seit 2018 in neuem Glanz.

Jede Seite des Minaretts der Hassan-Moschee ist mit kunstvoller Ornamentik dekoriert.

2 ** **Place Mohammed V.** Umgeben von Art-déco-Bauten mit maurischen Details, bildet der riesige Platz das Herz des Verwaltungsdistrikts der Stadt. Justizpalast, Präfektur und das Französische Konsulat säumen das palmenbestandene Rechteck ebenso wie das Postgebäude. Bereits 1920 wurde das gut 1000 Quadratmeter große Areal angelegt, gut ein halbes Jahrhundert später begann der Brunnen in seiner Mitte zu sprudeln und marokkanische Weisen zu singen. General Hubert Lyautey, ehemaliger Militärgouverneur des Landes und mitunter auch als »Vater des modernen Marokko« bezeichnet, scheint den Wassermelodien aus dem Sattel seines Bronzepferdes zu lauschen. Am Rand des ursprünglich »Place de la Victoire« genannten Platzes sorgt das im Jahr 2018

eröffnete Grand Théâtre »CasArts«, erbaut nach Plänen des Stararchitekten Christian de Portzamparc, für neue Töne.

3 * Parc de la Ligue Arabe Die grüne Lunge von Casablanca bildet mit 30 Hektar Fläche eine Oase im hektischen und lauten Treiben der Millionenstadt. Im Zentrum der von den Franzosen während der Protektoratszeit erbauten Neustadt gelegen, wurde die Parkanlage zwischen 1916 und 1921 von dem französischen Architekten Albert Laprade gepflanzt. Sein Herzstück bildet die 500 Meter lange Doppelallee schlanker, hoher Dattelpalmen, die auf ein elegantes Brunnenbecken mit Wasserspielen zuführt. Lange wurde der Park vernachlässigt, bis die Stadtverwaltung von Casablanca beschloss, ihn wiederherzustellen. 2018 wurde er in neuem Glanz und mit Spielplatz, Picknickflächen und Cafés erweitert eröffnet. Dennoch leidet er unter einem großen Manko, nämlich, dass abgesehen von Palmen und Ficus kaum schattenspendende Bäume gepflanzt wurden. In den heißen Sommermonaten bietet er nur wenig Abkühlung.

4 * Moschee Hassan II.** 1993 weihte König Hassan II. persönlich die größte Moschee des Maghreb in Casablanca ein. Das Gotteshaus wurde auf einer künstlichen Plattform über dem Meer errichtet und scheint über dem Wasser zu schweben. Über 3000 Handwerker aus dem ganzen Land schmückten die Moschee mit traditionellem Dekor, mit Majolikamosaiken, Stuck, feinsten Intarsien und Schnitzereien in dunklem Zedernholz. 25 000 Gläubige fasst der Gebetssaal, weitere 80 000 können auf dem Vorplatz im Schatten des 210 Meter hohen Minaretts beten. Von dessen Spitze weist Tag und Nacht ein Laserstrahl die korrekte Gebetsrichtung nach Mekka. Die Moschee Hassan II. ist das einzige Gotteshaus Marokkos, das Nichtmuslime besichtigen dürfen (außer freitags). Aufgrund seiner Lage am Meer schützen zwei riesige Wellenbrecher das Gebäude.

Viele Menschen verweilen einfach nur an der Hassan-Moschee. Das gigantische Bauwerk mit dem 210 Meter hohen Minarett dürfen auch Nichtmuslime besichtigen.

Seit 1956 dient Sacré Coeur als Veranstaltungs- und Ausstellungsort.

Wie im Film – Rick's Café

Tatsächlich existierte »Rick's (American) Café« zunächst nur auf der Leinwand. Es war für den Dreh zu »Casablanca« (1942) im Studio gebaut worden, nach dem Vorbild des Hotel El Minzah in Tanger. Kathy Kriger sah das Abenteuer-Melodram mit Ingrid Bergman und Humphrey Bogart erstmals 1974 in ihrer Heimatstadt Portland. Als Handelsattaché kam sie später nach Casablanca – und wunderte sich, dass es dort kein »Rick's Café« gab. Im Jahr 2004 schloss sie diese Marktlücke. In einem alten Palais unweit des Hafens eröffnete die Amerikanerin (nach langer Renovierungszeit) jene Institution, in deren fünf Speisesalons heute an kaum einem Abend ein Tisch frei bleibt. Curtiz' Filmklassiker läuft in Endlosschleife. Und natürlich spielt der Mann am Flügel »As time goes by«. Wenn man ihn freilich bittet: »Play it again, Sam« (wie der Satz im Film nie lautete), korrigiert er stets höflich: »My name is Issam«. Seit der Eröffnung von Rick's Café steht Issam Chaaba als Manager in den Diensten von Mrs. Kriger – die viele Stammgäste übrigens »Mrs. Rick« nennen. Fast immer beobachtet sie das Geschehen in ihrem »Café« von der Bar-Ecke aus. Und überlegt vielleicht, ob dem Paar am Fenster wohl das »Obama Family Chili con Carne« schmeckt.

5 ** Sacré Coeur Die strahlend weiße Kirche überragt alle umstehenden Gebäude, doch das eigentlich Ungewöhnliche ist ihre Architektur: Paul Tournon errichtete sie 1930 in einem Stilmix von Gotik und Art déco, verwendete dafür Beton, was Sacré Coeur einen fast wuchtigen Eindruck verleiht, und ersetzte die der Gotik eigenen Bögen durch rechte Winkel. Geschickt integrierte er marokkanische Bauelemente, so an den beiden Kirchtürmen, die stark an Minarette erinnern, oder an der obersten Fenster-

reihe, die einer Moschee ebenso gut zu Gesicht stehen würde. Die modernen Glasfenster in kräftigen Farben darunter lassen Licht in den fünfschiffigen Gebetsraum. Zum Zeitpunkt des Baus besaß Casablanca eine Gemeinde von 40 000 Katholiken, daher auch die monumentalen Maße. Nach der Unabhängigkeit 1956 wurde das Gotteshaus säkularisiert und dient heute als Veranstaltungsort. Mehrere Kunstausstellungen und sogar eine Elektro-Musik-Nacht durfte die ehemalige Kirche schon beherbegen.

6 * **Jüdisches Museum** Als erstes jüdisches Museum in der arabischen Welt öffnete 1997 das Musée du Judaïsme Marocain in Casablanca seine Tore. Ein umgebautes, ehemaliges Waisenhaus wurde Heimat einer umfangreichen Sammlung religiöser und alltäglicher Exponate der jüdischen Glaubensgemeinschaft, die heute mit nur noch 3000 Mitgliedern in Marokko vertreten ist. Historisch besaßen die Juden in Marokko einige Bedeutung; noch Mitte der 1950er-Jahre sollen ungefähr 265 000 Juden im Land gelebt haben. Auf die marokkanische Unabhängigkeit folgte ein massiver Exodus. Die besondere marokkanische Form jüdischen Lebens und Glaubens zu präsentieren, ist Ziel des Museums. Gezeigt werden neben verschiedenen rituellen Gegenständen wie Thora-Rollen oder traditionellen Leuchtern auch Einrichtungsgegenstände marokkanischer Synagogen, die aufgelöst wurden, sowie charakteristische Trachten und alter jüdischer Schmuck.

In der Umgebung der einstigen Kasbah Boulaouane bauen Berber heute besonderen Wein an.

Die raue Küste von Qualidia ist nicht nur bei Wassersportlern beliebt.

Hier frischen Fisch zu angeln, lohnt sich. Auch Krebse und Hummer steuert die Lagune bei.

*** Ain Diab** Ain Diab ist Casablancas Ausgehviertel entlang der etwa zwei Kilometer langen Corniche, der eleganten Meerespromenade. Hier trifft sich tout Casablanca, um an den Stränden zu baden, in einem der vielen Eiscafés einzukehren oder in eleganten Restaurants zu speisen. Im Hinterland haben sich die Schönen und Reichen angesiedelt, besonders auf dem Anfa-Hügel – benannt nach der römischen Vorgängersiedlung Casablancas – verbergen sich edle Villen in üppigen Gärten. Den südwestlichen Endpunkt Ain Diabs bildet l'îlot, das Inselchen. Auf der Felseninsel ließ sich im 19. Jahrhundert der als heilig verehrte Sidi Abderrahman nieder, um ein Leben in freier Natur zu führen. Die Casablancer errichteten ihm dennoch ein Haus, das heute als Marabout (Heiligengrab) zahlreiche Pilger anzieht und erst vor wenigen Jahren per Brücke mit dem Festland verbunden wurde.

*** Kasbah Boulaouane** Oberhalb eines der vielen Mäander, die der Fluss Oum er-Rbia auf seinem Weg von den Hängen des Mittleren Atlas bis zum Atlantik schlägt, ließ Sultan Moulay Ismaïl zu Beginn des 17. Jahrhunderts eine Kasbah errichten. Die Lage der Festung auf einem Felssporn war ideal: Von drei Seiten durch steile Hänge geschützt, war sie nahezu unangreifbar. Hier, im Herzen des Reichs, galt es allerdings nicht, Feinden entgegenzutreten, sondern der eigenen Bevölkerung. Wie in vielen anderen Landesteilen auch, waren die Berber dieser Region aufsässig und wehrten sich gegen die Zentralgewalt des Sultans. Heute wird die Kasbah nicht mehr gebraucht; die einst nomadischen Berber wohnen in den Weilern der Umgebung und betreiben Landwirtschaft und auch Weinanbau.

**** Azemmour** Der ehemalige Fischerort an der Mündung des Oum er-Rbia in den Atlantik begeistert mit seiner Bilderbuchkulisse: Strahlend weiß gekalkte Häuschen drängen sich entlang des Flusses und der Atlantikküste, eine portugiesische Wehrmauer schützt die Altstadt auf der Landseite, und in der Medina scheint die Zeit tatsächlich seit der Ära als portugiesischer Niederlassung im 15./16. Jahrhundert stehen geblieben. Doch Azemmour – der Name bedeutet Olive in der Berbersprache – hat viel ältere Wurzeln, noch vor Karthago und Rom unterhielten Phönizier an dieser Stelle einen Stützpunkt. Im Vergleich zum nahen El Jadida, das ja ebenfalls als portugiesisches Handelskontor begann, hat sich Azemmour seine Authentizität bewahrt, ist aber auch deutlicher vom Verfall gezeichnet.

**** El Jadida** El Jadida geht auf die portugiesische Festung Mazagan aus dem 16. Jahrhundert zurück, von der die Mauern sowie vier Bastionen noch vollständig erhalten sind. Die Geschichte von El Jadida beginnt um 1500, als die Portugiesen hier an der Atlantikküste knapp 100 Kilometer südlich des heutigen Casablanca ein Fort errichteten. Im Lauf der Jahrhunderte wurde es zum Schutz gegen Angriffe weiter ausgebaut. Erst gegen Ende des 18. Jahrhunderts gelang es den Marokkanern, die Festung Mazagan einzunehmen und zu brandschatzen. Es folgten Ansiedlungen von arabischen Bevölkerungsgruppen und einer jüdischen Gemeinde; im Zuge der wechselvollen Geschichte erwuchs die Stadt El Jadida, »die Neue«.

In den Gassen von Azemmour findet man noch Spuren europäischer Architektur.

*** Oualidia** Das kleine Fischerdorf an seiner geschützten Lagune zählt zu den beliebten Stränden an Marokkos Atlantikküste. Hier ist dank der die Wellen brechenden Landzunge entspanntes Baden möglich; Kite-Surfer finden ideale Bedingungen für ihren Sport, ebenso wie Kajakfahrer. Unter Fischliebhabern genießt Oualidia einen besonderen Ruf: Die in der Lagune gezogenen Austern begeistern mit ungewöhnlich feinem Geschmack. Frisch gegrillte Fische bereiten die vielen Garküchen entlang des Strandes zu. Bei einer Bootsfahrt lassen sich Wasservögel beobachten. Dabei passiert man auch die Ruine eines der vielen marokkanischen Königspaläste. Mohammed V. liebte Oualidia. Seit seinem Tod verfällt der Palast.

Das geschichtsträchtige und romantische Ambiente von El Jadida lädt zum Flanieren ein.

Dieses eindrucksvolle unterirdische Gewölbe war Teil der portugiesischen Festung von El Jadida und wurde wohl als Wasserspeicher genutzt.

Unterwegs in Marrakesch-Safi

Von der windumtosten Atlantikküste bis an den Fuß des Hohen Atlas vereint die Region von den Portugiesen geprägte Hafenstädte wie Safi und orientalische Perlen wie Marrakesch mit seinem Souk-Labyrinth und den großartigen Bauwerken der Almohaden.

***** Safi** Ein trutziges »Meeresschloss«, das Dar el-Bahr, und die »Festung der Residenz«, Borj ed-Dar, rahmen Safis ummauerte Medina ein. Errichtet wurden die Bollwerke um das bis heute mit prallem Leben erfüllte Gassengewirr im 16. Jahrhundert von den Portugiesen. Deutlich älter ist die Keramiktradition der Küstenstadt, die auch dem in der Barockzeit beliebten Saffianleder aus Ziegenhäuten ihren Namen gab. Auf dem Colline des Potiers, dem Hügel der Töpfer, lässt sich die Herstellung der tönernen Gefäße bis heute verfolgen. In Borj ed-Dar ist zudem ein kleines Keramikmuseum untergebracht. Die Große Moschee mit ihrem unverputzten Minarett aus almohadischer Zeit erhebt sich an der Stelle der einstigen portugiesischen Kathedrale. Ende der 1960er-Jahre diente Safi Thor Heyerdahl als Ausgangspunkt für seine Versuche, den Atlantik mit Papyrusbooten zu überqueren.

**** Dar el-Bahar** Die im 16. Jahrhundert von den Portugiesen errichtete Meeresfestung zeichnet sich durch zwei Besonderheiten aus: Sie ist der erste Bau in Marokko im Stil der Manuelinik, jener eigenwilligen portugiesischen Architekturtradition, die der strengen Gotik ein überbordendes Dekor mit maritimen Motiven überstülpte. Und sie wurde quasi auf einer Plattform über dem Meer errichtet. Dies ist auch der Grund für ihren massiven Verfall, denn das

INFO *

MARRAKESCH-SAFI

Hauptstadt
Marrakesch

Fläche
39 167 km²

Einwohnerzahl
4 600 000

Bevölkerungsdichte
117 Einwohner/km²

Blick auf die Häuser von Safi.

Mauerwerk ist nahezu schutzlos den Erosionskräften von Wind, Salz und Wasser ausgesetzt. Bereits unter Portugals Ägide waren immer wieder Ausbesserungen an der Feste nötig, in der zunächst der portugiesische Statthalter, später dann Sultane bei ihrem Aufenthalt in Safi residierten. Das moderne Marokko hat bislang wenig getan, um das »Haus des Meeres« zu erhalten; erst vor wenigen Jahren stürzte einer der Türme ein.

**** Große Moschee** Safis religiös bedeutendstes Gotteshaus ruht auf den Fundamenten einer von den Portugiesen um 1520 errichteten, gotischen Kathedrale, die möglicherweise nie vollendet wurde. Und diese wiederum nahm den Platz einer wesentlich älteren, unter den Almohaden im 12. Jahrhundert erbauten, Moschee ein, deren unverputztes Minarett eine Zeit lang als Kirchturm diente. Ob die Kathedrale tatsächlich auf oder neben der Almohadenmoschee entstand, ist umstritten. Historische Berichte lassen vermuten, dass das islamische Gotteshaus von den Portugiesen als Pferdestall und Müllhalde entweiht wurde, während man an der Kathedrale baute. Erst 1807 ließ Sultan Sidi Mohamed ben Abdallah die historischen Mauern säubern und darüber eine zeitgemäße Moschee errichten. Das Minarett aber stammt noch aus der Almohadenzeit.

****Chapelle Portugaise** Südlich der Großen Moschee ist im Herzen der Medina der im manuelischen Stil geschmückte, quadratische Chor der ehemaligen Kathedrale, genannt Chapelle Portugaise (portugiesische Kapelle), erhalten. Typisch für die Manuelinik ist das spätgotische Sterngewölbe, dessen Schlussstein das Wappen der portugiesischen Avis-Dynastie schmückt. Unter diesen Königen trieb Portugal seine Expansion voran, darunter auch nach Marokko. Ein weiteres Symbol dieser Ära ist die Armillarsphäre, ein nautisches Navigationsinstrument, das ebenfalls auf dem Schlussstein abgebildet ist. Bei genauer Betrachtung fällt außerdem die manuelinische, wie ein Schiffstau gewundene Umrandung eines zugemauerten Fensters ins Auge. Als die Portugiesen 1541 abzogen, ließen sie den Legenden nach die Kathedrale zerstören, damit sie nicht in die Hände der Muslime fiele. Nur die Kapelle überdauerte.

Safi ist eine der bedeutendsten Hafenstädte Marokkos, doch hat es sich seine Ursprünglichkeit bewahrt. Noch immer durchziehen die alten Festungsmauern das Stadtbild.

Zwischen den Häusern der Medina ragt der quadratische Turm der Großen Moschee auf.

Safis Töpferviertel

Dass es Marokkos Töpferhauptstadt ist, zeigte Safi 1999 stolz mit einem unübersehbaren Symbol: Dem größten Tajine-Gefäß des Landes mit 6,30 Metern Durchmesser und 4,50 Metern Höhe, in dem mehrere Tonnen Sardinen zubereitet wurden. Dies bescherte Safi den Eintrag ins Guiness-Buch der Rekorde. Der Alltag der Töpfer, die für dieses monumentale Gefäß zusammengewirkt haben, sieht etwas bescheidener aus. Im Töpferviertel, der »colline des potiers« gegenüber dem Stadttor Bab Chaâba, arbeitet ein jeder für sich in oft ärmlichen Werkstätten an der Töpferscheibe. Das Material für Schalen und Teller, die bläuliche Tonerde, stammt aus dem Hügel, auf dem die Töpfer leben. Unter diesen einfachen Bedingungen entstehen die filigran gearbeiteten und farbenfroh geschmückten Töpferwaren, die im Souk verkauft werden. Einige Exemplare haben sogar ihren Weg in Safis Keramikmuseum gefunden.

Marokkanische Töpferkunst

Welten liegen zwischen den bäuerlichen, im Holzfeuer gebrannten, irdenen Tongefäßen, die Frauen auf dem Land herstellen, und den mit feinsten Ornamenten geschmückten Schalen und Dekortellern städtischer Keramikkunst, die Männern vorbehalten ist. Deren Farbenpracht machte überhaupt erst die Erfindung der Cuerda-Seca-Technik möglich, bei der eine fettgetränkte Schnur Muster und Motive voneinander abgrenzt. Sie

wurde angeblich im 10. Jahrhundert im islamischen Spanien entwickelt. Durch Glasuren, die etwa zeitgleich im 10./11. Jahrhundert im Bereich des heutigen Iran aufkamen, erhält die Töpferware ihren unverwechselbaren Glanz. Wie in der islamischen Kunst üblich, besteht das Dekor der städtischen Keramik in erster Linie aus geometrischen oder floralen Ornamenten, manchmal ergänzt durch kalligraphische Schriftzüge. Häufig findet sich auf Schalen ein umlaufendes Band mit stilisiertem Palmenmotiv. Vor dem Farbfeuerwerk dieser Keramikprodukte verblasst die ländliche Keramik mit ineinander verlaufenden Erdfarben. Ganz besondere Töpferwaren kommen aus Tamegroute im Süden Marokkos: Die schlichten Gefäße erstrahlen in verschiedensten Grüntönen, die dem im Boden vorkommenden Kupferoxid geschuldet sind.

Die »Wohlgeplante«, wie Essaouira auch genannt wird, gilt als eines der schönsten marokkanischen Städtchen an der Atlantikküste. Kein Wunder also, dass die UNESCO die Medina des Ortes 2001 in ihre Welterbeliste aufnahm. Die Stadt ist äußerst lebendig, was auch an ihrem internationalen Publikum liegt: Künstler, Musiker, Surfer, Touristen – sie alle bevölkern die schöne Hafenstadt.

*** Kasbah Hamidouch** Diese Festung war eines mächtigen Sultans würdig: Etwa fünf Kilometer landeinwärts von der Mündung des Oued Tensift in den Atlantik wacht die Kasbah Hamidouch über den Fluss. Errichten ließ sie Moulay Ismail, der Erbauer von Meknès, im 17. Jahrhundert. Das quadratische Bollwerk ist durch Bastionen verstärkt, wie sie in der europäischen Festungsbaukunst üblich waren. Die Mauern ließ er mit Zinnen bewehren. Das Innere bildete eine Stadt im Kleinen mit einer Moschee und dem mechouar, dem Wohnbereich des Sultans. Dieser war zusätzlich durch eine weitere Mauer und einen Wassergraben gesichert. An den herrschaftlichen Bezirk schloss das jüdische Viertel Mellah an. Obwohl die Kasbah deutlich vom Zahn der Zeit gezeichnet ist, wirken ihre Außenmauern immer noch imposant. An den wenigen Ruinen im Inneren ist die ursprüngliche Funktion allerdings kaum noch zu erkennen.

***** Essaouira** Eindeutig europäische Militärarchitektur spiegelt die vollständig von einer Befestigungsmauer umgebene Altstadt von Essaouira wider, die auf die portugiesische Festung Mogador zurückgeht. Mitte des 18. Jahrhunderts wurde diese unter Sultan Sidi Mohammed Ben Abdallah neu errichtet. Er betraute damit den Architekten Théodore Cornut, der die Stadt nach dem Vorbild von Saint-Malo anlegte – so erklärt sich auch das europäische Flair des Zentrums mit seinen rechtwinkligen Grundrissen, den Arkaden und weißen Häusern mit blauen Türen. Die Hafenstadt mit ihren wuchtigen Mauern und der Festung Scala sieht zwar portugiesisch aus, wurde aber im Jahr 1760 von Sultan Mohammed Ben Abdallah gegründet und zählt zum UNESCO-Weltkulturerbe. Der Fischerhafen, der Souk und die vielen Kunstgalerien machen die Stadt zu einem äußerst beliebten Reiseziel. In der Medina kann es daher durchaus eng zugehen.

❶ * Altstadt** Berühmt ist Essaouira insbesondere für seine schöne Altstadt. Die Medina ist insofern etwas Besonderes, da sie im Gegensatz zu anderen marokkanischen Altstädten einen komplett regelmäßigen Grundriss besitzt. Das heißt, die Straßen und Gassen verlaufen gerade oder im rechten Winkel, niemals gebogen. Die Häuser, die hier stehen, sind meist zweigeschossig und erinnern mit ihren grünen und blauen Fenstern und Türen an Portugal. Ist man einmal in der Altstadt angekommen, wartet ein Eldorado fur alle Liebhaber von Kunsthandwerk auf den Besucher. Ob Silberschmuck, Töpferwaren oder Teppiche, das Angebot ist äußerst vielfältig. Berühmt ist die Stadt auch für ihre Tischlerarbeiten aus Thujaholz. Auch Fischerboote werden hier immer noch aus Holz gebaut. In den Industrievierteln der Stadt wird Eis für den Transport von Fisch und Olivenöl produziert.

❷ ** Sqala du Port d'Essouira Die Sqala du Port wurde 1769 auf Befehl von Sultan Mohammed Ben Abdellah erbaut. Ursprünglich befand sich an dieser Stelle das Castelo Real. Es wurde für den Bau des Hafens von Essaouira und seiner Wälle zerstört und anschließend als Baumaterial für die Sqala du Port verwendet. Die Wehranlage erstreckt sich vom Bab el-Marsa, dem Tor bis zur Borj el-Barmil, der Festungsmauer. Sie wurde im manuelinischen Stil errichtet. Oft wird daher fälschlicherweise angenommen, dass die Hafenbefestigung von den Portugiesen erbaut wurde, jedoch verließen die letzten Portugiesen Essaouira im 16. Jahrhundert, und die Befestigung wurde erst zwei Jahrhunderte später errichtet. Auf der Sqala findet man zahlreiche Kanonen spanischen und niederländischen Ursprungs. Außerdem bietet sich von der Anlage aus ein schöner Blick auf die Stadt und auf den Hafen. Hierzu kann man entweder den Wehrturm besteigen oder auch den Blick durch ein Loch in der Mauer schweifen lassen, das dem Motiv der Stadt nicht nur auf Fotos einen schönen Rahmen verleiht. Im kleinen Hafen dümpeln stets zahlreiche blaue Fischerboote und Möwen ziehen ihre Kreise.

In den 1960er-Jahren waren es Rockstars wie Jimi Hendrix, Frank Zappa und Cat Stevens, die Essaouira für sich entdeckten. Heute kommen insbesondere Individualreisende in die »Stadt des Windes«, wie Essaouira auch genannt wird. So ist es auch der oft tobende Wind, der Hotel- und Strandtouristen fernhält. Geschützt vor dem Wind ist man hingegen in der Medina. Hier kann man herrlich die Zeit verlieren.

Über den kleinen Fischereihafen von Essaouira und die Wehranlage Sqala du Port kreisen stets Möwen und warten auf zurückkehrende Fischer.

3 * Hassan-Platz** Zwischen der Medina, dem Fischerhafen und der Festungsanlage liegt der Moulay-Hassan-Platz. Er bildet das Herzstück der Stadt und ist umgeben von hübschen Cafés, alten Bäumen und einem Teil der Stadtmauer. Von hier stößt man direkt auf den Hafen, den Port de Pêche. Am Rande des Hassan-Platzes wird in zahlreichen Garküchen fangfrischer Fisch auf dem Grill zubereitet. Gegen Abend versammeln sich hier Touristen und Einheimische, um die Sonne im Meer versinken zu sehen. Außerdem hat man von hier einen tollen Blick auf die an die Felsen geschmiegte Festungsstadt sowie auf die Mogador-Inseln.

4 * Strand** Unweit des Hafens beginnt der Sandstrand von Essaouira, der sich über mehrere Kilometer bis nach Diabat und weiter nach Sidi Kaouki zieht, wo Jimi Hendrix einst »Castles made of Sand« schrieb. Nach einer halben Stunde Gehzeit etwa hat man die ersten Sanddünen erreicht. Hier lässt es sich wunderbar verweilen, auf das Meer blicken und Wassersportlern zuschauen. Vor allem Surfen und Kitesurfen ist hier beliebt, das windige Klima eignet sich bestens dafür. Wer will, kann in einer der Surfschulen selbst einen Versuch starten. Die Strandpromenade mit Restaurants und Cafés lädt zum Flanieren und Verweilen ein.

***** Cap Sim** Aus der Luft betrachtet formt das Kap südlich von Essaouira eine Art Nase. Diesen elegant gewölbten Vorsprung füllt ein Traumstrand, dessen Sanddünen sich bis zu 600 Meter tief ins Land türmen, bevor sie in Steppe übergehen. Die Ebbe legt bizarre Felshöhlen und Steinauswaschungen frei, in deren Kuhlen, Schlitzen und Löchern man unheimliche Fantasiewesen zu erkennen meint. Im Hinterland schickt ein Leuchtturm sein Licht über den anbrandenden Atlantik, und nicht weit entfernt drehen sich die gigantischen Räder einer Windkraftanlage. Wären da nicht die weidenden Schafe und Rinder und die zahlreichen

Der Hassan-Platz bildet Essaouiras Mittelpunkt. Er liegt zwischen der Medina, dem Hafen und der Sqala du Port.

Der Strand von Essaouira erstreckt sich über mehrere Kilometer. Er wird auch für Kameltouren genutzt.

Hostels im Dorf Ouassane - die Gegend schiene ausgestorben. Doch das Meer beziehungsweise der gute »Surf« sind ein gewichtiger Grund für die Popularität dieses Kaps, das Wellenreiter von weit her mit La Grotte und La Couronne an zwei anspruchsvolle Surfspots lockt.

***** Sidi Kaouki** Man erzählt sich, der als heilig verehrte Sidi Kaouki habe die Kraft besessen, Frauen von der Unfruchtbarkeit zu heilen. Seinem Grab, einem kuppelüberwölbten Kubus am Strand, wird eine ähnliche Wirkung nachgesagt, weshalb junge Paare mit unerfülltem Kinderwunsch zu diesem Marabout pilgern. Aber auch bei anderen Sorgen soll der Heilige bereits geholfen haben. Höhepunkt der Pilgerschaft ist das große Moussem, ein Fest Mitte Juli. Sidi Kaouki besuchen aber auch gänzlich andere Wallfahrer, deren Sehnsucht nur ein Ziel hat: Eine der großen Wellen an diesem Teil der marokkanischen Atlantikküste zu reiten. Sidi Kaouki gilt als einer der besten Surfspots zwischen Essaouira und Agadir; die vorherrschenden Winde fordern besonders im Winterhalbjahr sowohl Anfänger als auch ambitionierte Surfer. An einigen Stellen ist dank der breiten Strände auch Kitesurfen möglich, hier zeigen Freestyler ihr akrobatisches Können.

Abends, wenn Surfer und Badegäste den Heimweg antreten, wird es ruhig um Sidi Kaouki. Dann scheint der Mond auf den direkt am Strand gelegenen Marabout. Frauen und Paare mit unerfülltem Kinderwunsch oder anderen Sorgen suchen ihn auf, um den als heilig verehrten Sidi Kaouki um seine Hilfe zu bitten.

Surfparadies Marokko

Als Erste kamen in den 1960er- und 1970er-Jahren die Hippies. Sie liebten die entspannte Atmosphäre von Küstenorten wie Essaouira, Agadir, Taghazout oder Sidi Ifni und das preiswerte Angebot bewusstseinserweiternder Kräuter. Unter den Blumenkindern waren auch passionierte Surfer, die allerdings im Sommer unter den sanften Lüftchen und der flachen Dünung litten. Dass es auch anders geht, merkten jene, die überwinter-

ten. Dann bäumte sich das Meer auf unter den Böen der teils stürmischen Winde, die Wellen wuchsen auf Höhen von bis zu sechs und Längen von über 200 Metern. So wurde Marokko als Surf-Destination entdeckt, und zum ersten Surf-Mekka avancierte Agadir. Fünfzig Jahre später hat sich aus diesen bescheidenen Anfängen eine wahre Surf-Industrie entwickelt. In Orten wie Essaouira oder Taghazout reiht sich ein Surf-Hostel ans andere; an den Stränden paddeln Surfschüler ihre Bretter durch den Sand. Die Surf-Gemeinde hat inzwischen eine Vielzahl von Spots erschlossen. Immer wieder kommen neue Destinationen wie Sidi Kaouki dazu und neue Lifestyle-Konzepte – jüngster Schrei ist Surf & Yoga. Die wahren Aficionados ficht das nicht an: Im Atlantikwinter sind sie unter sich: Mit dramatischen Swellhöhen und ebenso dramatischem Offshore-Wind.

*** **Marrakesch** In einer arabischen Dichtung wurde sie einmal »die über den Atlas geworfene rote Perle« genannt. Ockerfarben ist ihre Architektur, fruchtbar die Houz-Ebene, in der sie ruht. Und völlig zu Recht gilt sie als wohl schönste Stadt Marokkos. Nirgendwo sonst ist die einmalige Atmosphäre des Landes, die märchenhafte Stimmung aus Tausendundeiner Nacht, so sehr zu spüren wie hier. Marrakesch fasziniert durch ihr Nebeneinander von Eleganz und urigem Alltag. Die Medina mit ihren engen Gassen und dem wunderbar bunten Markttreiben zählt ganz nebenbei auch noch zum Welterbe der UNESCO.

*** **Souks** Mit dem persischen Namen Basar bezeichnen die meisten Europäer den Handelsbereich einer arabischen Stadt. In Marokko heißt dieser Teil nach dem arabischen Wort für Markt »Souk«. Marokkos größter Souk befindet sich in der Königsstadt Marrakesch. In ihrem Zentrum sind die Verkaufsgassen durch Strohmatten oder gemauerte Gewölbe vor der Sonne geschützt. In den vielen einzelnen Souks, den Verkaufsstraßen, bieten Händler und Handwerker nach Berufszweigen getrennt ihre Ware an. Da gibt es das Reich der Goldschmiede, die in allen möglichen Farben schimmernden Gassen der Keramikverkäufer, den vom Lärm der Nähmaschinen erfüllten Souk der Schneider. In die magische Welt der Kräuter und geheimnisvollen Heilmittel entführt der Souk Rahba Khedima, und im Criée Berbère genannten Teil werden Teppiche versteigert. Im Labyrinth der Gassen zielgerichtet seines Wegs zu gehen ist beinahe unmöglich. Am besten lässt man sich einfach treiben. Da kann es auch schon mal passieren, dass man in diesem Irrgarten an Gassen die Orientierung verliert oder am Ende in einer Sackgasse landet. Noch ein Tipp: Was für Europäer anfangs noch ungewohnt erscheinen mag, ist hier Pflicht: das Feilschen. Dabei gilt im Allgemeinen: Etwa ein Drittel der zuerst genannten Summe ist realistisch.

In Marrakesch brodelt das Leben zu jeder Tages- und Nachtzeit. Die betörende Atmosphäre der Stadt wird auf der Djemaa el-fna besonders spürbar. Auf dem berühmten Platz ist man stets umgeben von Menschenmengen und lautem Stimmengewirr. Die Medina von Marrakesch zählt zum UNESCO-Weltkulturerbe.

Die Gassen von Marrakesch laden zum Schlendern ein. Auch viele Einheimische sind hier unterwegs.

Souks

Die Souks in Marokko ziehen jeden Besucher in ihren Bann. Denn hier kann man sich treiben lassen und so richtig in die arabische Welt eintauchen. Auch Einheimische tätigen hier ihre Einkäufe, da man einfach alles für den täglichen Bedarf und darüber hinaus erwerben kann: von Gewürzen und Lebensmitteln über Haushaltswaren und Teppiche bis hin zu Stoffen und Kleidung.

Polyclinique Narjiss
N 9
Boulevard Abdelkrim Al Khattabi
Forces Armées Royales
Route de Targa
Montecristo
CIMETIÈRE EUROPÉEN
Prison Boulmaharez
Ecole Akenssouss
Ecole Nakhil
Rue El Azhari
N 7
JARDIN DE MAJORELLE
14
Avenue Yacoub El Mansour
Blvd. Prince Moulay Abdallah
Blvd. Allal Al Fassi
Avenue du 11 Janvier
JNANE BEL ABBÈS
Ecole Tarik Ibn Ziad
Bab El Jnane Bel Abbès
Bab El Arset Ben Brahim
Centre de Formation Sportive KACM
Bab Jacout
Salle des Fêtes Kawkab
DIOUR JDAD
Polyclinique du Sud
Galerie Lun'art
Avenue Mohammed V
Blvd. Mohammed Zerktouni
GUÉLIZ
Ecole La Saadia
Centre de Santé Rhibate
Asswak Essalam
Bab Moussoufa
Galerie Bab Doukkala
Gare Routière C.T.M.
Zaouia Sidi Ben Slimane El Jazouli
CTM
Nouvelle Frontiere
Galerie Bleue
Marché Couvert Central
Galerie d'Art Marrakech
Mosquée Hassan II
CIMETIÈRE DE BAB DOUKKALA
Place El Mourabitène
N 8
N 7
Bab Doukkala
Boulevard Mohammed Zerktouni
Royal Air Maroc
Syndicat d'Initiative
Galerie Elite
Gendarmerie Royale
Chambre d'Agriculture
La Perle de la Palmeraie
Poste Principale
JARDIN 16 NOVEMBRE
Place du 16 Novembre
Avenue Hassan II
Sapeurs-Pompiers
EL HARA
Tribunal Régional
Mustapha Blaoui
Derb El Halfaoui
Office Nat. Eau Potable
Travaux Publics
Gare de Marrakech ONCF
Avenue Mohammed VI
Place Haïlé Sélassié
Théâtre Royal
JNANE EL HARTI
Lycée Koutoubia
Ecole Ibn Hanbel
Tribunal Chraa
Mosquée de Bab Doukkala
Supratours
N 8
QUARTIER INDUSTRIEL
Lycée Hassan II
Chambre de Commerce et d'Industrie
Église des Saints-Martyrs
Mosquée de Guéliz
Place de la Liberté
Tribunal du Sadad
Bab Er Raha
R'MILA
Direction des Affaires Culturelles
Morocco Tennis Kawkab Jeux
Ministère des Finances
Stade El Harti
Palais de Justice
Hôtel de Ville
JARDIN DAR EL CADI
Hammam El Bacha
Bab Nkob
Avenue Mohammed V
CYBER PARC MOULAY ABDEISLAM
Ensemble Artisanal
Bab Laksour
Institut De Formation Hôtelière Guéliz
Local Government Office
Résidence Al Qantara
Lycée Ibn Abad
Rue Moulay El Hassan
Boulevard El Yarmouk
Musée des Télécom
Tennis Academy Marrakech
HIVERNAGE
Palais des Congrès (Centre des affaires)
CIMETIÈRE SIDI ALI BELKACEM
JARDIN DE LA KOUTOUBIA
Bab Sidi Ghrib
2
Mosquée Koutoubia
Dar Moulay Ali
Bibliothèque Municipale
PARC LALLA HASNA
Bab Jdid
Avenue Hoummane El Fetouaki
JARDIN SIDI MIMOUN
Grand Casino Mamounia
Youssef Ben Tachfine
Place Youssef Ben Tachfine
Mausolé Youssef Ben Tachfine
Casino Municipal
Avenue Prince Moulay Rachid
Piscine de Marrakech
Sahrij El Barani
JARDINS DE LA MAMOUNIA
Pavillon Le Mamounia
ARSET EL MA
ARSET BEN DRISS
Royal Palace
Hôpital Ibn Zohr
Bab Ech Charia
Zaouia Sidi es Souheili
Boulevard Al Yarmouk
Avenue de la Ménara
6
JARDINS DE LA MÉNARA
Oliveraie De Bab Jdid
CIMETIÈRE SIDI ES SOHEILI
Route du Barrage
Guemassa Avenue
R 212
Clinique Internationale de Marrakech
Cultural Center

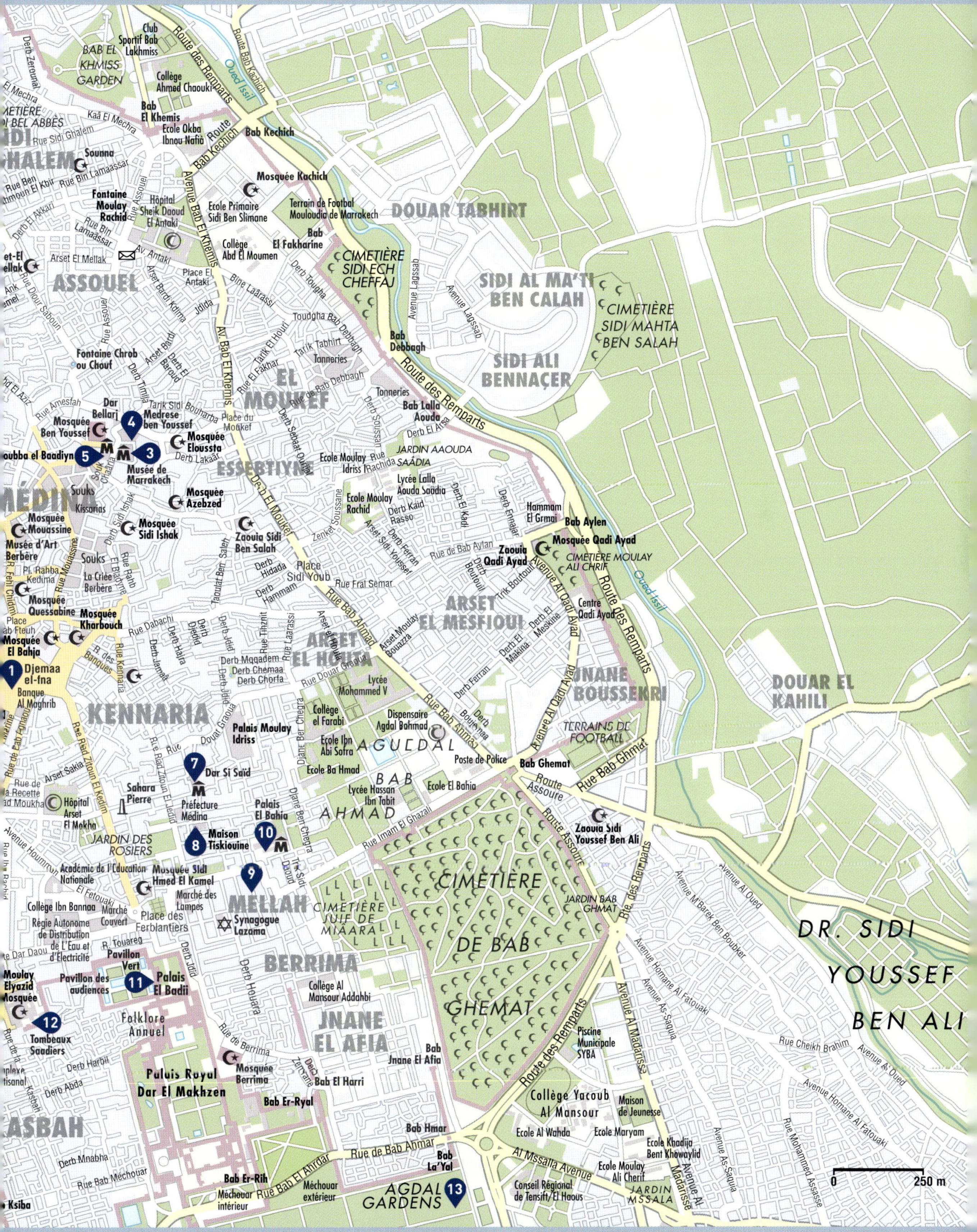

Club Sportif Bab Lakhmiss
BAB EL KHMISS GARDEN
Collège Ahmed Chaouki
Bab El Khemis
Ecole Okba Ibnou Nafiâ
Route des Remparts
Route Bab Kachich
Oued Issil
Bab Kechich
Route Bab Kechich
Mosquée Kachich
Avenue Bab El Khemis
Ecole Primaire Sidi Ben Slimane
Terrain de Football Mouloudia de Marrakech
DOUAR TABHIRT
Fontaine Moulay Rachid
Hôpital Sheik Daoud El Antaki
Collège Abd El Moumen
Bab El Fakharine
CIMETIÈRE SIDI ECH CHEFFAJ
Arset El Mellak
ASSOUEL
Place El Antaki
Avenue Lagssab
SIDI AL MA'TI BEN CALAH
CIMETIÈRE SIDI MAHTA BEN SALAH
Derb Toughia
Toughda Bab Debbagh
Bab Debbagh
Tarik Tabhirt
Tanneries
SIDI ALI BENNAÇER
Fontaine Chrob ou Chouf
EL MOUKEF
Rue Bab Debbagh
Route des Remparts
Bab Lalla Aouda
Dar Bellarj
Medrese ben Youssef
Mosquée Ben Youssef
Place du Moukef
Mosquée Elloussa
Musée de Marrakech
ESSERTIYNE
Ecole Moulay Idriss
JARDIN AAOUDA SAÂDIA
Lycée Lalla Aouda Saadia
Mosquée Azebzed
Souks
Kissarias
Mosquée Mouassine
Musée d'Art Berbère
Mosquée Sidi Ishak
Zaouia Sidi Ben Salah
Ecole Moulay Rachid
Hammam El Grmai
Bab Aylen
Mosquée Qadi Ayad
Zaouia Qadi Ayad
CIMETIÈRE MOULAY ALI CHRIF
Place Sidi Youb
Rue Frai Semar
ARSET EL MESFIOUI
Centre Qadi Ayad
Mosquée Quessabine
Mosquée Kharbouch
Mosquée El Bahja
Djemaa el-fna
Banque Al Maghrib
KENNARIA
ARSET EL HOUTA
Lycée Mohammed V
Derb Mqqadem
Derb Chemaa
Derb Chorfa
JNANE BOUSSENRI
DOUAR EL KAHILI
Collège el Farabi
Palais Moulay Idriss
Dispensaire Agdal Bahmad
AGUEDAL
TERRAINS DE FOOTBALL
Ecole Ibn Abi Sofra
Poste de Police
Bab Ghemat
Rue Bab Ghmat
Dar Si Saïd
Ecole Ba Hmad
BAB AHMAD
Lycée Hassan Ibn Tabit
Ecole El Bahia
Route Assoure
Sahara Pierre
Hôpital Arset El Mokha
Préfecture Médina
Palais El Bahia
Zaouia Sidi Youssef Ben Ali
JARDIN DES ROSIERS
Maison Tiskiouine
Académie de l'Education Nationale
Mosquée Sidi Hmed El Kamel
CIMETIÈRE DE BAB GHEMAT
MELLAH
CIMETIÈRE JUIF DE MIAARA
JARDIN BAB GHMAT
Collège Ibn Bannaa
Marché Couvert
Place des Ferblantiers
Synagogue Lazama
DR. SIDI YOUSSEF BEN ALI
Régie Autonome de Distribution de l'Eau et d'Electricité
Pavillon Vert
BERRIMA
Pavillon des audiences
Palais El Badii
Collège Al Mansour Addahbi
Tombeaux Saadiens
Folklore Annuel
JNANE EL AFIA
Piscine Municipale SYBA
Mosquée Berrima
Bab Jnane El Afia
Palais Royal Dar El Makhzen
Bab El Harri
Bab Er-Ryal
Collège Yacoub Al Mansour
Maison de Jeunesse
Bab Hmar
Ecole Al Wahda
Ecole Maryam
Rue de Bab Ahmar
Bab La'Yal
Ecole Khadija Bent Khowaylid
Ecole Moulay Ali Cherif
Al Mssalla Avenue
Bab Er-Rih
Méchouar intérieur
Méchouar extérieur
AGDAL GARDENS
Conseil Régional de Tensift/El Haous
JARDIN MSSALA
Avenue Al Madarisse
0
250 m
KASBAH
Ksiba

Rund um die Djemaa el-fna...

...gibt es zahlreiche Händler.

1 * Djemaa el-fna** Wie kann es sein, dass ein Platz vor Leben nur so übersprudelt und trotzdem Djemaa el-fna, »Versammlung der Toten«, heißt? Da hilft nur ein Blick in die Geschichte: Hier fanden in der Zeit der Almohaden-Dynastie ab dem Jahr 1050 öffentliche Hinrichtungen statt, die Köpfe der Toten wurden auf Lanzen aufgespießt und auf dem Platz zur Schau gestellt. Zum Glück sind diese Zeiten längst vorbei. Heute herrscht hier nicht nur tagsüber Trubel. Abends zeigen Schlangenbeschwörer ihre Tricks, ziehen selbst ernannte Heiler Zähne, versprechen Wahrsager einen Blick in die Zukunft und malen geschickte Frauen Hennatattoos auf Füße und Hände ihrer Kundinnen. Hinter dem Platz beginnen die verzweigten Souks mit ihrem Gewirr aus schmalen Gassen, dunklen Tordurchgängen und pittoresken Plätzen. Eine Vielzahl an Eindrücken wartet hier auf den Besucher.

2 * Koutoubia-Moschee** Ein großer Buchhändler-Souk breitete sich einst aus zu Füßen der bereits im 12. Jahrhundert erbauten Moschee. Von diesen mehr als hundert Ständen der »kutubiyyin« hat sie ihren Namen. Das weithin sichtbare, fast siebzig Meter hohe Minarett ist das Wahrzeichen der Stadt, quasi der »Eiffelturm Marrakeschs«. Der viereckige Turm ist auf jeder Seite anders gestaltet und ähnelt der Giralda in Sevilla. Tatsächlich stammte der Baumeister beider Türme aus dieser spanischen Stadt und es wirkten viele (Kunst-)Handwerker aus dem damals maurischen Andalusien mit am Bau und an der Ausstattung der Koutoubia-Moschee. Sie gilt bis heute als eine der größten im westislamischen Bereich und bietet Platz für 25 000 Gläubige. Ihr Turm spiegelt den Baustil der Almohadenzeit auf schönste Weise wider und dient bis heute als Vorbild für fast alle Minarette Marokkos.

3 ** Musée de Marrakech Zwei Männern aus Wirtschaft und Politik ist die Existenz dieses Hauses am Nordostrand des Souks zu verdanken. Mehdi Mnebhi, Minister und späterer Botschafter Marokkos in Deutschland, ließ Ende des 19. Jahrhunderts jenes Palais erbauen, das

der Industrielle und Mäzen Omar Benjelloun wenige Jahrzehnte später restaurierte, um es mit seiner Kunstsammlung zu füllen. Die mit Stuck- und Zelliges-Kacheln verzierten Räume des Palais Mnebhi bilden nun die prachtvolle Kulisse für hauptsächlich volkskundliche Exponate aus ganz Marokko – von der frühen islamischen Kalligrafie über Münzen und Keramik bis hin zu Kleidung, Schmuck und Mobiliar, einschließlich eines riesigen Lüsters im Hauptraum. Zudem werden im Museum zahlreiche Ausstellungen zeitgenössischer Kunst und andere Kulturevents organisiert.

Oben: Was der Eiffelturm für Paris, ist die Koutoubia-Moschee für Marrakesch. Rund 65 Meter hoch, höher als alle Kokospalmen im Umkreis, ragt das Wahrzeichen der Stadt in den Himmel. Links oben: Auf der Djemaa el-fna führen zahlreiche Schlangenbeschwörer ihr Können vor.

Innenhof des Musée de Marrakech mit Brunnen und Sitzgelegenheiten.

Djemaa el-fna

Abends wird es voll auf der Djemaa el-fna und die Laternen tauchen alles in ein goldenes Licht. Händler preisen Gemüse und Teppiche an, Schlangenbeschwörer und Gaukler unterhalten die flanierenden Menschen, und mancherorts erhält man einen Einblick in die Arbeitsweisen der zahlreichen Handwerker, die hier die verschiedensten Dienste anbieten.

is forbidden to
ke movies just
otos.
Thank you.

4 ** Medersa Ben Youssef** Die Zeiten als Koranschule liegen zwar hinter der Medersa Ben Youssef, andächtige Ruhe strahlt sie aber immer noch aus: Nur wenige Minuten Fußweg braucht es vom überquellenden Platz Djemaa el-Fna und den Souks, bis den Besucher die Kühle und Stille des Innenhofs der Medersa umfängt. Gegründet wurde sie wahrscheinlich im 14. Jahrhundert, ihre heutige Pracht hat sic allerdings den Umbauten des Saadiersultans Abdallah el Ghalib im 16. Jahrhundert zu verdanken. Er machte das Bildungsinstitut damals in der ganzen arabischen Welt bekannt und zur größten islamischen Hochschule für Theologie jener Zeit. Bis zu 900 Studenten sollen einst hier studiert haben. Im Jahr 1960 endete der Bildungsbetrieb. Von der glorreichen Vergangenheit zeugen noch heute die reich mit Stuckarbeiten verzierten Säulen, Mosaiken und Holzschnitzarbeiten im Inneren.

5 * Koubba el-Baadiyn** Jahrhundertelang verbarg sich die zierliche Koubba gegenüber der Moschee Ben Youssef in Marrakeschs Medina unter Schutt und blieb so wunderbar erhalten. Erst 1952 legte man sie frei. Als einer der wenigen Bauten der Almoraviden überstand sie so auch den Bildersturm, in dem die nachfolgende Dynastie der Almohaden alle Spuren ihrer Vorgänger tilgte, und ist deshalb von unschätzbarem kunsthistorischen Wert. Ursprünglich bildete der 1120 errichtete Kubus den Mittelpunkt einer Brunnenanlage für die rituellen Waschungen vor dem Gebet in der Moschee. Außen bis auf die mit Stuckbändern dekorierte Kuppel betont schlicht gehalten, überrascht sie im Inneren mit einer Konstruktion, die das Kuppelgewölbe über dem Boden schwebend erscheinen lässt. Dank dem filigranen Stuckdekor aus Stern-, Rosetten- und Muschelmotiven wirkt sie fast durchscheinend.

Viel Liebe zum Detail wird in der Medersa Ben Youssef (links) eindrucksvoll unter Beweis gestellt. Mosaike und Holzschnitzereien schmücken die Wände, ornamentreicher Stuck die Gebetsnische, die Mihrab genannt wird. Oben: Außen eher schlicht gehalten, bietet die Koubba el-Baadiyn dem Besucher im Inneren mit ihrem aufwendig gestalteten Kuppelgewölbe ein höchst eindrucksvolles Bild.

6 *** **Menara-Gärten** Mehr als 100 Hektar misst der bereits Mitte des 12. Jahrhunderts unter der Herrschaft der Almohaden angelegte Garten südöstlich der Medina. Eine breite Flaniermeile, an deren Rändern Getränke, Süßigkeiten und Souvenirs verkauft werden, führt direkt zum zentralen Bassin und dem ockerfarbenen Pavillon – einem Palais aus der Saadierzeit – hinter dem sich die atemberaubende Kulisse des Atlasgebirges emporreckt. In entgegengesetzter Richtung bietet sich ein direkter Blick auf die Koutoubia-Moschee. Geprägt sind die Menara-Gärten von Obst- und Olivenhainen, die ursprünglich dank unterirdischer Kanäle mit Wasser aus den nahen Bergen versorgt wurden. Verschlungene Pfade führen durch dieses historische Grün. Vor allem am Wochenende sind die ruhigen und schattigen Menara-Gärten ein beliebtes Ausflugsziel für einheimische Familien und Paare.

7 *** **Dar Si Said** In den sich zu einem Innengarten öffnenden Räumen und Sälen dieser prächtigen Wesir-Residenz aus dem 19. Jahrhundert ist heute eine Sammlung marokkanischer Volkskunst untergebracht. Besonders zahlreich sind die kunsthandwerklichen Exponate diverser Berberstämme sowie der Nomadenstämme aus dem Süden des Landes. Die Palette der Ausstellungsstücke reicht von Teppichen über Kupferarbeiten, alten Silberschmuck, historische Waffen, Keramik und allerlei Gerätschaften zur Teezubereitung bis hin zu fein geschnitzten Türen und Fenstergittern sowie Teilen einer Schaukel, die einst auf der Djemaa el-Fna stand. Außergewöhnlich in architektonischer Hinsicht ist das – Ende des 10. Jahrhunderts in Spanien gefertigte – marmorne Brunnenbecken am Eingang des Dar Si Said: Es weist neben den üblichen floralen Ornamenten auch Tiermotive auf.

8 ** **Maison Tiskiwin** Zu einer Karawanenreise von Marrakesch nach Timbuktu lädt das faszinierende Museum des niederländischen

Das gesamte Gebäude des Dar Si Said mit seinem schönen Innenhof verdient Beachtung.

Ethnologen und Sammlers Bert Flint. In einem prunkvollen Riad in der Medina angesiedelt, widmet es sich der historischen Karawanenroute vom Mittleren Atlas durch die Sahara bis zur legendären Handelsstadt am Fluss Niger. In mehreren Etappen stellt es vorrangig Geschichte und Kultur der Amazigh-Berber und der zu ihnen gehörenden Tuareg, der traditionellen Herren dieser Region, vor. Von frühgeschichtlichen, aus Stein geschnitzten Figurinen über Webteppiche, Schmuck, Waffen und die Ausrüstung der Karawanen mit bemalten Ziegenledersäcken bis hin zu traditioneller Kleidung reicht die Bandbreite der Objekte, die Bert Flint ab den 1950er-Jahren entlang der Route erwarb. 2006 vermachte er Haus und Sammlung der Universität von Marrakesch.

9 ** **Mellah** Juden lebten in Marrakesch seit der Stadtgründung; die Mellah, das jüdische Viertel, wurde aber erst 1558 unter Sultan Moulay Abdallah angelegt. Hohe Mauern umgrenzten den Bezirk, in den zwei Tore führten – eines von der Stadt und eines vom israelitischen Friedhof Miaara. Die jüdische Gemeinschaft erlebte politische Auf und Abs, wurde hofiert und verfolgt, je nachdem, wie sich wirtschaftliche und religiöse Umstände veränderten. Zur Blütezeit im Mittelalter soll Marrakeschs Mellah 70 000 Bewohner gehabt haben, Ende des 18. Jahrhunderts nur noch halb so viele und heute leben knapp 200 Juden in Marrakesch, davon keine zehn im jüdischen Viertel, das massivem Verfall ausgesetzt ist. König Mohammed VI. ordnete an, das historisch so bedeutsame Areal instand zu setzen. Privateigner tun dies schon länger. Eine Vielzahl von Riad-Hotels befindet sich in der Mellah.

Jüdischer Friedhof in der Mellah von Marrakesch.

Im schwindenden Licht des Tages leuchtet der Menara-Pavillon noch einmal rötlich golden auf und spiegelt sich im Wasser des Kanals.. Die Bäume wetteifern inzwischen mit dem Atlasgebirge um die Höhe.

Hotels aus Tausendundeiner Nacht

Wasser und Schatten! Welch ein Luxus in einem heißen Land. Paart sich das Ganze noch mit exquisitem Design, sei es traditionell oder zeitgenössisch, freuen sich Körper und Seele. Ein kühler Innenhof, üppig begrünt, mit farbigen Zelliges-Kacheln ornamentreich gefliest und vom Plätschern eines Brunnens erfüllt: paradiesisch. »Himmlische Gärten« bilden, so klein sie auch sein mögen, das Herz eines jeden »Riads«, jener historischen

Stadthäuser, die nach ihrer Restaurierung häufig umgewandelt wurden zu außergewöhnlichen Gästeherbergen. Hinter hohen Mauern oder schlichten Fassaden verströmen sie eine Atmosphäre puristischer Eleganz oder prachtvoller Üppigkeit. Mal bieten sie nur eine Handvoll Zimmer, mal Dutzende, weil ganze Häuserzeilen zusammengelegt oder einstige Paläste hoher Würdenträger in Refugien für zahlende Gäste umgewandelt wurden. Manche Gebäude bergen sogar einen großen Pool, gesäumt von Palmen und Orangenbäumen, auf der Dachterrasse stehen Liegestühle unter Stoffbaldachinen und zum Dinner funkeln Kerzen. Einzigartig logiert man in Marrakesch freilich am Saum des historischen Königlichen Gartens Arsat el Mamoun: In dem gleichnamigen Palast-Hotel »La Mamounia« wohnt man schlichtweg luxuriös.

10 * Bahia-Palast** Marokkos beste Künstler und Handwerker arbeiteten Ende des 19. Jahrhunderts sechs Jahre lang am Bau und an der Ausstattung dieses Palastes für den damaligen Großwesir Bou Hmad. Herzstück der maurisch-andalusischen Anlage, die auf einem früheren Palast-Ensemble basiert, ist der 50 mal 30 Meter messende Ehrenhof. Er ist mit farbigen Marmor- und Keramikfliesen ausgelegt und von einer säulengetragenen Galerie umgeben. Das Palais ist ein weitläufiger Komplex aus Riads mit mehr als 150 ineinander verschachtelten Räumen und Patios. Es bezaubert mit herrlichen Mosaiken aus Zelliges-Kacheln, mit Stuckverzierungen, Holzschnitz-Decken und üppigem Gartengrün. Der Zugang erfolgt über einen mehr als 100 Meter langen Vorhof. Das gesamte Gelände des »Glanzvollen«, wie der Name Bahia übersetzt lautet, umfasst eine Fläche von acht Hektar..

11 * Palast El Badi** Storchennester krönen an vielen Stellen die Mauern des »Unvergleichlichen«, wie die Übersetzung des Namens El Badi lautet. Tatsächlich galt die einstige Palastanlage des 16. Jahrhunderts damals als eines der Wunder der islamischen Welt. Sie stand inmitten schöner, weitläufiger Gartenanlagen und umfasste mehr als 300 Räume. Üppiges Grün umgibt bis heute den mächtigen Ruinenkomplex; auch das riesige Wasserbecken des zentralen Innenhofs – angeblich gestaltet nach dem Vorbild des Löwenhofs in Granada – ist erhalten. Gleiches gilt für den Kerker. Die Reste eines der ehemals vier Eckpavillons zeugen ebenfalls noch von der einstigen Pracht. Sultan Ahmed El Mansour, der als frisch gekrönter Herrscher 1578 mit dem Bau seines Palastes auf dem 18 Hektar großen Gelände im Süden Marrakeschs beginnen ließ, starb allerdings wenige Jahre vor dessen Vollendung.

12 * Saadier-Gräber** In dieser Nekropole aus dem 16. Jahrhundert ruhen gleich sieben Sultane, die meisten von ihnen Saadier. In den rund 160 Gräbern der Anlage liegen 62 weitere Mitglieder der alten Königsfamilie. Doch das prächtige Mausoleum missfiel dem »blutdürstigen« Alawidensultan Moulay Ismail: Er wollte jegliche Erinnerung an die Vorgängerdynastie aus dem Gedächtnis seiner Untertanen löschen und ließ den Komplex zumauern. Erst rund 200 Jahre später entdeckten die französischen Kolonialherren per Zufall die in Vergessenheit geratene Anlage wieder. Zwei Mausoleen gehören dazu, in der Mitte der Anlage befindet sich das kleinere und schlichtere von beiden. Dort und im orientalischen Garten sind die Familienangehörigen der Saadier beerdigt – über 100 Gräber finden sich allein dort. Der gesamte Komplex trägt ein Dach aus grün glasierten Ziegeln.

Nicht nur ein Innenhof, sondern gleich eine Vielzahl von Innenhöfen gehören zum Bahia-Palast. Ein jeder davon hat seinen eigenen Charme, sei es durch die saftig grüne Bepflanzung oder aufgrund von Säulengalerien.

13 *** **Agdal-Gärten** Marrakeschs größtes Grünareal ist zugleich auch das älteste der Stadt – und zählt wie die Medina und die Menara-Gärten zum Welterbe der UNESCO. Im Jahr 1157 unter der Herrschaft der Almohaden angelegt, erstrecken sich die Agdal-Gärten über eine Fläche von rund 500 Hektar. Die ersten Pflanzungen umfassten Öl- und Orangenbäume, Aprikosen, Weinreben und Blumen. Später wurden auch Granatäpfel, Feigen, Dattelpalmen, Zitronen, Mandeln und Walnüsse kultiviert. Sein heutiges Gesicht verdankt der Garten dem 19. Jahrhundert. Die drei Wasserbecken stammen jedoch aus früheren Zeiten. Das größte von ihnen ist 220 Meter lang. Heute kann der Agdal-Garten Marrakeschs Bevölkerung zwar nicht mehr komplett mit Obst, Oliven und anderen Steinfrüchten versorgen. Doch die Hälfte seiner Produktion wird nach wie vor in Marokko verbraucht.

14 ** **Jardin Majorelle** Vierzig Jahre, so heißt es, benötigte der französische Maler Jacques Majorelle, um dieses botanische Schmuckstück zu schaffen. Beim Kauf 1923 lag das Terrain noch am Saum der Palmeraie. Nach Majorelles Tod erwarb der Modeschöpfer Yves Saint-Laurent mit seinem Lebensgefährten Pierre Bergé den Garten und ließ ihn umgestalten. Geprägt wird die knapp fünf Hektar große Anlage aber nach wie vor vom Kornblumenblau der kubistischen Majorelle-Villa, der gleichfarbigen Pavillon-Säulen und Becken-Einfassungen. Der Blauton ist heute als Bleu Majorelle bekannt. Ein kleines Museum versammelt eine Werkauswahl Majorelles; eine zwischen Bananenstauden, Kakteen und Bambusgräsern verborgene Stele erinnert an den 2008 verstorbenen französischen Couturier Saint-Laurent.

Eine imposante Ruhestätte erhielten mehrere Saadier in den Mausoleen der Nekropole.

An einigen Stellen lässt sich der einstige Bau des Palastes El Badi noch erahnen.

Die Agdal-Gärten sind die ältesten von Marrakesch und zählen zum UNESCO-Welterbe.

***** Hoher Atlas** Bis zu 4000 Meter hoch wölbt sich das »Dach Marokkos« von der Atlantikküste in Richtung algerischer Grenze. Mal fallen seine Kämme steil ab zum Meer oder zu weiten Ebenen, mal laufen die Gipfel des Hohen Atlas aus zu sanften Hügelketten. Höchster Gipfel des Gebirgszugs ist der Djebel Toubkal mit 4165 Meter Höhe. In den Höhenlagen liegt bis in den späten Frühling hinein Schnee, in manchen Regionen kann man daher sogar Ski fahren. Der Hohe Atlas ist außerdem ein wichtiges Wasserreservoir für Marokko. Zahlreiche Flüsse und Seen werden von ihm gespeist.

Das Bergdorf Moulay Brahim ist ein viel besuchter Pilgerort.

***** Moulay Brahim** Das ganze Jahr über pilgern Menschen zum Marabout (Grabstätte) des Moulay Brahim ben Ahmed Mghari. Im 17. Jahrhundert gründete der Sufimystiker die Zaouia, eine islamische Lehrstätte, am Fuß des Hohen Atlas und versammelte hier seine Schüler um sich. Ihm werden wie vielen anderen heiligen Männern Kräfte nachgesagt, die unfruchtbaren Frauen den Kinderwunsch erfüllen. Die Pilgerinnen in Moulay Brahim binden bunte Bänder an die Bäume und hoffen, dass jemand sie löst. Dann nämlich könnten sie schwanger werden. Spektakulär ist das siebentägige Moussem, das Gedenkfest des Moulay Brahim, das zu Mouloud, dem Geburtstag des Propheten, begangen wird. Dann kommen Gnaoua aus ganz Marokko in den Hohen Atlas. Die Mystiker, die Islam und schwarzafrikanische Rituale verbinden, versetzen sich durch Trommeln, Singen und Tanzen in einen Trancezustand, der die ganze Nacht über währt.

***** Plateau du Kik** Einen Vorgeschmack auf die Weiten der Sahara südlich des Hohen Atlas bietet dieses karge Hochplateau südlich von Marrakesch: Unvermittelt findet man sich in einer weitgehend flachen Einöde wieder, deren einzige Unterbrechung ärmliche Berbersiedlungen und ein paar winzige Felder bilden. Und selbst die sind der Umgebung so perfekt angepasst, dass sie nur schwer zu erkennen sind. Die Farben Braun, Beige und Grau dominieren; hier und da setzt eine Akazie Akzente in das Einerlei. Im Winter zeigt sich das Plateau in einem anderen Gewand: Der Regen weckt die Natur, auf den Feldern zeigt sich frisches Grün, Schafe und Ziegen fressen sich an jungen Gräsern satt, Blütenteppiche setzten bunte Tupfer. Wie ein gütiger Gott wachen am Horizont der Djebel Toubkal und weitere schneebedeckte Gipfelgiganten der Atlaskette über diesen scheinbar vergessenen Winkel.

Am Fuße des Hohen Atlas warten Kamele auf ihren Einsatz.

Kahle Bergklippen und kunstvolle Schluchten formen sich an vielen Stellen des Hohen Atlas. Obwohl der Gebirgszug vom Atlantik, im Westen Marokkos, bis fast nach Algerien reicht, gibt es nur wenige befahrbare Pässe.

Im Reich der Berber

Sie gelten als die ältesten Siedler Nordafrikas, wählten ihre Führer demokratisch und ließen dabei auch Fürstinnen ihre Geschicke lenken. Noch heute leben rund 300 Berberstämme in Marokko; fast zwei Drittel der Bevölkerung hat berberische Wurzeln. Sogar in den Adern von König Mohammed VI. fließt Berberblut: Seine Mutter, Lalla Latifa Hammou, ist eine gebürtige Azayyi. Ihr Stamm, die Aït Oumalou, ist seit dem Mittelalter im

Westteil des Mittleren Atlas ansässig. Genaueres über die Ursprünge der einst (halb-)nomadischen Imazighin (»freie Menschen«) ist nicht bekannt, vielleicht auch, weil sie kein homogenes Volk bilden, sondern eher eine sprachliche Gemeinschaft. Mit den Chleuh, den Rifkabylen und den Berabern lassen sich heute in Marokko drei große Berbergruppen unterscheiden, deren Idiome alle zum Hamito-Semitischen zählen. Das Tamazight der Beraber wurde 2011 zur zweiten Amtssprache erklärt und wird auch wieder an den marokkanischen Schulen gelehrt. Seit dem Tod des von einem Müllwagen zerquetschten Fischhändlers Mouhcine Fikri in Al Hoceïma im Jahr 2016 protestieren vor allem die Berber Nordmarokkos jedoch immer wieder gegen die Sozialpolitik des Königshauses sowie gegen die Willkür und den Machtmissbrauch der marokkanischen Polizei.

***** Tizi n'Test** Als einer der beiden großen Pässe über den Hohen Atlas verbindet der Tizi n'Test Marrakesch mit dem Städtchen Taroudannt. Er liegt auf gut 2000 Meter Höhe; der gleichnamige Berggipfel reckt sich noch gut 500 Meter weiter himmelwärts. Weitgehend einspurig und ab Tinmal überaus kurvenreich schlängelt sich die teils aus dem Felsen gehauene Passstraße durch reizvolle, touristisch kaum erschlossene Landschaften. Für viele Auto-, Motorrad- und Fahrradfahrer zählt die von steilen Serpentinen und lang gezogenen Steigungen geprägte R203 mit ihren spektakulären Aussichten daher zu den schönsten Bergrouten der Welt. Auf der Passhöhe gibt es ein kleines Restaurant; etwas tiefer liegt das Hotel »Gite Bellevue«. Spätestens seit dem Bau der A7 ist die alte Passverbindung verkehrstechnisch kaum noch von Bedeutung.

*** Tinmal** Das Bergdorf Tinmal im Hohen Atlas gilt als Wiege des Almohaden-Reiches. Von hier aus gründeten und verwalteten die Fürsten dieser mittelalterlichen Berberdynastie ihre Latifundien. Sie reichten über den Maghreb hinaus bis auf die Iberische Halbinsel. Von der Macht und Bedeutung der einstigen Grenzfestung an der Passstraße Tizi n'Test zeugt bis heute die nach dem Vorbild der Moschee von Taza gestaltete Moschee. Erbaut wurde sie Anfang des 12. Jahrhunderts unter der Regentschaft Abd al-Mu'mins zu Ehren von Ibn Tumart, der als »göttlicher Rechtleiter« (Mahdi) den Bund der

Wie ein heller Saum an einem faltigen Kleid schlängelt sich die Passstraße die Hänge entlang. Mit den engen Serpentinen und immer wieder atemberaubenden Aussichten zählt der Tizi n'Test zu den schönsten Bergrouten der Welt.

Von außen erinnert die Moschee in Tinmal mehr an eine Festung denn an ein Gotteshaus.

Asni ist ein charakteristisches Berberdörfchen, allerdings sind die Häuser hier aus Beton.

Almohaden für den Kampf gegen die Almoraviden schuf. Tinmal war damals geistliche Metropole und künstlerisches Zentrum des Almohaden-Kalifats. Die inzwischen restaurierte Tinmal-Moschee ist neben der Großen Moschee von Casablanca die einzige, die auch für Nicht-Muslime zugänglich ist.

**** Asni** Die am Fuß des Hohen Atlas in rund 1100 Meter Höhe gelegene Berbersiedlung ist ein wichtiger Etappenpunkt auf der Strecke zwischen Marrakesch und den Dörfern im Hohen Atlas sowie der Route über den Pass Tizi n'Test in den Süden. Mit seinen charakteristischen, in Rottönen gehaltenen Häusern vor der Kulisse der schneebedeckten Berge bietet Asni ein überaus malerisches Bild, das sich beim Näherkommen schnell verflüchtigt. Nicht wie erwartet traditionelle Lehmbauten, sondern moderne Häuser aus Beton, allerdings im althergebrachten Stil, prägen den Ort. Bedeutend ist der Souk, der Wochenmarkt am Samstag, für die noch als Halbnomaden lebenden Berber aus der näheren und weiteren Umgebung. Sie feilschen um Vieh, Getreide und Gemüse sowie Kleidung und Haushaltswaren. Freunde und Verwandte treffen sich, und so manche Heirat wird beschlossen.

Moschee von Tinmal.

Mittendrin im Atlas-Gebirge: Von Imlil aus führen zahlreiche Wege durch den Hohen Atlas und auf den Djebel Toubkal.

Das Bergdorf Aroumd ist nur zu Fuß zu erreichen und bietet Hartgesottenen den perfekten Ausgangspunkt für Touren zum Djebel Toubkal.

*** Imlil** Das Städtchen, in einem Tal des Hohen Atlas auf etwa 1750 Meter Höhe gelegen, verdankt seine Existenz dem Trekkingtourismus. Als Ausgangspunkt für Bergtouren auf den Djebel Toubkal gewannen das Tal und seine archaischen Berberdörfer ab den 1960er-Jahren an Bedeutung. Schon bald bediente die stetig wachsende Siedlung den Bedarf nach Unterkunft, Verpflegung und Bergführern. Von der einfachen Herberge bis zur Luxuslodge finden Bergwanderer hier jede Art von Übernachtungsmöglichkeit. Die gute Infrarstruktur gab auch den Ausschlag dafür, dass gleich zwei Tibet-Filme in der Nähe von Imlil gedreht wurden, Martin Scorseses »Kundun« und »Sieben Jahre in Tibet« von Jean-Jacques Annaud. Jahrzehntelang galt Imlil als sicher, doch 2018 wurden zwei skandinavische Touristinnen unweit des Ortes von Radikalislamisten ermordet, was den Bergtourismus dort bremste.

*** Aroumd** Das Berberdorf liegt eine Wegstunde talaufwärts von Imlil in rund 1900 Meter Höhe und wird wie die anderen Siedlungen in diesem Hochtal von Berbern der Aït Mizane bewohnt. Die Viehhalter bringen ihre Schafe und Ziegen im Sommer auf Hochweiden des Hohen Atlas bis auf 2200 Meter. Nach Wintereinbruch werden die Schafe in die Haouz-Ebene am Fuß der Berge getrieben, während die Ziegen im Dorf verbleiben. Hierzu gesellt sich als zweites wirtschaftliches Standbein der Trekkingtourismus. Bergwanderer, denen der Rummel in Asni oder Imlil zu viel ist, wählen das nur zu Fuß erreichbare Dorf als Ausgangspunkt für die Djebel-Toubkal-Tour. Dass die Dorfbewohner als Bergführer mehr verdienen als mit der mühsamen Viehzucht, bleibt nicht ohne Folgen für die traditionelle Wirtschaft.

*** Oukaïmeden** Als Sommerfrische für die hitzegeplagten Bewohner von Marrakesch und als Afrikas höchstgelegenes Skiresort besitzt Oukaïmeden ein weitgehend modernes Ortsbild. Hier dreht sich alles um Sommer- und Wintertourismus. Dass die 2600 Meter hoch gelegene Region auf eine lange Geschichte zurückblickt, belegen die im Dorf und Umgebung entdeckten Felsgravuren. Hier sind Zeichnungen geometrischer Motive zu erkennen – Archäologen gehen davon aus, dass es sich um Gravuren handelt, die zwischen 1000 v. Chr. und 1000 n. Chr. von nomadischen Viehzüchtern und Vorfahren der Berber hinterlassen wurden. Aber es gibt auch ältere Darstellungen, datiert auf die Jungsteinzeit um 4000 v. Chr. Ein Volk von Jägern und Sammlern hinterließ Bilder von Elefanten und Auerochsen.

Zwei Berbermänner bereiten ihre Waren zum Verkauf auf dem Markt vor.

Oukaïmeden ist sowohl als Sommerfrische als auch Skiresort beliebt.

Am Djebel Toubkal gelegen, wurde Imlil gerne von Wanderern zum Übernachten gewählt.

Habichtsadler

Bartgeier

Lannerfalke

Mähnenspringer

Streifenhyäne

Atlashörnchen

***** Toubkal-Nationalpark** Mittelpunkt des ältesten Nationalparks auf marokkanischem Boden ist der 4167 Meter hohe Djebel Toubkal, zugleich der höchste Berg Marokkos und Nordafrikas. Das Naturschutzgebiet wurde 1942 ausgewiesen, um für die Nachwelt die besondere Vegetation und Fauna des Hohen Atlas zu bewahren. Zu den charakteristischen Vertretern der Pflanzengesellschaft gehören Steineichen und Aleppokiefern. In den Wäldern leben Berberaffen, Atlashörnchen, Stachelschweine und Streifenhyänen; die höheren Lagen sind Heimat von Cuviergazellen und Mähnenspringern, die als ebenso elegante wie geschickte Kletterer gelten. In mehreren Siedlungen wie Oukaïmeden oder Tinmal haben sich vornehmlich Berber niedergelassen, die heute oft als Bergführer arbeiten.

Der Toubkal-Nationalpark beherbergt nicht nur den höchsten Berg Nordafrikas, sondern bietet auch vielen Tierarten (Bilder links) ein Zuhause, darunter auch Berberaffen (oben). Oben links: Das Azzaden-Tal ist Heimat vieler Kakteenarten.

Djebel Toubkal

Mit 4167 Metern Höhe ist er nicht nur der höchste Berg Marokkos, sondern auch der höchste in Nordafrika. Der Djebel Toubkal liegt in einer wunderbar zerklüfteten Landschaft, die sich sommers wie winters großer Beliebtheit erfreut. Im Winter werden die Berghänge zum Skiresort, im Sommer kommen viele Wanderer in die Region, um den Bergriesen zu besteigen. Oben angekommen, reicht der Blick über den Süden Marokkos und mitunter sogar über das Saharavorland. Viele Berber in der Umgebung haben sich als Bergführer ein Standbein aufgebaut und leiten die Wanderer von Aroumd oder anderen Orten der Umgebung über steinige Wege und Pfade durch die atemberaubende Berglandschaft. Wer möchte, kann Mehrtagestouren mit Übernachtungen buchen. Dann begleitet auch ein Esel die Tour und trägt das Gepäck.

Sein sattes Grün verdankt das Ourika-Tal dem Fluss Oued Ourika.

**** Ourika-Tal** Über gut 25 Kilometer zieht sich das vom Oued Ourika durchflossene Hochtal an den Hängen des Toubkal-Massivs südlich von Marrakesch entlang. Hauptort des noch im frühen 20. Jahrhundert weitgehend von der Außenwelt abgeschnittenen Flusstals ist die heutige Großgemeinde Ourika, an deren Rand seit 2016 der von dem Wiener Aktionskünstler André Heller geschaffene »Anima«-Garten liegt.

Wie ein breites Band zieht die Passstraße Tizi n'Tichka ihre Schleifen durch die endlosen Weiten der Berglandschaft des Hohen Atlas. Anfangs führt die Strecke durch grünes Hügelland, nach und nach wandeln sich die Farben, die Landschaft zeigt ihr karges Gesicht.

Enge und mitunter steile Serpentinen sind am Tizi-n'Tichka-Pass keine Seltenheit.

Setti Fatma ist mittlerweile ein beliebtes Ausflugsziel für Ausflügler und Bergsteiger.

Etwas weiter talaufwärts, in Souk Tnine de l'Ourika, findet montags ein lebendiger Markt statt. Höhepunkt der landschaftlichen Schönheiten des Tals sind die Wasserfälle von Setti Fatima. Das Gros von ihnen lässt sich einfach erreichen; einige erfordern etwas Wanderkondition. Neben der eindrucksvollen Natur lassen sich in dem inzwischen viel besuchten Hochtal noch Relikte der Berberkultur des Hohen Atlas entdecken. Einige versammelt auch das in Tafza eingerichtete Écomusée.

**** Setti Fatma** Auch das ungemein malerisch im Ourika-Tal an einen Hang über dem Fluss Oued Ourika gestaffelte Setti Fatma hat in den letzten 50 Jahren dramatische Änderungen erfahren. Ursprünglich als Siedlung halbnomadischer Berber gegründet, die auf Terrassenfeldern etwas Getreide für den Eigenbedarf anbauten, geriet das hübsche Dorf mit Zunahme des Trekkingtourismus in den Fokus der Bergsteiger. Auch die Wasserfälle Cascades d'Ourika ziehen Ausflügler an, und wohlhabende Marrakescher kommen hierher, um an den Wochenenden die kühle Bergluft zu genießen. Zahlreiche Cafés und Restaurants prägen nun das noch weitgehend traditionelle Ortsbild. Brücken und Stege führen am Fluss entlang zu den Wasserfällen, die allerdings nur nach den Winterregen imposant über die Felsen rauschen. Den Rest des Jahres plätschert der Oued Ourika als friedlicher Bach durch den Ort.

***** Tizi n'Tichka** Als zweiter großer Pass über den Hauptkamm des Hohen Atlas bildet der Tizi n'Tichka das historische Scharnier zwischen der Ebene von Marrakesch und dem Gebiet um Quarzazate. Zunächst schlängelt sich die in den 1960er-Jahren erstmals asphaltierte, einem alten Handelsweg folgende Passstraße noch durch grüne Hügellandschaften. Nach und nach wandelt sich jedoch das Bild und die karge braune Bergwüste gewinnt die Oberhand. Spätestens ab dem Wald von Targagoust und dem Dorf Azréf werden die Abgründe immer steiler und die Kurven immer enger, bis man schließlich auf 2260 Metern den höchsten Punkt der »gefährlichen Bergweide« erreicht, wie der Pass in der Berbersprache heißt. Am Pass haben sich einige Souvenirläden und Cafés angesiedelt. Die Strecke ist meist – ebenso wie die R203 über den Tizi n'Test – ab November und oft bis in den April hinein aufgrund mitunter heftiger Schneefälle gesperrt.

Henna – Heilpflanze und Schönheitsmittel

Am Tag vor der Hochzeit werden Hände und Füße marokkanischer Bräute mit kunstvollen Ornamenten geschmückt. Dazu rührt eine ältere Frau, häufig die Brautmutter, das Pulver der Hennapflanze mit Wasser zu einer Paste an und trägt die Muster auf. Nach einer Einwirkzeit von mehreren Stunden hinterlässt die Prozedur einen Hautschmuck, der nicht nur eine ästhetische Funktion hat, sondern die Trägerin in diesem kritischen Au-

genblick ihres Lebens vor dem Bösen Blick schützt. Auch vor einer Geburt, vor der Beschneidung des Sohnes oder im Falle einer Krankheit greifen traditionell denkende Marokkanerinnen auf die Schutzfunktion des Henna zurück. Drei Wochen später sind die Muster meist verblasst. Das Pulver wird aus den getrockneten Blättern des Hennastrauches gewonnen, der in gemäßigten und frostfreien Breiten in nahezu jedem Garten wächst. In Nordafrika wird Henna auch eine heilkräftige Wirkung, zum Beispiel bei Abszessen, Pocken oder der Wundheilung, nachgesagt. Die moderne Medizin hat diesen »Aberglauben« bestätigt und im Henna desinfizierende Stoffe sowie Gerbsäure entdeckt. Der Prophet Mohammed liebte den intensiven Duft der Hennablüten. Auf sein Vorbild (sunna) berufen sich alle Männer, die ihren Bart mit Henna rot färben.

Unterwegs in Béni Mellal-Khénifra

Eingerahmt vom Mittleren Atlas im Norden und den Nordhängen des Hohen Atlas im Süden, bildet die fruchtbare Tadla-Ebene das Herz der Region, die oft schwer umkämpft war. Immer wieder erhoben sich die hier lebenden Berber gegen die Zentralmacht der Sultane.

INFO *

BÉNI MELLAL-KHÉNIFRA

Hauptstadt
Béni Mellal
Fläche
28 374 km²
Einwohnerzahl
2 549 000
Bevölkerungsdichte
90 Einwohner/km²

*** Khénifra** Die Provinzstadt im Mittleren Atlas breitet sich beidseits des Flusses Oum er-Rbia aus. Auffällig ist das Rot der traditionellen Häuser, die aus dem zinnoberrothaltigem Lehm der Umgebung erbaut sind. Die Region war seit Jahrhunderten Zankapfel zwischen der marokkanischen Zentralmacht und der aufsässigen Volksgruppe der Zaiani-Berber, die wiederholt von den Sultanen unterworfen werden musste. Im ausgehenden 19. Jahrhundert entwickelten sich Stadt und Umgebung erneut zu einem Widerstandsnest unter der Führung des Berberfürsten Caïd Moha ou Hammou ez-Zaiani, der zunächst den Sultan und nach der französischen Besetzung die fremden Eindringlinge bekämpfte. 14 000 französische Soldaten waren nötig, um Khénifra 1914 zu erobern, doch dem Caïd gelang die Flucht. Erst nach dessen Tod 1921 wurden Khénifra und der Mittlere Atlas befriedet. Khénifras Bevölkerung wächst stetig. Heute ist die Stadt Gewerbe- und Handelszentrum und bedeutend für die Schafzucht.

Im Gegensatz zu den etwas gemäßigteren Gebirgslandschaften des Mittleren Atlas wird die Landschaft ganz im Süden der Region von den Ausläufern des Hohen Atlas geprägt: mit teils kuriosen Felsformationen.

Die Kasbah Ras el-Ain in Béni Mellal stammt aus der Zeit der Berberaufstände.

Zahlreiche kleine Dörfer liegen verstreut in der Tadla-Ebene.

*** Khouribga** Phosphatvorkommen in der Umgebung haben die Entwicklung der dörflichen Siedlung zu einer modernen Großstadt vorangetrieben. Die größte Phosphatlagerstätte der Welt hat das Bild der Provinzmetropole und ihrer Region nachhaltig geprägt; ein Großteil des weltweiten Phosphatbedarfs wird hier gefördert und per Bahn zum Verladehafen Jorf-Lasfar transportiert. Der Phosphatabbau begann in geringem Umfang in den 1920er-Jahren unter dem französischen Protektorat und wurde nach der marokkanischen Unabhängigkeit als Devisenbringer massiv vorangetrieben. Die dadurch verursachten Umweltschäden versucht das ab 2009 aufgelegte Projekt »Mine verte«, grüne Mine, zu mindern. Einen bedeutenden Teil des Komplexes, dessen Fertigstellung noch aussteht, bildet das 2012 eröffnete, moderne Minenmuseum. Ein Universitätscampus und eine moderne, ökologische Wohnsiedlung sollen folgen.

*** Kasbah von Tadla** Ihren Namen verdankt die Kleinstadt einer Kasbah, die Sultan Moulay Ismail Ende des 17. Jahrhunderts zur Überwachung der aufständischen Berbergruppen im Mittleren Atlas errichten ließ. Wie die Herrscher vor ihm, hatte auch Moulay Ismail Mühe, die Berber zur Anerkennung seiner Autorität zu bewegen. Neben der Kasbah, in der er schwarzafrikanische Söldner stationierte, ließ er auch eine Brücke über den Fluss Oum er-Rbia schlagen. Sie wird »Portugiesische Brücke« genannt, weil am Bau europäische Gefangene beteiligt waren. Von der mächtigen Kasbah mit äußerem und innerem Mauergürtel stehen heute nur noch die Mauern und die Minarette zweier Moscheen. Bemerkenswert sind die Holzstangen an einem der Minarette, die wie Stacheln aus den Mauern ragen. Sie dienen als Sitz der Seelen von Toten und gehen auf schwarzafrikanische Glaubensvorstellungen zurück.

**** Béni Mellal** Die Hauptstadt der Provinz Béni Mellal-Khénifra besitzt trotz ihrer langen Geschichte ein recht modernes Ortsbild. Nur noch Reste der ursprünglichen Stadtmauer und ein kleiner verwinkelter Marktbereich erinnern an die Zeiten, als Béni Mellal kaum mehr war als ein regionaler Handelsplatz. Wie die anderen Städte der Tadla-Ebene litt auch Béni Mellal unter den ständigen Auseinandersetzungen zwischen der Zentralmacht der Sultane und den kaum kontrollierbaren Berbern. Die Kämpfe erreichten im 17. Jahrhundert ihren Höhepunkt, als die Sultane den mächtigen Verband der religiösen Dila-Bruderschaft nur mit Mühe bezwingen konnten. Moulay Ismail befestigte daraufhin die Ebene mit Wehrburgen; eine besonders dekorative, die Kasbah Ras el-Ain, besetzt eine Anhöhe im Südosten. Mit ihren vier zinnengeschmückten Ecktürmen erinnert sie an Wehrbauten der Berber im Drâa-Tal.

Mittlerer Atlas

Blutrot ergießen sich die zerklüfteten Felsen des Mittleren Atlas in die gelbgrünen Grasflächen. Die höchsten Gipfel des Mittleren Atlas erreichen eine Höhe von über 3300 Metern. Das Jahr über regnet es in dem gesamten Gebiet oft und viel, im Winter fällt Schnee, der rund fünf Monate liegen bleibt. Insgesamt ist der Mittlere Atlas nur wenig besiedelt. In niedrigen Lagen betreiben Nomaden Wechselweidewirtschaft. Als von

Südwest nach Nordost verlaufender, 350 Kilometer langer Bergriegel begrenzt der Mittlere Atlas die Meseta mit den Königsstädten Fès und Meknès. Hier vollzieht sich der Übergang vom fruchtbaren, nördlichen Marokko zu den wüstenhaften, südlichen Regionen. Der Westen des Mittleren Atlas ist durch die Nähe des Atlantiks klimatisch begünstigt, und die ergiebigen Regenfälle erlauben eine intensivere landwirtschaftliche Nutzung, während im Südosten des Gebirges karge Hochflächen und Gipfel das Landschaftsbild beherrschen. Als charakteristischer Baum des Mittleren Atlas wuchs einst die mächtige Atlas-Zeder in großer Zahl an seinen Hängen – leider ist nur ein kleines Waldstück dieser eindrucksvollen Baumriesen im Nationalpark von Tazekka erhalten. Hier leben auch überaus freche und zutrauliche Berberaffen, die sich füttern lassen.

**** Bin el-Ouidane** Kurz vor Erlangung der Unabhängigkeit feierte das unter französischem Protektorat stehende Marokko 1954 die Fertigstellung eines seiner größten Stauseen im Hohen Atlas. Unweit des Ortes Bin el-Ouidane staut eine 133 Meter hohe und 290 Meter lange Mauer das Wasser des Flusses Oued el-Abid zu einem knapp 1400 Millionen Kubikmeter fassenden See. Dieser verhilft der Gegend zu ihrer Fruchtbarkeit. Denn das Projekt dient in erster Linie der Bewässerung der Tadla-Ebene, einem der marokkanischen Hauptanbaugebiete für Obst, Gemüse und Getreide. Daneben werden jährlich 287 Gigawattstunden Strom produziert. Erschien der See inmitten der karg bewachsenen Ausläufer des Hohen Atlas anfangs wie ein Fremdkörper, hat er sich mittlerweile zu einem Freizeitparadies mit einer Reihe luxuriöser Hotels entwickelt. Vor allem Angler schätzen seinen Fischreichtum und holen immer wieder kapitale Hechte, Barsche und Karpfen aus dem Wasser.

***** Ouzoud-Wasswerfälle** Die Ouzoud-Wasserfälle sind nicht nur die höchsten Marokkos, sie bieten in der herben Berglandschaft des Mittleren Atlas auch einen überaus malerischen Anblick. Über Stufen und in zahlreichen Armen verzweigt stürzt der Oued el-Abid an dieser Stelle 110 Meter tief in ein sattgrün bewachsenes Becken. An der Abbruchkante und an den Rändern der Fälle gedeiht mit Oleanderbüschen, Feigenbäumen und Opuntien üppige Vegetation. Ihren Berbernamen, »ouzoud«, verdanken die Fälle den hier wachsenden Olivenbäumen. Vor allem in den Sommermonaten sind die Wasserfälle ein beliebtes Ausflugsziel; die Menschen kommen zum Picknicken in die kühle Gebirgsoase oder nehmen in den durch die Erosion geschaffenen Sprudellöchern am Fuß der Fälle ein Bad. Sogar einen Campingplatz gibt es hier. Oberhalb sind am Flusslauf des Oued el-Abid noch mehrere mit Wasserkraft betriebene Mühlen erhalten, in denen die Bauern einst Getreide mahlen ließen. Erreichen

Weitgehend unberührt: das Aït-Bougoumez-Hochtal im Hohen Atlas.

In der Nähe von Bin el-Ouidane liegt der gleichnamige Stausee.

kann man die Wasserfälle am besten zu Fuß. Der Weg führt durch eine wunderschöne Landschaft aus Kakteen, Oliven- und Feigenbäumen. Wer weiter in die Abid-Schlucht wandert, bekommt mit etwas Glück sogar Makakenaffen zu Gesicht. Nahe dem Flussufer haben es sich in Grotten Fledermäuse gemütlich gemacht.

**** Aït-Bougoumez-Tal** »La vallée heureuse«, das »Tal der Glücklichen«, nennen Einheimische die fruchtbare Hochebene inmitten der kargen Berglandschaft des Hohen Atlas, über der sich majestätisch das schneebedeckte Viertausender-Massiv des Djebel M'Goun reckt. Mehrere Berberdörfer wie Agouti und Tabant liegen in dem kilometerlangen, sich mehrfach verästelnden Tal. Ihre Bewohner bestellen auf rund 1800 Meter Höhe kleine Feld-Parzellen, deren sattes Grün das Auge weithin bezaubert. Vor allem Wanderer lieben das weitgehend unberührte Hochtal östlich von Marrakesch mit seinen prächtigen An- und Ausblicken und seiner unberührten Natur und Einsamkeit. Nur knapp ein Dutzend schlichter, meist privat geführter Unterkünfte liegt verstreut auf dem Grund des Tals des Aït Bougoumez. Ihre Ursprünglichkeit ist ihnen anzumerken. Man spürt, dass Elektrizität und Asphaltstraßen erst seit wenigen Jahren zum Alltag der hier ansässigen Berberfamilien zählen.

Fast schon überraschend ist der Anblick, denn in dieser eher trockenen Gebirgsgegend würde man einen Wasserfall nicht erwarten. Und dann auch noch der höchste Wasserfall Marokkos, der über mehrere Etagen 110 Meter über rote Steinterrassen in die Tiefe stürzt! Am Fuße des Falls gibt es eine kleine Fähre, die einen ans andere Flussufer übersetzt. Von hier führt ein schöner Wanderpfad kilometerlang flussabwärts.

Unterwegs in Drâa-Tafilalet

Der Südosten Marokkos präsentiert mit Mittlerem, Hohem und Anti-Atlas drei grandiose Gebirgszüge, in deren Tälern Flüsse wie Ziz und Drâa fruchtbare Oasen nähren. Die Lehmtürme traditioneller Berberburgen überragen das Grün des Palmenmeers.

*** Midelt** Zwischen den Südflanken des Mittleren und den Nordausläufern des Hohen Atlas schmiegt sich die Kleinstadt in ein wenig fruchtbares Tal zu Füßen des 3737 Meter hohen Djebel Ayachi. Midelt liegt an der Strecke von Fès in das Tafilalet und fungiert für die meisten Durchreisenden nur als Etappenpunkt auf dem Weg nach Süden. Als Handelsort für die Berbergruppen aus den umliegenden Bergen besaß Midelt seit Jahrhunderten regionale Bedeutung. Neben landwirtschaftlichen Produkten kommen auch kunstvolle Handarbeiten wie Stickereien, Wandteppiche und Decken auf den Markt, die von den Berberfrauen in den abgelegen Dörfern hergestellt werden. Neben den vielen kleinen Boutiquen in der Stadt fungiert auch die Kasbah Myriem als Verkaufsstelle: Franziskanerinnen betreiben darin außerdem eine Werkstatt, in der sie junge Frauen in den traditionellen Techniken unterrichten.

**** Cirque de Jaffar** Unter den legendären nordafrikanischen Offroad-Routen zählt der Cirque de Jaffar beziehungsweise die Fahrt dahin zu den dramatischsten. Der Name Cirque de Jaffar bezeichnet nur den Endpunkt, einen Talschluss der Jaffar-Schlucht im Hohen Atlas südlich von Midelt. Im Sommer nutzen die Halbnomaden diesen geschützten Ort als temporäres Lager. Nach Regenfällen drohen Überschwemmungen, dann ist die Fahrt auf der

INFO *

DRÂA-TAFILALET
Hauptstadt
Errachidia
Fläche
88 836 km²
Einwohnerzahl
1 653 000
Bevölkerungsdichte
19 Einwohner/km²

schwierigen Piste nicht möglich. Bei aller landschaftlicher Schönheit zählt in erster Linie die Herausforderung. Felsstürze blockieren häufig die Route, die an manchen Stellen so schmal ist, dass breite Fahrzeuge stecken zu bleiben drohen. Immer wieder müssen Pistenabbrüche mit Geröll aufgefüllt werden, gerät das Fahrzeug in Gefahr, über den ungesicherten Hang abzurutschen. Wer es geschafft hat, schwärmt in den höchsten Tönen von diesem unvergesslichen Abenteuer.

***** Ziz-Tal** Der Ziz entspringt im Hohen Atlas, wendet sich zunächst nach Osten, schlägt dann einen südlichen Bogen, speist den Hassan-Addakhil-Stausees und versickert bei Merzouga in der Wüste. Den kargen Böden des Tafilalet verleiht der Fluss üppige Fruchtbarkeit. Ein breites Band von Palmengärten begleitet seinen Lauf. Im Schatten der Palmwipfel gedeihen Luzerne, Henna, Gemüse und Obst, bewässert mit Flusswasser, das Kanäle heranleiten. Wie viel Wasser den einzelnen Oasenbauern zusteht, regeln Schleusen und uralte Wasserrechte. Seit Menschengedenken diente das Flusstal des Ziz den Karawanen als Handelsweg zwischen Marokko und den Reichen südlich der Sahara. Am Fluss lag die legendäre Handelsstadt Sijilmassa, von der heute nur noch Ruinen existieren. Oasenstädte wie Erfoud oder Errachidia haben ihre Funktion als überregional bedeutende Wirtschaftszentren übernommen.

**** Errachidia** Von dem alten Marktort mit dem Namen Ksar es-Souk ist im modernen Errachidia kaum etwas erhalten. Die Franzosen erwählten ihn 1916 als Sitz einer Garnison und entwickelten ihn mit europäischer Zweckarchitektur zu einem Militärstützpunkt. In den Oasengärten der Umgebung ist das traditionelle Marokko aber noch stark präsent. Malerische Lehmdörfer und Ksar-Ruinen sind Zeugnisse der Vergangenheit als Handelszentrum. Hier kreuzten sich die wichtigsten Karawanenrouten: Die West-Ost-Verbindung durch das Drâa-Tal und die Nord-Süd-Achse von den Königsstädten Fès und Meknès in das legendäre Sijilmassa und nach Schwarzafrika. Den Namen Errachidia erhielt Ksar es-Souk 1976 durch einen Erlass König Hassans II. Der Ort sollte den Namen des ersten Alaouiten-Sultans Moulay el-Rachid tragen.

Links oben: Nicht viel lässt im heutigen weitgehend modernen Errachidia noch auf dessen Vergangenheit als Marktort schließen. Links: Midelt.

Hotel in Midelt. Der Ort wird oft nur auf der Durchreise angesteuert.

Winzige Orte, umgeben von Dattelpalmen und kleinen Feldflächen, sind typisch für das Ziz-Tal.

Ziz-Schlucht

Im Osten des Hohen Atlas hat der Oued Ziz eine spektakuläre Schlucht ins Gebirge gegraben; in engen Mäandern und umgeben von bis zu 300 Meter hohen Felswänden, hat sich die erosive Kraft des Flusses ihren Weg durchs Gestein gebahnt. An einigen Stellen ist die Schlucht dramatisch schmal, an anderen weitet sie sich, und der Wasserlauf wird von Palmenoasen und winzigen Feldern begleitet, über die aus Bruchstein und Lehm errichtete Ksar-Burgen wachen. Berühmt ist die Ziz-Schlucht als besonders reicher Fundort von Versteinerungen. Nachdem der Oued Ziz in den 1960er-Jahren nach heftigen Regenfällen das gesamte Tafilalet überschwemmt hatte, wurde ein Damm errichtet, der die Wassermassen zum künstlichen See Hassan Addakhil aufstaut und so kontrolliert.

Dattelpalmen wachsen im Tafilalet üppig. Ihre Früchte sind daher eines der wichtigsten Produkte der Oase.

Zwei Frauen bei Erfoud. Esel und Maultiere zählen zu den wichtigsten Transportmitteln für Einheimische.

**** Erfoud** Am Eingang des Tafilalet und im Süden des Ziz-Tals gelegen, ist Erfoud vor allem bekannt für sein Kunsthandwerk aus dem lokalen, von Fossilien durchsetzten Gestein. Denn das Oasen-Städtchen liegt an der Ktaoua-Formation, die reich ist an bis zu 480 Millionen Jahre alten Versteinerungen. Ein kleines Museum am Südrand des Erfouder Straßengeflechts versammelt ein paar der interessantesten Funde. Lange galt das von den Franzosen 1913 als Garnisions-Stützpunkt gegründete Städtchen als »Wächter der Wüste«. Denn alle Expeditionen zu den Dünen von Merzouga, nach Taouz oder Tazzine begannen hier. Heute noch bietet sich Erfoud als Startpunkt für Wüstentouren an. Inzwischen hat sich das Städtchen auch einen Namen in der Filmindustrie gemacht: Unter anderem wurden Szenen zu »James Bond 007: Spectre« in der Umgebung gedreht.

Erfoud ist bekannt für seine Gesteinsfunde und ein beliebter Startpunkt für Wüstentouren.

***** Tafilalet** Gemüse, Getreide, Oliven sowie Baumwolle und Tabak, vor allem aber gut eine Million Dattelpalmen: Mit seiner Fläche von 1500 Quadratkilometern zählt das Tafilalet zu den größten Oasen Nordafrikas. Ihr Leben verdankt sie den beiden Flüssen Ziz und Rheris. Bereits ab dem 10. Jahrhundert war das Tafilalet eines der wichtigsten Zentren der westlichen Transsahara-Routen. Die damalige Hauptstadt Sjijlmassa wurde 757 gegründet. Heute liegt das Zentrum des Tafilalet um Erfoud und Rissani. Nach wie vor wird aus den im Oasengebiet wachsenden Tamarisken ein typisches Produkt gewonnen: das Takoaut. Der natürliche Gerbstoff greift die Tierhäute nur wenig an und belässt ihnen ihre natürliche Farbe. Das Filali-Leder zählt daher neben den Datteln zu den wichtigsten Produkten der Großoase.

In den Gassen von Erfoud.

Erdgeschichte in Erfoud

Erdgeschichte wird greifbar in und um Erfoud. Heute sind Meeresbewohner wie die Gliederfüßler, Kopffüßler und Peitschenkorallen ausgestorben und nur noch als Fossilien zu bewundern. In groß und klein, und zu verschiedenen Produkten weiterverarbeitet, kann man sie in diversen Souvenir- und Kunsthandwerksläden in und um Erfoud betrachten und, wenn man möchte, auch erwerben.

Oasen – grüne Inseln im Wüstensand

Innen fruchtbar, an den Rändern karg – so lässt sich eine Oase vielleicht am einfachsten definieren. Tatsächlich liegen die üppigen Vegetationsflecken meist in einem Wüstengebiet. Daher zählen sie für die Wissenschaft zu den Periökumenen: menschliche Siedlungsinseln inmitten einer unbesiedelten Wildnis. Je nach Herkunft des Wassers unterteilt man sie in Quellwasseroasen, Grundwasseroasen, Oasen mit artesischem Brun-

nen, Foggara-Oasen (entstanden durch ein spezielles Kanalsystem wie etwa den iranischen Qanats) und Flusswasser-Oasen. Letztere sind typisch für Marokko, gelten jedoch als »unechte« Oasen. Denn ein Fremdlingsfluss, also ein Gewässer, das in feuchtem Klima entspringt, durchfließt ein sonst trockenes Gebiet und bringt Schwemmstoffe aus seinem niederschlagsreichen Ursprungsgebieten, die sich an den Uferbereichen als fruchtbarer Boden absetzen. Gepaart mit der Möglichkeit zur Irrigation wird so die Besiedlung eines Bereichs der Wüste ermöglicht. Oasen können in Größe und Charakter erheblich variieren: vom kleinen, von Dattelpalmen umgebenen Teich bis hin zu ganzen Städten mit angesiedelten Industrie- und Landwirtschaftsbetrieben. Die traditionelle Oasenwirtschaft kombiniert verschiedene Anbaukulturen.

***** Rissani** Rund 3000 Einwohner bevölkern die schmalen, teils überwölbten Gassen der Medina hinter dem Stadttor. Wenn sonntags Markt gehalten wird, strömen Oasenbauern und Viehzüchter aus den umliegenden Dörfern auf den großen zentralen Platz des Ortes. Interessant ist eine Rundfahrt durch die Oase von Rissani, etwa zum Mausoleum von Moulay Ali Cherif, dem Begründer der Alaouitendynastie, und zum Ksar Abbar, dessen Lehmmauern mit geometrischen Ornamenten geschmückt sind. Enttäuschend dagegen sind die Reste der einst wichtigsten Handelsstadt im südlichen Marokko, des legendären Sijilmassa. Zwischen dem 11. und 15. Jahrhundert etwa sollen hier 100 000 Menschen gelebt und mit den Waren gehandelt haben, die Karawanen aus den schwarzafrikanischen Königreichen des Südens heranschafften. Nur ein paar Lehmmauern unter Wüstensand sind erhalten geblieben.

***** Mausoleum des Moulay Ali Cherif** Nördlich der Mauerreste der einst mächtigen Festung Ksar Abbar liegt die prachtvoll mit Mosaiken aus Zelliges-Kacheln geschmückte Grabstätte des Urahns von König Mohammed VI. Der als direkter Nachfahre des Propheten Mohammed angesehene Begründer der Alawiden-Dynastie verstarb in Rissani im Jahr 1659. Seine ursprüngliche Grabstätte wurde bei einem verheerenden Hochwasser im Jahr 1965 allerdings weitgehend zerstört. Große Teile der heutigen Mausoleums-Anlage stammen daher aus der Zeit des Wiederaufbaus und paaren Tradition mit Moderne. Sie werden von der marokkanischen Königsfamilie bestens gepflegt. Für Nicht-Muslime ist lediglich der schöne Garten zugänglich, der eigentliche Grabbau kann dagegen nur von außen betrachtet werden. Durch ein reich verziertes Tor mit Flankentürmen ist jedoch ein Blick auf die Pfeiler und Wege des Arkadenhofs möglich.

Verschiedene Ksars in und um Rissani (links: Ksar d'Oulad) sowie das Mausoleum lohnen einen Besuch. Rechts oben: Die leicht spitz zulaufende Bogenform ist im und am Mausoleum allgegenwärtig, sei es als Säulenabschluss, Türrahmen oder auch in den detailreichen Verzierungen im Inneren. Rechts unten: Der Verfall übernimmt mehr und mehr die Regie über den Ksar Abbar in Rissani, an Säulen und der Fassade wird dies zunehmend sichtbar. Von der einstigen Schönheit zeugt allerdings nach wie vor das prächtig verzierte Eingangsportal.

**** Ksar d'Oulad** Alhambra des Tafilalet nannte man einst den Ksar d'Oulad Abdelhalim. Er zählte zu den schönsten im ganzen Oasengebiet. Errichtet wurde er Ende des 19. Jahrhunderts im Auftrag von König Hassan I. als Wohnsitz für seinen Bruder Moulay er-Rachid, den damaligen Statthalter des Tafilalet. Befestigungsmauern, Türme und die Kasbah des Ksar zeigen bis heute ihre wunderbare Lehmziegel-Ornamentik mit Blindbögen und vertieften Profilen. Auch der mächtige Torbogen lässt noch das ursprüngliche Gipsstuckdekor erkennen. Die Innenausstattung des Ksars ist jedoch weitgehend zerstört. In einigen Räumen sind Reste der bemalten Decken erhalten. Auch einige grüne Ziegelvordächer haben die Zeitläufte überdauert. Und über dem Eingang der Kasbah-Moschee lässt sich ein Inschriftenband mit einer Jahreszahl entziffern, welche auf das Erbauungsjahr 1847 verweist.

Erg Chebbi

»Ein Meer aus Dünen« – so lautet die Übersetzung des arabischen Wortes Erg. Und exakt so sieht die zu Sand erstarrte und vom Wind geformte Wellenlandschaft der Wüste Erg Chebbi aus. Das Sandmeer ist der östliche Ausläufer des Großen Westlichen Erg. Es ist touristisch gut erschlossen und bietet zahlreiche Übernachtungsmöglichkeiten unterschiedlicher Standards. Am Fuß der Dünen gibt es mehrere einfache Restaurants,

Kameltreiber bieten Ausritte an. In den Stunden der Morgen- und Abenddämmerung sind die Sandberge in feuerrotes Licht getaucht und besonders spektakulär anzuschauen. Je nach Tageszeit oder Wetter erscheint die Farbe des Sanndmeers in einem anderen Licht. Etwa 26 Kilometer weiter südlich, bei Taouz, findet man Felszeichnungen in der Wüste (nur mit polizeilicher Genehmigung und Führer zu besichtigen). Die abenteuerliche Fahrt zum Erg Chebbi ist mit einem geländetauglichen Pkw zu bewältigen und führt von Rissani oder Erfoud auf markierter Piste zum Weiler Merzouga und weiter in Marokkos größtes Sanddünengebiet. Die Dünen erreichen Höhen von bis zu 150 Meter. Auch Marokkaner selbst kommen hierher, um mit der Wärme des Sands zum Beispiel rheumatische Beschwerden zu lindern.

***** Merzouga** Der kleine Oasenort wird beständig von den bis zu 250 Meter hohen Dünen des Erg Chebbi bedroht. Glaubt man den Legenden, ist das Sandmeer als Vergeltung für einen Verstoß gegen die Gesetze der Gastfreundschaft entstanden. Die Dorfbewohner verweigerten einer hilfesuchenden Mutter und ihren Kindern die Aufnahme und wurden zur Strafe von einem Sandsturm heimgesucht. Noch heute höre man in den Dünen die Schreie der Sterbenden. Die Traumlandschaft des Erg ist heute Merzougas großes Kapital. Zahllose Touristen besuchen jedes Jahr das goldgelbe Sandmeer, lassen sich auf Dromedarrücken durch die Dünen führen oder bewundern von den Dachterrassen der Wüsten-Lodges den feuerroten Sonnenuntergang. Im Winterhalbjahr bildet sich unweit von Merzouga ein kleiner See in der Wüste, an und um den Rosaflamingos, Seidenreiher, Störche und andere Vögel Nahrung finden.

***** Taouz** Die rund 800 Bewohner der Oase Taouz im Grenzgebiet zwischen Marokko und Algerien leben vom mageren Ertrag ihrer Oasengärten. Die Region muss früher wesentlich fruchtbarer gewesen sein, denn auf vielen in der Umgebung entdeckten Felsgravuren sind Tiere abgebildet, die afrikanische Savannen durchstreifen, Elefanten beispielsweise. Auf einem Felsblock ist ein vierrädriger Streitwagen zu erkennen. Anders als diese wahrscheinlich von Jägern und Sammlern in der Jungsteinzeit angefertigten Tierdarstellungen geben Alter und Herkunft der vielen geometrischen Ritzungen Rätsel auf. Umstritten ist auch, wer die Urheber der kreisförmigen Steintumuli waren, die sich im Umkreis des Ortes finden. Einige weisen sich durch eine gesonderte Kammer als Grabstätten aus. Man nimmt an, dass womöglich bereits ab 5000 v. Chr. lokale Herrscher darin beigesetzt wurden.

Oben: Um Merzouga befinden sich mehrere Camps, von denen aus Touren in die Wüste starten. Feuerrote Sonnenuntergänge vor einer traumhaften Dünenlandschaft sind hier garantiert. Unten: Alltag im Süden von Marokko – zwei Frauen beim Wasserholen in der Nähe von Taouz.

***** Tinghir** Auf einem Hochplateau zwischen dem Djebel Sarhro und dem Hohen Atlas gelegen, war das Oasenstädtchen schon früh ein strategisch wichtiger Punkt. Die Ruinen der Glaoui-Kasbah zeugen von seiner Bedeutung. Dank des Todra-Flusses wachsen heute um Tinghir auf fast 60 000 Hektar nicht nur Dattelpalmen, sondern auch Oliven-, Mandel- und Apfelbäume. Die riesige Anbaufläche wird von einem Netz aus niedrigen Erdmauern parzelliert. Das Städtchen selbst besticht durch seine meist ockergelben Häuser mit weiß gestrichenen Zinnen. Dank seiner üppigen Oase und der noch in zahlreichen Ksur lebendigen Handwerkstraditionen ist Tinghir ein bedeutendes Handelszentrum für den vorsaharischen Raum. So gibt es auf dem Montagsmarkt neben Silberschmuck, Babuschen, Berberteppichen und Keramik auch Blasebälge zu kaufen. Viehzüchter bieten ihre Tiere an.

***** Todra-Schlucht** Durch steile Felswände bahnt sich der Todra seinen Weg vom Hohen Atlas hinunter ins Dades-Tal, wo Tausende Palmen sein Ufer säumen. Die kühle Todra-Schlucht ist ein beliebtes Ziel für Freeclimber und Wanderer. Etwa einen Kilometer vor Tinghir führt eine eindrucksvolle asphaltierte Straße in Kurven bergauf mäandernd rund 15 Kilometer bis zur engsten Stelle der Todra-Schlucht. Zahlreiche Dörfer und Campingplätze säumen die Straße, immer wieder eröffnen sich großartige Panoramablicke auf das Flusstal des Todra, der im Hohen Atlas entspringt. Von hier geht es nur zu Fuß weiter; mehrmals muss der Todra auf künstlichen Furten gequert werden, nahezu senkrecht streben die Felswände links und rechts zum Himmel.

Fast noch dramatischer als die Dades-Schlucht zeigt sich die Schlucht, die der Fluss Todra geschaffen hat: Senkrecht und schwindelerregend hoch ragen hier links und rechts die steilen Felswände auf.

In der Nähe von Tinghir transportiert eine Frau die Ernte vom Feld.

Auf dem wöchentlichen Markt in Tinghir gibt es Obst, Gemüse und allerlei weitere Waren.

In den etwas abseits liegenden Straßen von Tinghir spielen Kinder.

Tinghir ist ein bedeutendes Handelszentrum für den vorsaharischen Raum.

***** Dades-Schlucht** Dramatisch zeigt sich die Schlucht des Dades. Schon die Zufahrtsstraße von Boumalne führt vorbei an erodierten Granitskulpturen und entlang aufgefalteter Gesteinsschichten. Nach rund zehn Kilometern passiert die Straße die beiden eindrucksvollen Kasbahs Aït Yul und Aït Arbi. An weiteren Kasbahs und Dörfern vorbei geht es bis Aït Oudinar. Dahinter beginnt der schmalste Teil der Schlucht mit steilen Felswänden. Allein schon die von engen Felswänden umrahmte Einfahrt, durch die man die Schlucht erreicht, ist ein Erlebnis. Kurz dahinter endet der Asphalt, man kann die Schlucht weiter zu Fuß erkunden.

*** Boumalne** Überragt von der Kasbah des Berberfürsten Thami El-Glaoui liegt das Kreisstädtchen inmitten einer kleinen Oase am Ausgang der Dades-Schlucht. Seine Gründung lässt sich mangels Aufzeichnungen nicht datieren, sicher ist jedoch, dass Boulmane einst eine wichtige Station der berberischen Wanderweidewirtschaft war. Von der einstigen Lehmarchitektur ist im Ort selbst kaum etwas erhalten; die meisten Kasbahs sind verlassen und verfallen. Nur noch wenig von seinem ursprünglichen Gesicht zeigt auch der Ksar Boulmane am Rand der vom Dades gespeisten Oase, in der man neben Oliven und Mandeln auch Obst und Feigen sowie Getreide und Gemüse kultiviert.

***** El-Kelâa M'Gouna** »Stadt der Rosen« wird El-Kelâa M'Gouna gerne genannt und tatsächlich blühen in seiner fruchtbaren Umgebung im Frühjahr Tausende kleiner, roséfarbener Exemplare. Pilger aus Syrien, so heißt es, brachten die genügsame Damaszener-Rose bereits vor Jahrhunderten ins Dades-Tal. Später umzäunten die Oasenbauern an den Ufern der M'Goun-Schlucht ihre Felder mit Rosenhecken, um Ziegen fernzuhalten. Heute zieht sich das Vallée des Roses über gut zehn Kilometer bis hinauf nach Agoulzi. Für den lokalen Gebrauch werden die Blüten nach wie vor zu Rosenwasser verarbeitet. Inzwischen stellt man in Destillen der Region aber auch Essenzen für die landesweite Parfümproduktion sowie für den Export her. Zur Erntezeit der Blüten, im Mai, veranstaltet El-Kelâa M'Gouna jedes Jahr ein mehrtägiges Rosenfest mit Parade und Musik, Rosenkönigin und Produktsalon.

Links oben: Wie riesiges Schichtnougat ragen die braunen Felsen in die Höhe. Als schmales Band schlängelt sich der Dades durch das Gesteinsmassiv. Links unten: Boumalne Dades.

Das ansonsten eher unscheinbare El-Kelâa M'Gouna ist als »Stadt der Rosen« bekannt.

Vallée des Roses / Rosental

Das Tal des Dades zwischen Boumalne du Dades und Skoura trägt den Beinamen »Rosental« zu Recht: Hier schützen nicht Zäune oder andere Abgrenzungen die Oasengärten vor den gefräßigen Ziegen, sondern Rosenhecken. Wenn sie in höchster Blüte stehen, kurz vor der Ernte im Mai, erfüllt der Rosenduft die gesamte Oase. Ein Band von Rosenhecken begleitet auch das Nebental des Zuflusses Asif M'Goun. Die hier gepflanzten Damaszenerrosen sind resistent gegen nächtlichen Frost wie gegen Trockenheit und eignen sich so bestens für die Zucht in dieser wüstenhaften Region. Traditionell werden ihre Blüten von den Familien zu Rosenwasser verarbeitet, das die Frauen für kosmetische Zwecke nutzen. Auch bei der Zubereitung von Gebäck wie der beliebten Cornes des Gazelles findet Rosenwasser Verwendung. Die Ernte Mitte Mai dauert etwa zwei Wochen und bringt einen Ertrag von bis zu 4000 Tonnen, der zu einem großen Teil in den Export geht.

Dades-Tal

Der Oued Dadès entspringt im Hohen Atlas, durchbricht in der spektakulären Dades-Schlucht die Gesteinsbarriere und wendet sich südlich des Bergmassivs in Richtung Westen, wo er schließlich im Oued Draa mündet. In der Vorsahara-Landschaft zwischen Hohem Atlas und Djebel Saghro nährt das silberne, lebensspendende Band des ganzjährig Wasser führenden Flusses eine Kette von Oasen, über die herrische Lehmburgen

(»kasbahs«) und archaische Wehrdörfer (»ksour«) wachen. Die am Dades entlangführende Route wird wegen der architektonischen Zeugnisse auch »Straße der Kasbahs« genannt. Die Lehmbauten boten Schutz vor Feinden und vor allem auch vor Hitze. Viele der Festungen wurden allerdings nicht von den hier lebenden Berbergruppen, sondern von dem autokratischen Berberfürsten El-Glaoui errichtet, der den Süden Marokkos in der ersten Hälfte des 20. Jahrhunderts mit eiserner Hand regierte. Über die Regionalstraße R 704 ist das Dades-Tal für den Verkehr erschlossen. Die Strecke führt mal am Talgrund entlang, dann wieder umfährt sie die Schluchten in größeren Höhenlagen. Die Ausblicke sind vielfältig und haben schroffe Felswände und Gebirgslandschaften ebenso im Repertoire wie grüne Flusstäler und Oasen.

***** Skoura** Als Ausgangs- oder Endpunkt der »Straße der Kasbahs« schmückt sich die Oasenstadt mit gleich mehreren dieser imposanten Lehmburgen. Errichtet wurden sie Ende des 19., Anfang des 20. Jahrhunderts, als der mächtige Berberfürst El-Glaoui das südliche Marokko beherrschte und von diesen Kasbahs aus militärisch kontrollieren ließ. Die große Glaoui-Kasbah in Skoura war Sitz seines Stellvertreters, des khalifa, der Abgaben bei den Bauern und Viehzüchtern des Südens eintrieb. Dem wuchtige Komplex mit seinen nahezu schmucklosen Stampflehmmauern verleihen vier massive Ecktürme seine wehrhafte Wirkung. Auf Zinnen oder andere dekorative Architekturelemente wurde weitgehend verzichtet; nur Blendbögen strukturieren die Mauern. Im Inneren ist noch die Anlage von Wohn- und Lagerräumen zu erkennen. Einige historische Kasbahs wurden zu Hotels umgebaut und empfangen heute die Besucher.

Lehmburgen inmitten von Palmenhainen vor der Kulisse des Atlas – so zeigt sich die Landschaft von Skoura.

***** Kasbah von Amerhidil** Auf der alten 50-Dirham-Note waren sie noch abgebildet, die vielen Türme dieser Kasbah mit ihrem auffälligen geometrischen Ornamentdekor. Die Anlage inmitten der Palmenoase des Berberstädtchens Skoura an den südlichen Ausläufern des Hohen Atlas entstand bereits im 18. Jahrhundert. Gegen Ende des 19. und zu Beginn des 20. Jahrhunderts wurde sie jedoch grundlegend erneuert. Heute bergen Teile des um Innenhöfe herum erbauten Gebäudekomplexes ein Hotel sowie ein Museum. Das Innere der Kasbah, die auch schon als Filmkulisse diente, war noch bis in die 1960er-Jahre bewohnt. Ställe, Speiseraum, Küche und einige Zimmer wurden restauriert und können besichtigt werden.

Wo sich andere Lehmbauten äußerlich ungeschmückt zeigen, wartet die Kasbah von Amerhidil mit allerhand Verzierungen auf. Im Innenhof wachsen grüne Palmen.

Kasbahs – Trutzburgen aus Lehm

Südlich des Hohen Atlas begegnen dem Reisenden verschiedene, aus Stampflehm, manchmal auch aus Bruchstein erbaute Wohnburgen, die häufig als kasbah bezeichnet werden. Dieser Name trifft auf die wenigsten zu, denn er beinhaltet immer auch eine militärische Komponente. Mit einer Kasbah wurden, nicht nur im Süden, Städte oder wichtige Handelswege gesichert und kontrolliert. Bewohnt war sie von dem örtlichen Re-

präsentanten des Herrschers und meist auch mit einer Schutztruppe bestellt. Entlang der »Straße der Kasbahs« stehen mehrere dieser Schutzburgen, fast alle unter dem Berberfürsten El-Glaoui Anfang des 20. Jahrhunderts errichtet. Im Gegensatz zur Kasbah bezeichnet ksar (Plural ksour) eine Berbersiedlung, die mit Lehmmauern befestigt ist. Sie besteht aus mehreren Wohnburgen, den tighermatim (Sing. tighremt). Jeden Tighremt bewohnen mehrere miteinander verwandte Familien. Im Erdgeschoß befinden sich die Ställe für das Vieh, im Geschoß darüber lagern die Vorräte, und ganz oben liegen die Wohnräume. Fast jedes Tighremt ist mit einem zinnengekrönten Wachturm gesichert; der Eingangsbereich weist dekorativen, geometrischen Schmuck aus Lehmziegeln auf. Ein charakteristisches Ksar ist Ksar Aït-Ben-Haddou.

***** Ksar Aït-Ben-Haddou** Das am Fluss Asif Mellah gelegene Lehmdorf zählt zu den schönsten und bekanntesten Ksour Marokkos. In mehreren Filmproduktionen, darunter »Lawrence von Arabien«, »Der Himmel über der Wüste« und »Game of Thrones«, gaben die dekorativen Lehmburgen die exotische Kulisse. Außerdem zählen sie zum Unesco-Weltkulturerbe. Die Siedlung entstand wahrscheinlich bereits im 11. Jahrhundert, als die Berber der Aït-Ben-Haddou die Karawanenwege zwischen Marrakesch und Timbuktu kontrollierten. Heute leben nur noch wenige Menschen in den traditionellen Wohnburgen; die meisten sind ans andere Flussufer in eine modernere Siedlung gezogen. Da Lehmburgen nach jedem Winter Pflege und Erneuerung benötigen, bedeutet der Exodus der Bewohner eine Bedrohung für die Bausubstanz.

***** Ouarzazate** Marokkos Hollywood liegt am Kreuzungspunkt uralter Karawanenstraßen. Das spezielle Licht des Präsahara-Städtchens

Die Kasbah Taourirt in Ouarzazte hat sich prächtig gehalten.

Nur wenige Kilometer vom Ksar Aït-Ben-Haddou entfernt liegt malerisch das Örtchen Tamdaght.

Ouarzazate hat sich in der Filmindustrie einen Namen gemacht.

sowie die landschaftliche Schönheit seiner Umgebung zogen schon früh Filmregisseure und Produzenten an. »Lawrence von Arabien« wurde in den Studios von Ouarzazate ebenso gedreht wie »Die Päpstin« oder eine Episode von »Asterix & Obelix«. Vor allem die malerische Kasbah Taourirt am heutigen Stadtrand und die inzwischen zum UNESCO-Welterbe zählende Kasbah Aït-Ben-Haddou etwa 30 Kilometer westlich locken nicht nur Kinofans. Gegründet wurde Ouarzazate 1928 als französischer Garnisonsstützpunkt; sein Name bedeutet so viel wie »sicherer Hort«. Bis heute ist das auf einem wüstenähnlichen Hochplateau gelegene Städtchen ein wichtiges Scharnier zwischen dem Norden und dem Süden des Landes.

Der Ksar Aït-Ben-Haddou musste schon oft als Kulisse für historische Filme herhalten, wohl nicht zuletzt aufgrund der schönen Kontraste zwischen rötlichen Mauern und grünen Palmen.

Im Souk von Ouarzazate wartet ein Verkäufer auf den nächsten Kunden.

**** Drâa-Tal** Ein Meer von Palmen, bestellte Felder, Oasendörfer und Kasbahs begleiten den Drâa auf seinem Weg durch den ariden Süden. Von der Lehmstadt Zagora brachen früher Karawanen zu 40 Tage dauernden transsaharischen Handelsreisen nach Timbuktu auf. Ganze 52 (Karawanen-)Tage sind es von hier nach Timbuktu, wie ein Schild stolz verkündet. Tatsächlich war Zagora ein wichtiger Handels- und Karawanenort für Waren aus der legendären Stadt. Ursprünglich mündete der Drâa in den Atlantik, heute versickert er hinter M'hamid in der Sahara. In 900 Meter Meereshöhe liegt Agdz am Fuß des 1531 Meter hohen Djebel Kissane. Der lebhafte Marktort markiert den Beginn der Flussoase entlang des Oued Drâa, die bis ins 200 Kilometer entfernte Mhamid reicht. Felder, Palmenhaine sowie Obst- und Olivenbäume säumen den Fluss. Über die Dörfer wachen auch hier wehrhafte Kasbahs.

*** Agdz** In der Sprache der Berber bedeutet Agdz nichts anderes als Rastplatz und als ein solcher fungierte die bescheidene Siedlung auf rund 1000 Meter Höhe im Drâa-Tal. Karawanen auf dem Handelsweg von Timbuktu über Zagora in die Königsstädte des Nordens wählten auf ihrer Route die kleine Oase für eine Pause, bevor es auf den anstrengenden Aufstieg zum ersten Pass im Anti-Atlas, den 1660 Meter hohen Tizi n'Tinifift ging. Die heutigen Karawaniers, die LKW-Fahrer, tun es ihnen nach. Die ruhige Oase ist touristisch kaum von Bedeutung, obwohl ihre Umgebung zu Erkundungen einlädt. In den vom markanten Djebel Kissane beherrschten Oasengärten stehen die Ruinen zweier Berber-Wohnburgen, umgeben vom tiefen Grün der Luzerne- und Hennapflanzungen.

***** Zagora** Umgeben von weitläufigen Dattelpalmen-Gärten und einigen schönen alten Kasbahs, um die mitunter Schäfer ihre Tiere führen, und auf deren Fassaden das Licht der nahen Wüste für beeindruckende Farbspiele sorgt, duckt sich das Oasenstädtchen am Saum des kegelförmigen Djebel Zagora. Gegründet als Garnisonssiedlung und Verwaltungszentrum zur Zeit des französischen Protektorats, entwickelte sich Zagora zu einem wichtigen touristischen Ziel am Rand der Sahara. Reizvoll ist auch eine Wanderung durch ihren Oasengürtel. An der Stelle des heutigen Zagora lag einst eine, schon im Mittelalter durch eine Almoraviden-Festung auf dem Djebel Zagora überwachte, Karawanenstation. Von ihr aus unternahmen im 16. Jahrhundert auch die Saadier ihren Vorstoß ins rund 2000 Kilometer entfernte Timbuktu.

Eingang zur Bibliothek in Tamegroute.

In der Kasbah von Tamegroute spenden provisorische Überdachungen etwas Schatten.

***** Tamegroute** Die Oase südlich von Zagora zählt zu den bedeutendsten Pilgerorten Südmarokkos. Der Geistliche Mohammed Ibn Nasir ließ sich im 17. Jahrhundert hier nieder und gründete eine Zaouia, eine islamische Religionsschule, die unter den Berbern großen Zulauf fand. Die Bruderschaft der Nasiria wurde so einflussreich, dass sie sich auch in militärische Konflikte einmischte und einen Alaouiten-Sultan zu ihren Anhängern zählte. Das Grab des als heilig verehrten Ibn Nasir wird besonders von Menschen mit Geisteskrankheiten aufgesucht, die sich von dessen baraka Heilung versprechen. Ibn Nasirs kostbare Sammlung in der Bibliothek enthält seltene Koranhandschriften. Der heilige Mann, der ursprünglich aus Fès stammte, soll auch das lokale Töpferhandwerk beeinflusst haben. Auf ihn geht angeblich die Herstellung der berühmten, grün lasierten Keramik von Tamegroute zurück.

Am Rande der Sahara und unweit der Sanddünen liegt Zagora. Einst Karawanenstation auf dem Vorstoß nach Timbuktu, wird das Städtchen heute nicht zuletzt wegen der Nähe zur Sahara gerne besucht.

Nicht weit von Agdz entfernt befindet sich die schmucke Kasbah Caïd Ali.

Marokkos Süden

Als »Tor zur Sahara« wird die Region Guelmim-Oued Noun oft bezeichnet. Leben scheint hier nur in den Wüstenstädten zu existieren – und selbst in diesen ist es meist ruhig, und nur bei traditionellen Festen blitzt die bunte Vergangenheit auf. Doch Marokkos Süden ist nicht nur trocken und unwirtlich, an der Küste locken die Touristen-Hochburgen Taghazout und Agadir mit kilometerlangen Stränden und idealen Bedingungen zum Surfen.

Unterwegs in Souss-Massa

Welten liegen zwischen den Hotelpalästen von Agadir und den abgelegenen Oasengärten von Akka, zwischen den Surfern von Taghazout und den Ziegenhirten der Souss-Ebene. Gleich zwei Nationalparks schützen die fragile Natur dieser vielseitigen Region.

**** Taghazout** Von dem ursprünglichen Fischerdorf nördlich von Agadir ist wenig übrig: Taghazout wurde in den 1960er-Jahren von den Hippies und danach von Surfern entdeckt. Der ganze Ort steht im Zeichen der bunten Boards und ihrer meist nicht weniger auffälligen Besitzer. Der Rhythmus der Surfer bestimmt das Leben in den schmalen Gassen der Altstadt mit ihren weiß und blau gekalkten Häusern. Man schläft aus, geht spät zum Frühstück in eines der hippen Cafés, nimmt das Board und paddelt den Wellen entgegen. La Source, Anchor Point und Killer Point heißen die besten Spots, an denen man zuverlässig auf einen Pointbreak oder eine Tube trifft. Danach macht

INFO *

SOUSS-MASSA

Hauptstadt
Agadir
Fläche
53 789 km²
Einwohnerzahl
2 741 000
Bevölkerungsdichte
51 Einwohner/km²

Die kleinen blauen Holzboote in Taghazout werden heute von wenigen Fischern genutzt.

Taghazout hat sich zu einem äußerst beliebten Surfort entwickelt und lebt heute vornehmlich vom Tourismus. Unten: Anchor Point ist einer der beliebtesten Spots mit besten Bedingungen. Rechts: Medina von Agadir.

die Szene bei Essen und Feiern die Nacht zum Tage. Die meisten Einwohner von Taghazout leben inzwischen von den Touristen. Nur noch wenige Männer lassen regelmäßig ihre blauen Holzboote zu Wasser, um fischen zu gehen.

***** Agadir** Goldener Sand über Kilometer: Die Strände von Agadir zählen zu den schönsten Marokkos. Eingerahmt von den Ausläufern des großen Atlasgebirges, säumen sie die Küste in weiten Buchten. Das milde Klima der Region sorgt für angenehme Wassertemperaturen. Hohe Wellen und steter Wind machen vor allem den Surfern Freude. Den Stadtstrand von Agadir säumen Cafés, Restaurants und Hotels; er zieht sich vom Jachthafen bis zum neuen Badedistrikt Cité Founty und dem Königlichen Palais. An den Rändern Agadirs finden sich sowohl weite und zum Meer hin offene Strandabschnitte wie die unbewirtschaftete Plage d'Iggin Idist im Süden als auch kleine, von Felsen gerahmte oder auch von Riffen geschützte Buchten. An der Nordküste ist vor allem der Banana Beach von Aourir bekannt – den Jimi Hendrix aufgrund des Bananenanbaus im Hinterland so taufte.

1 ***** Strand von Agadir** Mit neun Kilometern zählt der Strand von Agadir zu den längsten an Marokkos Atlantikküste. Das Band aus feinem, goldgelben Sand schmiegt sich an die palmenbestandene Meerespromenade des modernen Badeortes. Auf dem fast durchgängig sanft abfallenden Meeresboden laufen die Wellen weit und flach aus, deshalb eignen sich viele Strandabschnitte vor allem für Familien mit Kindern. Im Herbst und Winter kann der Atlantik aber auch toben, was die erfahrenen Surfer auf den Plan ruft. An Freizeitangeboten – von Fußball über Jet-Ski bis zum Parasailing – herrscht kein Mangel, sogar ein Riesenrad dreht sich am Strand. Besonders an den Wochenenden bietet Agadir ein Bild der kulturellen Kontraste. Marokkanische Großfamilien – die Frauen voll bekleidet oder in Ganzkörperburkinis gehüllt – kommen zum Baden und Picknicken, während nebenan Europäerinnen ganz getrost (fast) alle Hüllen fallen lassen.

2 ***** Kasbah** Allah, al-Watan, al-Malik – Gott, Vaterland, König – verkündet eine in Neonfarben leuchtende Inschrift vom Hügel der ehemaligen Kasbah von Agadir. Marokkos Wahlspruch steht dort, wo sich bis zum Erdbeben im

Jahr 1960 Agadir Oufella befand, die historische Kasbah. In 200 Meter Höhe über dem Meer wachte die Festung, deren Mauern heute zum größten Teil noch stehen, über das Mündungsgebiet des Oued Souss. Innerhalb der Kasbah mäanderten Gassen und Gässchen durch eng bebaute Viertel – es gab einen Souk-Bereich, eine Mellah für die jüdischen Mitbewohner, ein Krankenhaus und eine Moschee. Errichtet wurde die Kasbah im 16. Jahrhundert von den Saadiern, denen es gelungen war, die Portugiesen, deren Fort sich etwas unterhalb befindet, von ihrem Hafen und Stützpunkt zu vertreiben. Das Erdbeben hat nichts davon übrig gelassen – der herrliche Blick über die Bucht aber bleibt.

3 ** Jardim de Olhão Bereits im 15. Jahrhundert unterhielten die Portugiesen in der Bucht von Agadir einen Stützpunkt, an dem ihre Schiffe vor der Atlantiküberquerung Frischwasser aufnehmen konnten. Zu Beginn des 16. Jahrhunderts ließ der portugiesische König das Fort Santa Cruz do Cabo de Aguer errichten, das schon vierzig Jahre später von den Saadiern zerstört wurde. Trotz dieses feindseligen Beginns entwickelten sich fruchtbare Handelsbeziehungen zwischen Marokko und Portugal, an die die nach dem Erdbeben angelegte Parkanlage Jardim de Olhão an der Avenue Président Kennedy erinnert. Mehrere im portugiesischen Stil erbaute Häuschen verbergen sich in üppiger Vegetation, durch die ein Bach mäandert.

Eingangsportal der Moschee Hassan II. in Agadir.

Portugiesisches Flair versprüht der Jardim de Olhão.

Ein Museum dokumentiert das Aussehen der Stadt und insbesondere der Kasbah vor dem Erdbeben mit historischen Aufnahmen. Seinen Namen verdankt der Park der portugiesischen Partnerstadt von Agadir, Olhão an der Algarve.

4 ** **Neue Medina** Das Fehlen einer Altstadt mit malerischen Gassen und lebhaften Souks war seit dem Erdbeben Agadirs großes Manko. Souk el-Had, der Einheimischen-Marktort vor den Toren Agadirs, ist völlig unromantisch. Im Jahr 1970 trat der in Rabat geborene, aber in Sizilien lebende Architekt Coco Polizzi an, diesen Mangel zu beheben: Er erwarb Land südlich von Agadir und begann mit den Planungen für eine »Neue Medina« im traditionellen Stil. Erst 1992 wurde der Grundstein gelegt. Bis heute sind nicht alle geplanten Elemente realisiert, auch das Flair einer gewachsenen marokkanischen Altstadt erreicht die moderne Medina nicht, aber sie vermittelt einen guten Eindruck von deren althergebrachter Struktur. So wurden traditionelle Materialien aus der Region für den Bau verwendet, einige Teile der Medina sind auf Sanddünen entstanden. In manchen Häusern darf man die mosaikgeschmückten Innenräume besichtigen, Fenster und Türen umrahmen Holzschnitzereien, und die Läden verkaufen hochwertiges Kunsthandwerk.

UNESCO-Biosphärenreservat Arganeraie

Im Südwesten Marokkos, zwischen dem Atlasgebirge und dem Atlantischen Ozean gelegen, befindet sich das 1998 anerkannte UNESCO-Biosphärenreservat Arganeraie. Es wurde gegründet, um den vom Aussterben bedrohten Arganbaum zu schützen und die nachhaltige Herstellung des wertvollen Arganöls gewährleisten zu können. Im Zuge dessen werden dort Neupflanzungen vorgenommen und Vermarktungsinitiativen

des traditionell hergestellten Öls gefördert. Die Baumart wächst nur noch in dieser Region Marokkos, die unter besonderem Schutz steht. Als Dornengewächs, das in Trockenzeiten sein Laub verliert, ist der Arganbaum perfekt an die hohen Temperaturen und die extreme Trockenheit angepasst. Wenn es genügend regnet, bildet er Blüten und Früchte aus. Daraus wird Arganöl gewonnen, Marokkos »flüssiges Gold«. Es ist reich an ungesättigten Fettsäuren und inzwischen als hochwertiges Speiseöl und als Inhaltsstoff von Kosmetik auch in Europa weit verbreitet. Auch die Ziegen der Region haben es geschafft, sich an die zunehmende Versteppung und den Mangel an Futterpflanzen anzupassen: Sie klettern mittlerweile behende auf die Arganbäume und ernähren sich von deren Blättern und Früchten. Ein pittoreskes Fotomotiv.

Arganbäume

Der Arganbaum wird wegen seinem harten Holz auch Eisenholzbaum genannt. Er kann eine Höhe von bis zu zwölf Metern erreichen, seine Baumkrone einen Umfang von bis zu 70 Metern. Einst waren die Bäume in allen Wäldern des heutigen Mittelmeerraumes und Nordafrikas zu finden. Heute ist ihr Lebensraum jedoch auf die Arganeraie in Südwestmarokko zusammengeschrumpft.

***** Souss-Massa-Nationalpark** Südlich von Agadir befindet sich der Nationalpark Souss-Massa. Der 1991 gegründete Park umfasst neben einigen Steppengebieten die Mündungen des Oued Souss und die des Oued Massa, welche hier in den Atlantik fließen, und deckt so einen Küstenstreifen von etwa 65 Kilometer Länge ab. Er ist einer der letzten grünen Zufluchtsorte, bevor die marokkanische Wüste beginnt. Die Landschaft ist von einem Wechsel feuchterer Regionen mit trockeneren, weniger bewachsenen geprägt. Im Norden des Schutzgebietes wurden in einem großen eingezäunten Gebiete Mhorrgazellen wieder angesiedelt, die bereits als in freier Wildbahn ausgestorben galten. Außerdem wurden auf dem Gebiet 275 verschiedene Vogelarten nachgewiesen, darunter der seltene Waldrapp, aber auch Kormorane und Flamingos sind – je nach Jahreszeit – hier häufig zu Gast.

***** Souss-Tal** Fast zwei Millionen Menschen leben heute in der vom Oued Souss durchflossenen Ebene. Der Großteil von ihnen sind aus den Bergregionen des Hohen Atlas und des Antiatlas zugewanderte Berber. Erste Handelsstationen gründeten in der fruchtbaren Ebene schon im 15. Jahrhundert die Portugiesen. Damals wurde hauptsächlich Zuckerrohr angebaut und nach Europa exportiert. Heute kultiviert man hier in der Ebene, deren Kernzone zwischen Taroudannt und Agadir liegt, hauptsächlich Bananen, Tomaten, Kürbisse und etwas Getreide zum eigenen Bedarf. In den höheren Regionen des trichterförmigen Tals, in dem sich auch Städte wie Inezgane, Aït Melloul und Oulad entwickelten, wachsen Arganbäume. Deren Früchte schmecken nicht nur den Ziegen, sondern liefern das nussige Arganöl. Berberfrauen setzen es schon seit Generationen sowohl kulinarisch als auch kosmetisch ein.

***** Taroudannt** Umgeben von Palmgärten, Bananenkulturen, Oliven- und Orangenhainen liegt die traditionsreiche, von einer rund acht Kilometer langen Lehmmauer gegürtete Berbersiedlung inmitten der fruchtbaren Ebene des Souss. Ihre Geschichte reicht zurück bis um das Jahr 1030. Im 16. Jahrhundert, unter der Regentschaft der Saadier, war Taroudannt sogar für kurze Zeit die Hauptstadt Marokkos. Zwar wählte der Sultan letztlich Marrakesch als Regierungssitz, aber Taroudannt erblühte weiter zu einem wichtigen Handels- und Karawanenzentrum. Bis heute gilt die Stadt aufgrund ihrer prächtigen Architektur, der malerischen Lage zwischen zwei Atlasketten und ihrer lebendigen Souks vielen als »kleine Schwester Marrakeschs«. Wie dort warten historische Kutschen zur Ausfahrt – und bei der Zahl der über das ganze Jahr gefeierten Moussems liegt Taroudannt eindeutig vorn.

Eine vielfältige Landschaft aus Steppe, aber auch Grün, hat der Souss-Massa-Nationalpark zu bieten. Dank der Mündungen des Oued Souss und Oued Massa beherbergt er letzte Grünflächen vor der marokkanischen Wüste.

Die Altstadt von Taroudannt ist fast komplett von einer imposanten Stadtmauer umgeben.

Dorkasgazelle, Souss-Massa-Nationalpark

Dunkelgrün schimmernd zieht der Oued Souss seine Bahn durch das Tal.

***** Antiatlas** Die dritte und südlichste Atlaskette Marokkos wirkt als Teil der Sahara unwirtlicher und karger als der Hohe und Mittlere Atlas. Deutlich sind in den Gesteinen Spuren des vulkanischen Ursprungs zu erkennen; der markante Chapeau de Napoléon unweit von Tafraoute ist eindeutig der Überrest eines Vulkans, dessen Granitkern der Erosion widerstanden hat. Im Antiatlas leben Berber vom Volk der Chleuh als Ackerbauern. Winzige Felder begleiten jedes Tal und jeden Flusslauf und setzen strahlendes Grün gegen das rötliche Gestein. Aus ebendiesen Steinen errichten die Chleuh auch ihre Häuser, die »agadir« genannten Speicherburgen und die festungsartigen Ksour. Hauptort des Antiatlas ist das malerische Tafraoute, dessen Tal sich jedes Frühjahr zur Mandelblüte mit einem roséfarbenen Blütenmeer überzieht und einen wunderbaren Kontrast zur sonst eher kargen Landschaft setzt.

***** Agadir Tasguent** Abweisend thront die mächtige Speicherburg auf einem völlig isolierten, ehemals terrassierten hohen Hügel, gut zehn Kilometer außerhalb von Tiguermine. Ihr genaues Alter ist nicht bekannt; man schätzt sie auf 800 Jahre. Meist entstanden die von mehreren, damals noch (halb-)nomadischen Berbergruppen gemeinsam gebauten und genutzten festungsartigen Lagerstätten über viele Generationen. An den verschachtelten Gän-

Kragentrappen zählen zu den bemerkenswerten Bewohnern des Nationalparks D'Iriqui.

Mähnenspringer, Nationalpark D'Iriqui.

gen und kleinen Höfen des Agadir Tasguent lässt sich dies deutlich nachvollziehen. Es gibt in ihm sogar einen Gebetsraum. Zudem sind noch einige originale Speicherkammertüren vorhanden. In die Kammern ihrer trutzigen, aus Steinen, etwas Lehm sowie Argan- und Mandelholzästen gebauten Agadire brachten die Berber Nahrungsvorräte und anderen wertvollen Besitz zum Schutz vor Plünderungen und Angriffen verfeindeter Nachbarstämme.

**** Tata** Südlich des Anti-Atlas, im steingrauen, kargen Grenzgebiet zum Nachbar Algerien, entfaltet die Oase Tata ein Feuerwerk aus Grüntönen. Gespeist von drei aus dem Anti-Atlas in die Ebene strömenden Flussläufen, gedeihen in den Oasengärten Gerste, Luzerne, Granatäpfel und die berühmten Datteln Bouittob de Tata. Die Dattelsorte wird seit über 500 Jahren in der Palmerie von Tata angebaut und ist inzwischen durch eine kontrollierte Herkunftsbezeichnung geschützt. Tata selbst besitzt ein modernes Ortsbild im traditionellen Stil mit einer hübschen, von schattigen Arkaden gesäumten Einkaufsstraße. Rund um den Hauptort verbergen sich etwa 30 Ksour, befestigte Lehmdörfer. In den meisten Örtchen leben Haratin, die Nachkommen von Sklaven, die noch im 19. Jahrhundert von Handelskarawanen aus Schwarzafrika hier an die Großgrundbesitzer verkauft wurden.

***** D'Iriqui-Nationalpark** Zwischen den Provinzen Zagora und Tata befindet sich der Nationalpark D'Iriqui. Während das Gebiet zur Sahara gehört und eine typische Wüstenlandschaft aufweist, wird es in der Regenzeit zu einem temporären Feuchtgebiet. Nicht nur viele Wasservögel, auch Flamingos, Gänse und Blässhühner überwintern am Iriqui-See. Ebenfalls im Schutzgebiet beheimatet sind Reptilien wie Echsen und Schlangen sowie diverse Säugetiere, darunter Hyänen, Barbary-Schafe und die stark gefährdeten Oryxantilopen und Mendesantilopen. Ursache für ihren gefährdeten Status ist eine nach wie vor übliche Jagdpraxis, bei der aus Flugzeugen heraus auf die Tiere geschossen wird. Der D'Iriqui-Nationalpark soll seinen Teil dazu beitragen, die Population wieder zu stabilisieren.

Kakteen wachsen auf steinigem Boden in der kargen Berglandschaft des Anti-Atlas. Doch nicht das ganze Gebiet ist trocken und vegetationsarm. Mehrere Flussläufe ziehen sich durch die Landschaft und im Frühjahr kann man im Tal von Tafraoute sogar die Mandelblüte bewundern.

Die eindrucksvolle Speicherburg von Tasguent kann man mit etwas Glück besichtigen.

Marabouts – Heilige und heilige Stätten

Inmitten karger Landschaften im Grün von Palmenoasen oder auch im Gewirr städtischer Medinas sind die schlichten Grabstätten frommer Männer zu finden. Obwohl der Islam die Existenz Heiliger nicht anerkennt, ist der Volksglaube an deren Wunderwirken weit verbreitet. Bereits zu Lebzeiten spricht man islamkundigen Weisen eine Kraft zu, mit der sie Menschen von physischen oder psychischen Krankheiten heilen können. Diese baraka strahlt auch die Grabstätte aus, weshalb Pilger an ihr beten, um Linderung der Leiden bitten und persönliche Dinge wie Stoffstreifen hinterlassen.

In der Umgebung von Akka wurden mehrere Felszeichnungen entdeckt. Sie sollen bis zu 5000 Jahre alt sein.

*** Akka** Die Oasengärten um den Hauptort Akka Iguirèn säumen den Oued Akka, der Wasser aus dem Anti-Atlas in die wüstenkarge Landschaft weiter südlich bringt. Die Ruinen religiöser Bauten ein paar Kilometer nach Norden legen die Vermutung nahe, dass Akka zur Hochzeit des Karawanenhandels ein bedeutender Verkehrsknotenpunkt war. Der mächtige, mit geometrischen Ornamenten geschmückte Stumpf eines Minaretts und die Fundamente einer großen Moschee von Agadir Amghar entstanden wahrscheinlich zur Zeit der Almohaden im 12. Jahrhundert. Sogar ein Außerirdischer wurde im Gebiet zwischen Tata und Akka gesichtet: Der Tissint-Meteorit stürzte 2011 als glühender Feuerball in die Wüste.

***** Tafraoute** Von rosenholzfarbenen Felswänden, üppigen Oasengärten und rosa blühenden Mandelhainen eingerahmt, erstreckt sich das architektonisch recht moderne Städtchen auf einem etwa tausend Meter hohen Plateau des Anti-Atlas. Die Bergoase gilt vielen Reisenden als einer der zugleich merkwürdigsten und sehenswertesten Orte Marokkos. Bekannt ist er vor allem für seine eindrucksvolle landschaftliche Umgebung – das Tal der Ammeln mit seinen teils bizarren Granitformationen wie dem »Napoleonshut« schmiegt sich um seine Ränder – und für seinen Mittwochs-Souk. Hier decken sich auch die Berberfrauen ein. Denn es gibt alles, was man im Alltag braucht: vom Tajine-Topf über Gaskocher bis hin zu den traditionellen Berberbabuschen, den »belgha«.

Überragt von bizarren Felsformationen, schmiegen sich die rot-weißen Häuser von Tafraoute in den Fels (links).

Blaue Felsen

Steine hatten es Jean Vérame schön recht früh angetan. Bereits in den 1960er-Jahren bemalte der in Gent geborene Künstler 1000 Strandkiesel am Cap Ferrat in Südfrankreich. Etwa 20 Jahre später, 1984, realisierte er – nach vielen weiteren Land-Art-Werken in Frankreich, im Sinai-Gebirge und in Texas – unweit von Tafraoute seine »rochers bleues«. Tatsächlich griff Vérame für die farbliche Gestaltung der bizarren, rosétonigen Granitblöcke allerdings nicht nur zu einem leuchtenden, an die Gewänder und Turbane der Touareg erinnernden Blau, sondern tauchte seine Pinsel und Rollen auch in rote und violette Farbe. Rund eineinhalb Hektar misst das Areal auf dem Aguard-Oudad, dessen ungewöhnliche Felsformationen auch schon zahlreichen Western-Filmen als Kulisse dienten. Inzwischen hat die Natur die grellen Farben zu zarteren Tönen verblassen lassen.

***** Aït-Mansour-Tal** Eindrucksvoll mäandert diese Gebirgsschlucht südlich von Tafraoute fast zwanzig Kilometer durch die Landschaft des Anti-Atlas. Auf halber Höhe der lachs- und ockerfarbenen Felswände verlaufen noch die alten Eselswege. Kleine Dörfer wie Lyssi, Tamsaout, Agdhim, Flayighir, Aflal oder Gdourt klammern sich mit ihren Häuserkuben wie Wespennester an die Cayon-Flanken. Auf dem Talboden blühen im Frühjahr die Mandelbäume und das ganze Jahr über recken dichte Palmenhaine ihre Wedel himmelwärts. Wasser gibt es in der Oasenschlucht immer – ein ausgeklügeltes System kleiner Kanäle leitet es auch in trockenere Ecken. Eine asphaltierte Straße erschließt den Großteil des Gebiets. Wunderbarer ist es jedoch freilich, das Tal zu durchwandern. Man sollte sich aber genügend Proviant, vor allem Wasser, mitnehmen. Vogelgezwitscher und Froschgequake sind meist die einzigen Geräusche in der Stille der Gorges.

***** Tiznit** Gut vier Kilometer lang ist die Lehmmauer, die den historischen Kern von Tiznit von der Neustadt trennt. Der zinnenbewehrte Wall mit seinen 36 Türmen stammt aus dem Jahr 1882. Sultan Moulay Hassan I. gründete

Die Große Moschee von Tiznit stammt aus dem frühen 20. Jahrhundert.

Streifzug durch Tiznit.

Tiznit damals als Festung gegen die unruhigen Berberstämme des Südens. Heute ist das Städtchen vor allem bekannt für seinen Donnerstags-Souk – und für seine Schmuck-Tradition. In der Kissaria des Bijoutiers setzen erfahrene Handwerker inzwischen auch die Ideen zeitgenössischer Designer in der Kunst der Filigran-Technik um. Das Herz der kleinen Medina von Tiznit bildet der arkadengesäumte Place du Méchouar. Die Große Moschee mit ihrem mit hölzernen Querstangen geschmücktem Minarett wurde Anfang des 20. Jahrhunderts gebaut. Das Viertel um sie herum mit der Blauen Quelle und der Kasbah Akhenaj hat man erst jüngst restauriert.

Palmenhaine, Mandelbäume, Eselswege, ständig wechselnde Landschaftsfarben – wer das Aït Mansour Tal betritt, fühlt sich in eine andere Welt versetzt. Mehrere Oasen, in denen ganze Palmenwälder ihre Wedel in den Himmel strecken, sorgen für ausreichend Schatten und Erfrischung. In dem Tal lässt es sich sowohl wandern als auch mountainbiken. Genug Wasser sollte man auf jeden Fall mitnehmen.

Marokkanischer Schmuck

Schutz, Wertanlage, Ausdruck von Glaube und Reichtum: Marokkos Schmuck dient nicht nur dazu, seine Träger(in) zu zieren. Mehr als tausend Jahre alt ist die Kunst der »bijoutiers« im Land – und entsprechend hoch stehen die Schmuckkünstler bis heute in der gesellschaftlichen Achtung. Egal ob sie »städtischen« oder »ländlichen« Schmuck herstellen. Letzterer wurzelt in berberischen Traditionen. Er basiert auf Materialen wie Silber (als Symbol der Reinheit) und einfachem Gestein (oft mit Emaille-Inkrustationen); seine Formen sind, ähnlich den afrikanischen, streng, aber variantenreich. Die von Berberfrauen getragene silberne »Fibula« – ein umgekehrtes Dreieck – steht für den weiblichen Körper, symbolisiert je nach Größe die Stellung der Frau und dient zudem zum Fixieren des Umschlagtuchs. In den Städten gedieh eine feinere, filigranere Schmucktradition. Gedrehte Gold- und Silberfäden, florale Muster, speziell geschliffene Smaragde, Granate oder die sehr hellen Rubine von Fès wurden und werden hier traditionell nach wohl andalusischem Vorbild verarbeitet. Viele Schmuckstücke, egal ob Armreife, Colliers, Kopfputz oder Ringe wurden ursprünglich nur zu Festtagen angelegt: Hochzeiten, Geburten und bei den Männern der Abschluss einer Wallfahrt waren die wichtigsten Anlässe.

Marabouts und Zaouïas

Kleine, weiß gekalkte, überkuppelte marabouts krönen Bergkuppen und bilden Landmarken in der Wüsteneinöde. Wie die Gräber nennt man auch die Verehrten Marabout. Sie werden aufgesucht und um Heilung gebeten. Manche Marabouts sammeln so viele Anhänger und Schüler um sich, dass eine Art religiöse Schule, eine Zaouia, entsteht, die auch überregionalen oder politischen Einfluss nehmen kann.

Unterwegs in Guelmim-Oued Noun

Strände, die das Herz der Surfer höherschlagen lassen, archaische Speicherburgen in karger Gebirgslandschaft, Wochenmärkte, auf denen Saharanomaden mit Oasenbauern feilschen, Zugvogelparadiese und wüstenhafte Nationalparks prägen das Tor zur Sahara.

***** Südliche Atlantikküste** Nicht zuletzt wegen der umstrittenen politischen Ansprüche Marokkos auf das Gebiet der ehemaligen spanischen Kolonie Westsahara präsentiert sich die Küstenlinie südlich des Anti-Atlas als ein noch unentdecktes Kleinod. Das Gebiet zwischen Tan-Tan und Dakhla hat Marokko 1975 im Rahmen des Grünen Marschs besetzt; die in der Westsahara lebenden Sahraoui führten lange einen verzweifelten Kampf gegen die marokkanischen Ansprüche, der heute weitestgehend abgeflaut und in Vergessenheit geraten ist. Außer dem Ausbau einiger Fischereihäfen hat sich in der dünn besiedelten und strukturschwachen Region nur wenig getan. Umso beliebter ist sie bei Individualisten, die den herben Charme dieser von Sanddünen, Lagunen und bizarren Felsskulpturen gesäumten Küste schätzen. Viele Wellenreiter sind darunter – Orte wie Dakhla zählen zu den besten Surfspots der Welt. Im Winter bildet sich aufgrund des kalten Kanarenstroms oft Nebel, Temperaturen rund um den Gefrierpunkt sind keine Seltenheit. Im Sommer wird es im Landesinneren bis zu 55 Grad warm, an der Küste ist es deutlich kühler. Hier steigen die Temperaturen selten über 25 Grad. Bei guter Sicht kann man von Tarfaya übrigens die Silhouetten der Kanarischen Inseln erblicken.

**** Mirleft** Vom unbedeutenden Fischerdorf hat sich Mirleft, das zwischen den Ausläufern des Anti-Atlas und dem Atlantik liegt, seit den 1970er-Jahren zu einem beliebten Surf- und Badeort für Individualisten entwickelt. Die aus dem Gebirge in Richtung Meer fließenden Bäche und Flüsschen schaffen eine reizvoll gegliederte Küstenlandschaft mit Felsnasen, Klippen und Buchten. Bewohnt ist das Dorf vorrangig

INFO *

GUELMIM-OUED NOUN

Hauptstadt
Guelmim

Fläche
46 108 km²

Einwohnerzahl
437 000

Bevölkerungsdichte
9,5 Einwohner/km²

Links und unten: Die Atlantikküste Maorkkos ist wild und stürmisch – genau richtig für Surfer.

von Berbern, die ihre Heimat im Atlasgebirge verlassen haben, um an der Küste Arbeit zu finden. Das unfruchtbare Umland ermöglicht kaum mehr als den Anbau für den Eigenbedarf, auch Ziegen- und Schafhaltung nur wenig Gewinn. So bleiben Tourismus und in geringem Umfang der Fischfang die Haupteinnahmequellen. In jüngster Zeit profitiert Mirleft von seinen Arganienbäumen, deren Früchte zur Herstellung kosmetischer Produkte begehrt sind.

***** Sidi Ifni** Die Hafenstadt wurde erst 1934 als spanischer Militärstützpunkt gegründet und stand bis 1969 unter spanischer Oberhoheit. Das moderne Ortsbild überrascht durch die zahlreichen Art-déco-Bauten, die die Spanier hinterlassen haben. Vor allem entlang der Rue Sidi Mohammed reihen sich fantastische, aber nicht immer gut unterhaltene Häuser im Kolonialstil. Sidi Ifni ist eine weitere Hochburg der Surfgemeinde in Marokko. Berühmt ist seine »plage rouge«, der Rote Strand von Lagzira, wo die Kräfte der Erosion die Sandsteinklippen zu Felsenbögen geformt und so ebenso bizarre wie dekorative Gebilde geschaffen haben. Dass die Erosion auch weiterhin ihr Werk verrichtet, erwies sich 2016, als einer der beiden großen Bögen einstürzte. Während die Marokkaner in Sidi Ifni gerne den Sommer verbringen, kommen die Surfer im Herbst und Winter.

**** Amtoudi** So unscheinbar sich das Berberdorf an die Südwestflanke des Anti-Atlas schmiegt, so ungewöhnlich ist seine Architektur. Es ist eines der wenigen marokkanischen Berberdörfer mit einer Speicherburg: Diese agadir genannten Bauten stehen in schwer zugänglicher Lage hoch über dem eigentlichen Dorf und dienen als Lager für Getreide, getrocknete Früchte, wertvollen Familienbesitz und Urkunden. Im Falle eines Angriffs retteten sich Menschen und Vieh in ihren Agadir, wo sie dank der Vorräte und des in Zisternen gespeicherten Wassers länger ausharren konnten. Zwei solche Speicherburgen wachen über Amtoudi: Die größere, Agadir Id Aïssa, soll bis zu 800 Jahre alt sein und zählt zum seltenen Typus eines Hof-Agadir, in dem auch Gemeindeversammlungen stattfanden. Der kleinere und jüngere Agadir Agellouy erhebt sich wie eine Ritterburg über das Tal.

Der markante Felsbogen am Strand von Sidi Ifni und der zugehörige Küstenabschnitt bilden ein perfektes Fotomotiv. Felsklippen wechseln sich ab mit unberührten Sandstränden, Touristen begegnet man kaum.

Unterwegs mit Eseln oberhalb von Amtoudi.

Die Moschee von Mirleft liegt mehr oder weniger direkt am Strand.

Gänzlich unscheinbar liegt das Berberdorf Amtoudi an den Hängen des Antiatlas.

**** Guelmim** Die Geschichte als bedeutendes Karawanen- und Handelszentrum ist Guelmim heute nicht mehr anzusehen; vielmehr wirkt das Tor zur Westsahara wie eine der zahlreichen, beliebigen Wüstensiedlungen, in denen nur zu Marktzeiten Leben einkehrt. Auch die berühmten Blauen Männer, die nach Vorbild der Tuareg in indigofarbene Gewänder gekleideten Wüstennomaden mit ihren das Gesicht verhüllenden Turbanen, zeigen sich heute meist nur noch aus Folkloregründen. Dass die Frauen abends an den Lagefeuern die berüchtigt-laszive Gedra tanzen bis sie ohnmächtig zusammenbrechen, gehört wahrscheinlich ebenfalls ins Reich der Legenden. Für dies alles war Guelmim bekannt! Aber nach wie vor locken sowohl der berühmte Samstagsmarkt wie auch der überregionale Kamelmarkt im Juli Nomaden aus den Weiten der Sahara in die Oase. Dann umgibt Guelmim wieder der archaische Zauber der Wüste.

*** Tan-Tan** Ein Kreisverkehr im Nirgendwo, eine zerzauste Palme und zwei sich gegenüberstehende, weiße Beton-Dromedare bilden das Empfangskomitee von Tan-Tan. Ähnlich unspektakulär wie das Entrée ist das gesamte Wüstenstädtchen, dessen moderne Wohn- und Geschäftshäuser sich auf einer Länge von knapp zwei Kilometern beidseits der Hauptstraße Avenue Mohammed V. aneinanderreihen. So jung wie die aus einem spanischen Militärstützpunkt entstandene Stadt ist auch ihr Marabout. Der als heilig verehrte Mohammed Laghdaf Ma el-Ainin kämpfte gegen die Besetzung Marokkos durch Spanien und Frankreich und verstarb schließlich 1960. Seine Grabstätte westlich des Ortes ist alljährlich im September Schauplatz eines großen Moussem. Zu dem Heiligenfest reisen Saharanomaden von weit her an, um sich in spektakulären Kamelrennen zu messen. Die UNESCO nahm das Fest in ihre Liste des Immateriellen Kulturerbes auf.

*** El Ouatia** Früher war der Fischerort unter dem Namen Tan-Tan-Plage ein Hippie- und Surferparadies. Heute haben sich die beiden Hauptwirtschaftszweige die Küstenlinie aufgeteilt: Im Norden liegt das Ortszentrum mit Strand, Restaurants und Pensionen, im Süden der Hafen- und Werftbereich. Mehrere verarbeitende Betriebe konservieren und verpacken den gefangenen Fisch, zumeist Sardinen. Am kleinen Hafen – der Überseehafen ist durch

Mauern abgeschirmt – liegen bunte Boote am Kai, während die Männer ihre Netze flicken. Nördlich von Oualidia formt die Mündung des Oued Drâa in den Atlantik eine Traumlandschaft aus unterschiedlich farbigen Dünen. Hier wurde 1999 die »Venus von Tan-Tan« entdeckt, ein wie eine Götzenstatue geformter Stein, dessen Alter auf bis zu 500 000 Jahre geschätzt wird. Umstritten ist allerdings, ob er seine Gestalt der menschlichen Bearbeitung oder der Erosion verdankt.

Bilder oben: Guelmim ist als Tor zur Westsahara bekannt und war einst ein wichtiges Karawanen- und Handelszentrum. Heute ist es in der Wüstensiedlung und in der umliegenden Gegend ruhig geworden.

In dem relativ modernen Städtchen Tan-Tan konzentriert sich das Leben auf die Hauptstraße.

Die Magie des thé à la menthe

Er duftet nach frischer Minze, schmeckt verführerisch süß und erfrischt: thé à la menthe ist in Marokko allgegenwärtig. Bei einem privaten oder geschäftlichen Besuch, beim Einkauf im Souk, bei der Pause im Café ist Pfefferminztee unverzichtbar. Seine Zubereitung folgt einem strengen Zeremoniell, bei dem das umständliche Ausspülen der Kanne mit kochendem Wasser und die Zugabe einer Handvoll grünen Tees nur das Vorspiel

bilden. Ist der Tee gezogen, fügt der Zeremonienmeister frische Minze und ein Stück von einem Zuckerhut hinzu. Dann gießt er die dampfende Flüssigkeit in einem hohen Strahl in winzige Gläser, kippt den Tee zurück, gießt noch einmal und wiederholt es ein drittes Mal. Nun haben sich Tee, Minze und Zucker zu einem magischen Getränk verbunden, das der Gast schlürfend genießt. Varianten gibt es viele – manche Gastgeber verfeinern den Tee mit Pinienkernen, andere verwenden Honig zum Süßen – das Prinzip aber bleibt gleich. Der Ursprung dieses heute allgegenwärtigen Brauchs liegt im 19. Jahrhundert und im Verbot des Sklavenhandels. Ihrer wichtigsten Handelsware beraubt, fluteten die Engländer Marokkos Märkte mit grünem Tee aus China und legten damit den Grundstein für Marokkos Durst nach thé à la menthe.

Unterwegs in Laâyoune-Sakia El Hamra

Wüste, Lagunen und vom Sand bedrängte Hafenstädte zeichnen die ehemalige spanische Westsahara aus. Fisch und Bodenschätze bilden den Reichtum dieser harschen Küste, in deren Khenifiss-Nationalpark bis zu 20 000 Zugvögel überwintern.

***** Nationalpark Golf von Khenifiss** Der Nationalpark Golf von Khenifiss liegt im äußersten Südwesten von Marokko zwischen Atlantik und Westsahara. Nicht nur Wüstengebiete mit Salzpfannen und Dünen prägen das Areal, sondern auch das größte marokkanische Feuchtgebiet innerhalb einer Wüstenregion – die namensgebende Lagune Khenifiss, eine bedeutende Vogelheimat in Marokko. Heimisch sind hier beispielsweise die Korallenmöwe oder die Rostgans. Zu den standorttreuen Arten gesellen sich im Winter etwa 20 000 weitere Vögel, die an der Lagune überwintern. Daneben finden sich im Nationalpark auch viele Säugetiere, unter anderem diverse Gazellenarten, Schakale, Ginsterkatzen und Karakale (Wüstenluchse). Durch den Park führt die National Route 1 (N1), die Dakhla und Tangier verbindet.

***** Tarfaya** Wohl kaum jemand würde angesichts der weitgehend gesichtslosen Kleinstadt am Atlantik an den »Kleinen Prinzen« denken. Tarfaya, das bis 1958 unter spanischer Besatzung Villa Bens hieß, hat seine frühere Bedeutung zugunsten von Tan-Tan weitgehend eingebüßt. Nur seine grandiose Dünenlandschaft ist gleich geblieben. Sie soll Antoine de Saint-Exupéry (1900-1944) zu seiner Erzäh-

INFO *

LAÂYOUNE-SAKIA EL HAMRA

Hauptstadt
Laâyoune
Fläche
140 018 km²
Einwohnerzahl
378 000
Bevölkerungsdichte
2,7 Einwohner/km²

Ehemalige Kaserne der spanischen Legion in Laâyoune.

lung »Le Petit Prince« inspiriert haben. Der passionierte Pilot führte ab 1927 eineinhalb Jahre im damaligen Cabo Juby den Flugplatz, an dem die Postflugzeuge auf dem Weg von Marseille über Rabat nach Dakar zwischenlandeten, um zu tanken. Im Ort erinnern ein kleines Museum und ein Fliegerdenkmal an den Schriftsteller. Die Wüste als Begegnungsort des Erzählers und des kleinen Prinzen lässt sich in den Dünen Tarfayas mühelos wiederfinden.

*** Laâyoune** Ein bis zwei Mal täglich besteht von den Kanarischen Inseln eine Flugverbindung nach El Aaiún, wie die einstige Hauptstadt der Westsahara auf Spanisch heißt. Nur 45 Minuten dauert die Reise zu dem mitunter wasserreichen Ziel inmitten der vegetationsarmen Wüstenlandschaft. Laâyoune liegt 20 Kilometer von der Küste entfernt, am südlichen Saum des Sakia el-Hamra, einem schon Reisenden um das Jahr 1350 bekannten Trockenfluss, der sich zur Regenzeit zum See aufstaut. Das mag auch die Kolonialherren einst bewogen haben, El Aaiún (wörtlich: die Quelle) zur Verwaltungs- und Garnisonsstadt auszubauen. Inzwischen sorgte der Handelshafen mit seinen Industrieanlagen, die größtenteils der Verarbeitung der bei Boukra gefundenen Phosphatrohstoffe dienen, für ein gigantisches Bau- und Bevölkerungswachstum in Laâyoune.

***** Smara** Der kleine Ort inmitten der Stein- und Sandwüste hat eine unruhige Vergangenheit hinter sich. Im Auftrag des muslimischen Gelehrten Ma al-Ainin wurde hier Ende des 19. Jahrhunderts eine erste Grenzbefestigung errichtet. Zum ersten Mal in der Geschichte Marokkos wurde eine Stadtgründung nicht von Kolonialmächten veranlasst. So entstanden erste Gebäude, unter anderem die Kasbah und eine Moschee. Nach der militärischen Niederlage und dem Tod Ma al-Ainins wurde das bereits verlassene Smara um 1913 von französischen Truppen schwer zerstört, nach der Aufteilung der Westsahara arteten die Konflikte zwischen dem Nomadenvolk der Sahrauis und Marokko immer wieder aus und sind bis heute nicht ganz beigelegt. Noch heute ähnelt Smara einer Garnisonsstadt, obwohl man um die Attraktivität des Ortes bemüht ist.

Die Khenifiss-Lagune im Süden der Westsahara ist ein bekannter Rastplatz vieler Zugvögel auf ihrem Weg von und nach Europa, das Feuchtgebiet die letzte Etappe an Marokkos Atlantikküste. Dahinter folgt dann quasi nur noch eins: Sand, Sand und nochmals Sand.

Riesige Salzkristalle türmen sich im Nationalpark Khenifiss.

Rund um Smara lebt das Nomadenvolk der Sahrauis in Zelten.

Alte Kasernen in der Westsahara – Spuren vergangener Aufstände.

Unterwegs in Dakhla-Oued Ed-Dahab

Goldgelbe Saharadünen und eiskalte Atlantikwellen – die von Marokko beanspruchte Westsahara ist eine menschenleere Landschaft, in der sich Momente erhabener Schönheit mit Eindrücken von erschütternder Kargheit abwechseln. Der Mensch ist hier nur Gast.

***** Westsahara** Gut 260 000 Quadratkilometer umfasst das weitgehend von Marokko kontrollierte Gebiet der Westsahara und seit Jahrzehnten schwelt der Konflikt um seinen politischen Status. Auf der Kongo-Konferenz 1884/85 in Berlin wurde es Spanien zugesprochen. Ab 1887 dann organisierten der Scheich Ma el-Aninin und sein Sohn mit Unterstützung des marokkanischen Sultans Hassan I. den Widerstand der Saranis gegen die Kolonialmächte – inklusive des Baus einer eigenen neuen Stadt. 1913 wurde Semara durch die Franzosen jedoch größtenteils zerstört, ab 1934 dauerhaft durch die Spanier besetzt. 1973 gründete sich die sahrauische Befreiungsfront Frente Polisario, die den bewaffneten Kampf gegen die spanische Kolonialmacht aufnahm. Nach dem Rückzug der Spanier 1975 machte Marokko seine Ansprüche auf die Westsahara mit dem »Grünen Marsch« geltend. Wenig später stimmte eine Versammlung sahrauischer Stammesfürsten der Aufteilung der Westsahara zwischen Marokko und Mauretanien zu. Daraufhin rief die Polisario die Demokratische Arabische Republik Sahara aus. Marokko erkennt diesen Staat nicht an, bot der – von Algerien unterstützten – Polisario jedoch nach dem Waffenstillstand einen autonomieähnlichen Sonderstatus an. Ein Referendum steht allerdings nach wie vor aus. Noch heute leben viele sahaurische Nomaden in Camps.

INFO *

DAKHLA-OUED ED-DAHAB
Hauptstadt
Dakhla
Fläche
130 898 km²
Einwohnerzahl
153 000
Bevölkerungsdichte
1,2 Einwohner/km²

***** Ad-Dakhla** Der Hauptort der von Marokko beanspruchten Westsahara, über deren politischen Verbleib seit Jahrzehnten gestritten wird, hätte dank seiner einzigartigen landschaftlichen Lage eine große touristische Karriere einschlagen können. Doch wegen der politischen Unwägbarkeiten blieb diese Entwicklung der Siedlung auf ihrer 38 Kilometer langen Landzunge an der Bucht Rio de Oro noch weitgehend erspart. Behutsame Veränderungen gab es trotzdem: Einige Individualhotels, viele aus dem Luxussegment, säumen die goldbraunen Sandstrände; Kitesurfer lassen sich von ihren Drachen über das ruhige Lagunenwasser ziehen, auch Windsurfen wird hier praktiziert. Andere Urlauber lassen einfach den Blick über unendliche Weiten schweifen. Die Landzunge spielte übrigens eine wichtige Rolle bei den portugiesischen Entdeckungsreisen: 1436 landete hier der Seefahrer Gil Eanes und tat damit einen weiteren wichtigen Schritt bei der Entdeckung des Seewegs nach Indien.

Wie ein riesiger Wal aus Sand mündet eine Zunge der Sahara in die Fluten des Atlantischen Ozeans. Die Region ist bei Wellenreitern und Surfern aufgrund der guten Windverhältnisse besonders beliebt.

Einsam schiebt der alte Turm an der Steilküste Wache, erfreuen kann er sich einzig an der fantastischen Aussicht.

Karawanen

Salz, Gold, Kautschuk und feines Leder, Muscheln, Säbel, Teppiche und Stoffe – es war stets eine Fülle von Waren, die über die Karawanenrouten Nordafrikas ihren Weg fanden zwischen den Wüstenregionen des tiefen Südens, den Städten des mittleren Atlas und den Häfen der westlichen Atlantikküste wie Mogador (Essaouira) oder Santa Cruz do Cabo (Agadir). Aber eine Karawane war stets auch mehr als ein schlichtes Transportmit-

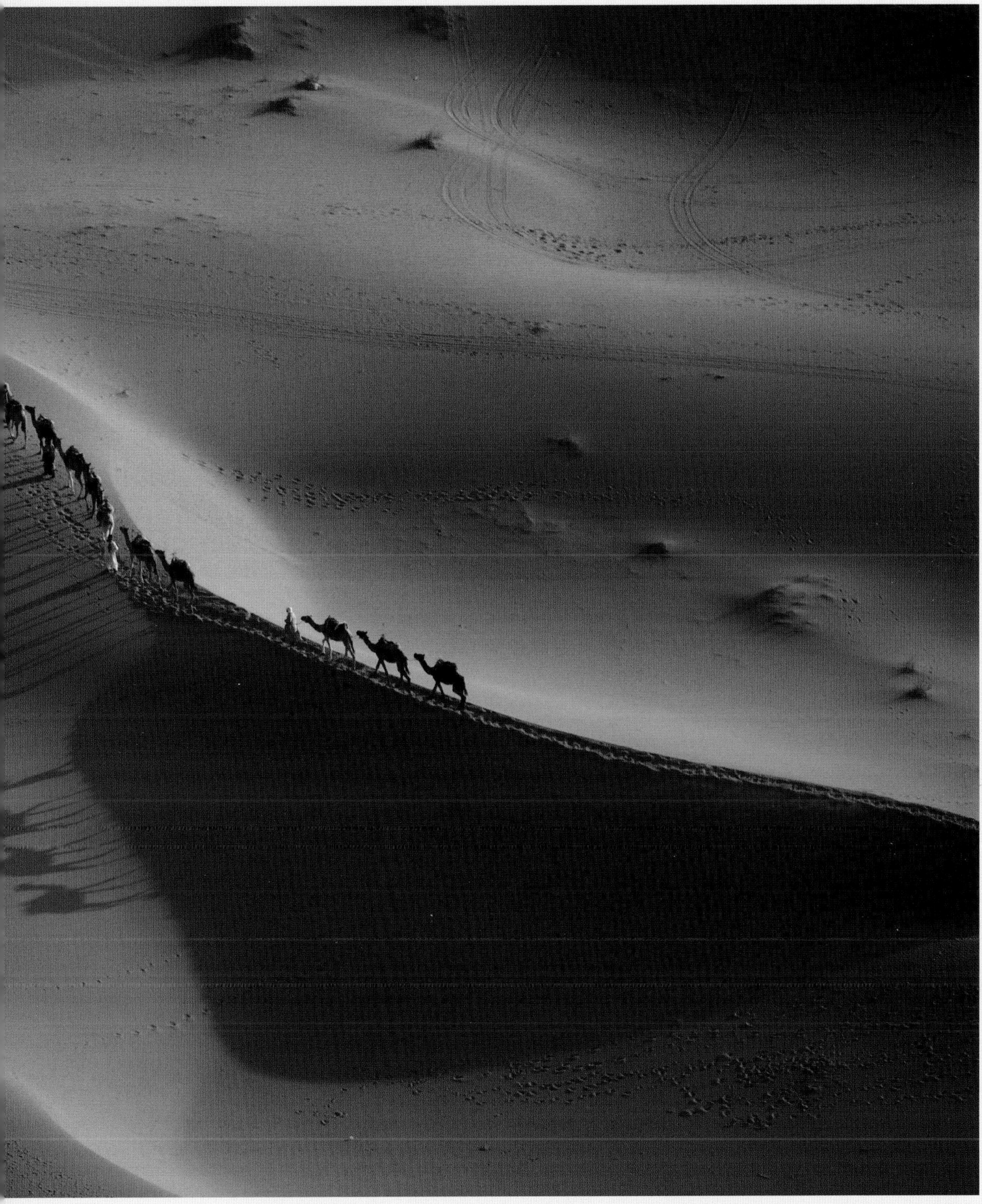

tel. Quasi als wandelnder Markt änderte sich ihr Warenangebot unterwegs immer wieder. An den Raststationen für Tier und Mensch in den Oasen wurde ver- und gekauft oder getauscht. Erste Salzkarawanen durchzogen schon im 8. Jahrhundert den afrikanischen Kontinent. Mit bis zu 1500 Kamelen starteten sie in Meknès, Fès oder Marrakesch und gelangten auf verschiedenen Routen meist bis nach Timbuktu. Trotz aufkommender Konkurrenz durch den Schiffstransport und Gold aus Amerika verzeichnete dieses historische Zentrum des Transsahara-Handels – von dem ein kanalisierter Nebenarm des Niger auf sudanesisches Gebiet führte – noch Ende des 19. Jahrhunderts bis zu 400 Karawanen jährlich. Erst mit dem Einsatz von Lkws verschwanden die Karawanen immer mehr aus dem Alltag Afrikas.

Die schönsten Reiserouten

Marokko bietet vielfältige Möglichkeiten, das Land zu erkunden. Zur besseren Übersicht haben wir vier der schönsten Reiserouten zusammengestellt. Die Touren führen durch die berühmtesten Natur- und Kulturlandschaften Marokkos, zu den faszinierendsten Reisezielen, zu einzigartigen Kulturdenkmälern, in prächtige Königsstädte, durch weite Täler, tiefe Schluchten, bis in die Dünenlandschaft der Wüste. Eine Übersichtskarte zeigt den Verlauf aller Touren auf einen Blick, detaillierte Routenkarten informieren über den jeweiligen Routenverlauf, bedeutende Sehenswürdigkeiten und wichtige Orte werden durch Bilder und Kurztexte hervorgehoben. Zur besseren Planung geben Routensteckbriefe Auskunft über die einzelnen Etappenlängen sowie einen ersten Anhaltspunkt, wie viel Zeit man für die jeweiligen Routen einplanen sollte. Und dann kann die Reise auch schon losgehen. Im Bild: Lehmburg im Dades-Tal.

ATLANTISCHER OZEAN
PORTUGAL
SPANIEN
MAROKKO
ALGERIEN
WESTSAHARA
0
100 km
Baia de Setúbal
Sierra Morena
Linares
CÓRDOBA
JAÉN
Lorca
Algarve
Faro
HUELVA
SEVILLA
D. Hermanas
Utrera
GRANADA
ALMERÍA
Roquetas d.M.
Golfo de Cádiz
Costa de la Luz
JEREZ D.L.FR.
CÁDIZ
San Fernando
Sna. d. Ronda
MÁLAGA
Motril
Fuengirola
MARBELLA
Estepona
Costa del Sol
Costa de Almería
ALGECIRAS
Str. von Gibraltar
Ceuta (Sebta)
TANJA (TANGER)
TITWÂN (TETOUAN)
1
2
3
4
Al-Hoceima
Melilla
Beni Saf
NADOR
Ghazaouet
Berkane
EL-ARAÏCH (LARACHE)
KSAR-EL-KEBIR
Ar-Rif
Ouezzane
Maghnia
TLEMCEN
UJDA (OUJDA)
Taourirt
AL-Q'NITRA (KÉNITRA)
Sidi-Kacem
Sidi-Slimane
(FÈS) FAS
TAZA
Guercif
AR-RIBĀT (RABAT)
SLĀ (SALÉ)
Tiflet
AL-MUHAMMADIYAH (MOHAMMEDIA)
Skhirat
KHEMISSET
MIKNĀS (MEKNÈS)
Sefrou
AD-DĀR-AL-BAYDA (CASABLANCA)
Azrou
El-JADIDA
BERRECHID
Chaouia
Zaër-Zaïa
SETTAT
Khénifra
KHOURIBGA
Oued-Zem
Dukkâlah
Fkih-Ben-Salah
Mittlerer Atlas
Plaine de Tamlelt
AŞFI (SAFI)
Youssoufia
Ben-Guerir
Souk-Sept-des-Oulad-Nemâa
BENI-MELLAL
El-Kelaâ-es-Sraghna
Er-Rachidia
As-Sawīrah (Essaouira)
MARRĀKUSH (MARRAKECH)
BÉCHAR
Hoher Atlas
Tafilalt
Hamada du Guir
Ouarzazate
AGĀDĪR
Taroudannt
Oulad-Teïma
al-Qalya'ah
As-Sūs
Anti-Atlas
Jbel Bani
Tiznit
Hamada de la Daoura
Erg er Raoui
Erg el Atchane
GUELMIM
Hamada du Drâa
Jbel Ouarkziz
Hamada Tounassine
Hamada de Tindouf
Hamada ed Douakel
Adrar

Routenübersicht

Route 1: Zwischen Atlantik, Rif und Mittelmeer
Route 2: Königliches Marokko
Route 3: Am Atlantik von Rabat bis Agadir
Route 4: Vom Hohen Atlas in die Wüste

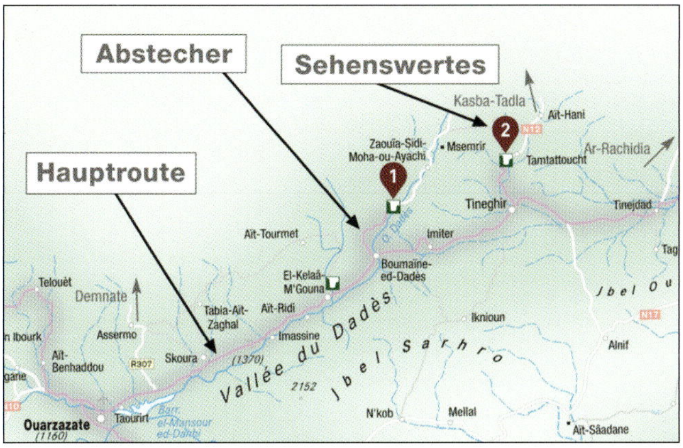

Volubilis – eine der bedeutendsten archäologischen Stätten Marokkos.

Legende

- Gebirgslandschaft
- Felslandschaft
- Schlucht/Canyon
- Vulkan erloschen
- Höhle
- Gletscher
- Flusslandschaft
- Wasserfall/Stromschnelle
- Seenlandschaft
- Naturpark
- Nationalpark (Landschaft)
- Nationalpark (Flora)
- Nationalpark (Fauna)
- Biosphärenreservat
- Wildreservat
- Zoo/Safaripark
- Küstenlandschaft
- Strand
- Insel

- Vor- und Frühgeschichte
- Prähistorische Felsbilder
- Griechische Antike
- Römische Antike
- Christliche Kulturstätte
- Kulturlandschaft
- Historisches Stadtbild
- Burg/Festung/Wehranlage
- Burgruine
- Palast/Schloss
- Technisches/industr. Monument
- Staumauer
- Sehenswerter Leuchtturm
- Herausragende Brücke
- Grabmal
- Kriegsschauplatz/Schlachtfelder
- Denkmal
- Mahnmal
- Spiegel- und Radioteleskop
- Weinanbaugebiet
- Markt/Basar
- Feste und Festivals
- Museum
- Theater
- Weltausstellung
- Olympische Spiele

- Skigebiet
- Segeln
- Tauchen
- Windsurfen
- Kanu/Rafting
- Seehafen
- Badeort
- Mineralbad/Therme
- Freizeitpark
- Spielkasino

Zwischen Martil und Oued Laou erstreckt sich in einer Bucht, umrahmt von hügeligen Landschaften, der Strand von Amsa.

Route 1: Zwischen Atlantik, Rif und Mittelmeer

Das Rif beherrscht mit seinen steil von der Küste emporwachsenden und schwer zugänglichen Bergen das nördliche Marokko. Liebliche Mittelmeerküste und die weiten Strände des Atlantik rahmen diese ungebändigte Landschaft ein, deren Bewohner vom Volk der Berber bis heute als besonders stolz und freiheitsliebend gelten.

In einem großen Bogen umrundet diese Route das Kernland des Rif-Gebirges, dessen Straßen als unsicher gelten. Durch das landwirtschaftlich geprägte Bergland der Jbala-Berber wendet sie sich nach Tétouan mit seiner malerischen Altstadt und folgt von dort der Mittelmeerküste nach Südosten. Badeorte und einsame Strände wechseln sich ab, die steilen Hänge des Rif-Gebirges bleiben als schroffe Wand stets im Rücken. Nur an wenigen Stellen wie bei Oued Laou lassen sie Raum für Siedlungen. Auf dem Markt verkaufen Händlerinnen der Rif-Kabylen mit ihren charakteristischen Strohhüten Obst, Gemüse und Kleinvieh. Weiter der Küste folgend bildet das spanisch geprägte Al Hoceïma mit seiner weißen Altstadt und romantischen Strandbuchten den östlichen Endpunkt. Nun geht's am Südrand des Rif-Gebirges westwärts nach Chefchaouen. Die Rif-Berber führen seit Jahrhunderten ein halbnomadisches Leben als Viehzüchter und Bauern und haben sich stets jeder staatlichen Autorität widersetzt. Von den Römern bis zum jetzigen König haben alle Herrscher die Widerspenstigkeit der auch Kabylen genannten Bewohner zu spüren bekommen. Die Staatsmacht konnte durchgreifen, doch gelten Fahrten in die Gebirgswildnis für Ortsfremde als zu gefährlich. Chefchaouen und seine verwinkelte Medina lassen sich ohne Bedenken erkunden. Niedrige, weiß gekalkte Häuser und Torbögen wecken Erinnerungen an andalusische Bautraditionen. Die mächtige Kasbah aus Stampflehm diente als Symbol der Sultansmacht über den Ort und das Gebirge. Kurvenreich geht es nun südwestwärts weiter über Ksar el-Kebir in Richtung Küste. Kurz darauf ist der Hafen Larache an der Mündung des Oued Loukos in den Atlantik erreicht. Literarische Pilger besuchen hier das Grab des französischen Schriftstellers Jean Genet (1910-1986), archäologisch Interessierte entdecken in der benachbarten Ruinenstätte Lixus, die von etwa 1100 v. Chr. bis zum 4. Jahrhundert n. Chr. besiedelt war, Spuren der phönizischen, punischen und schließlich römischen Bewohner. Vor allem die Fußbodenmosaike wie jenes des Neptun in den Thermen sind bemerkenswert. Auch Asilah, letzte Station auf dem Weg nach Tanger, hat phönizische Wurzeln. Heute begrüßt es als freundlicher Marktort mit hübschen Stränden seine Besucher. Über die Herkulesgrotte unweit des Kap Spartel kehrt man nach Tanger zurück.

Routensteckbrief

Routenlänge: ca. 745 km | **Zeitbedarf:** ca. 2-4 Wochen

Tanger → 63 km **Tétouan** → 233 km **Al Hoceïma** → 223 km **Chefchaouen** → 106 km **Ksar el-Kebir** → 32 km **Larache** → 88 km **Tanger**

1 Tanger Pittoresk zeigt sich die alte Medina von Tanger vor der Kulisse eines herrlich tiefblauen Meeres. Bei guter Sicht reicht der Blick über die Meerenge von Gibraltar bis zur spanischen Küste.

2 Tétouan Dicht an dicht kleben die kleinen Häuser Tétouans am Hang. Der weißen Farbe verdankt die Stadt auch ihren zweiten Namen: »Weiße Taube«.

3 Chefchaouen Die Farben Kobalt und Azur tauchen die Wände und Eingangstüren der Häuser im Gassengewirr von Chefchaouen in ein wunderbares Licht.

Von Marrakesch eröffnet sich ein eindrucksvoller Blick auf die verschneiten Berggipfel des Atlas-Gebirges.

Route 2: Königliches Marokko

Die Route zu den vier Königsstädten verbindet nicht nur kulturelle und architektonische Höhepunkte, sondern erschließt auch die reizvollen Landschaften des Mittleren Atlas, der fruchtbaren Souss-Ebene und der Atlantikküste. Zugleich führt sie vom mediterran geprägten Marokko an den Rand des Hohen Atlas und damit der Sahara.

Rabat, das erste »Königsziel« der Route liegt im Norden Casablancas an der Atlantikküste und zählt erst seit 1918 als eine der vier »villes impériales«. Das Mausoleum der Alaouiten-Herrscher und der Palast Dar el-Makhzen sind prunkvolle Symbole der Bedeutung Rabats für die regierende Dynastie. Nun geht es landeinwärts und auf den Mittleren Atlas zu in die Königsstadt, die den Machtanspruch ihres Gründers am deutlichsten manifestiert: Sultan Moulay Ismaïl bewunderte Ludwig XIV. und versuchte es ihm gleichzutun: Meknès ist Ausdruck dieses Hangs zur Monumentalität; das im 18. Jahrhundert erbaute Mausoleum des Sultans ein Feuerwerk marokkanischer Handwerkskunst. Ein Stück nach Norden, an den Ausläufern des mit Zedern und Steineichen bestandenen Mittleren Atlas, versammelt der auf zwei Kuppen errichtete Pilgerort Moulay Idriss Gläubige aus allen Regionen Marokkos zur Wallfahrt. Durch die fruchtbaren Ausläufer des Atlas mäandernd erreicht die Route schließlich Fès, die klassische Königsstadt, die ebenfalls auf Moulay Idriss zurückgeht. Er gründete sie kurz vor seinem Tod 791 und damit auch Marokkos erste Dynastie der Idrissiden. Fès' Paläste, Moscheen, Medresen und Zaouias, der hier versammelte Reichtum von Kunst und Kunsthandwerk machen sie einer Königsstadt mehr als würdig, und die quirligen Souks belegen, dass die Stadt kein Museum, sondern ein lebendiger, orientalischer Organismus ist. Aus dem Zauber des Orients in die kühlen Höhen des Mittleren Atlas führt die Route nun nach Süden. In Orten wie Ifrane oder Azrou stellt sich die Frage: Marokko oder Schwarzwald? Dichte Atlaszedern-Wälder, spitzgiebelige Häuser mit Ziegeldächern und Skipisten prägen die Region, nur die um Futter bettelnden Berberaffen erinnern an Afrika. Bei Bin El Ouidane lädt ein Stausee zum erfrischenden Bad, einem Angel-Ausflug oder einem Abstecher zu den Wasserfällen von Ouzoud ein. Doch die Wüste kündigt sich an. Die Vegetation wird karger, die Hänge kahler, Beni-Mellal überrascht mit einer großen Oase, in der Zitrusfrüchte gedeihen. In Marrakesch, das die Almoraviden im 11. Jahrhundert als Mittelpunkt ihres Reiches gründeten, schlägt unüberhörbar der Rhythmus der nahen Sahara, und auch die Architektur ist deutlich von Wüstentraditionen inspiriert. Nicht zufällig, denn die beiden hier verwurzelten Dynastien der Almoraviden und Almohaden stammten aus dem ariden Süden. Die Koutoubia-Moschee kündet in ihrer Strenge und Schlichtheit vom saharischen Erbe. Durch die üppige Oase der Königsstadt wendet sich die Route nach Norden und erreicht über El Jadida Casablanca am Atlantik und dann erneut Rabat.

Routensteckbrief

Routenlänge: ca. 1116 km | **Zeitbedarf:** ca. 4–6 Wochen

Rabat → 151 km **Meknès** → 65 km **Fès** → 94 km **Azrou** → 81 km **Khénifra** → 128 km **Beni-Mellal** → 192 km **Marrakesch** → 212 km **El Jadida** → 106 km **Casablanca** → 87 km **Rabat**

1 Rabat Eine der Hauptsehenswürdigkeiten der Hauptstadt Marokkos ist das Mausoleum Mohammeds V. Auf dem großen Platz befinden sich auch Säulenreste der unvollendeten Großen Moschee.

2 Meknès Als »marokkanisches Versailles« wurde Meknès oft bezeichnet. Teile der Altstadt zählen zum UNESCO-Welterbe. Eines der berühmtesten Tore Marokkos ist das gigantische Bab Mansour.

3 Fès Das kunstvoll verzierte Bab Boujeloud aus dem Jahr 1913 verbindet die Viertel Fès el-Bali und Fès el-Jdid, das alte und das neue Fès. Die Stadt lässt sich am besten zu Fuß erkunden.

4 Marrakesch Sie gilt als wohl schönste Stadt Marokkos. Die Mischung aus bunten Souks und eleganten Prachtbauten zieht jeden in ihren Bann. Einer der quirligsten Plätze ist die Djemaa el-Fna (im Bild).

Eindrucksvoll direkt am Meer liegt die Moschee Hassan II. in Casablanca. Ihr 210 Meter hohes Minarett ist derzeit das höchste der Welt.

Route 3: Am Antlantik von Rabat bis Agadir

Endlose Sandstrände und dazwischen Fischerorte, die bis heute von den Symbolen jener Nation geprägt sind, die sie gründete: Portugiesische Seefahrer legten an Marokkos Atlantikküste Handelsstationen an, aus denen sich bezaubernde Hafenstädtchen entwickelten. Eine Tour durch faszinierende Geschichte und Gegenwart.

Die Portugiesen setzten sich dort fest, wo schon um 1000 v. Chr. Phönizier ihre Stützpunkte unterhielten. Rabat, die heutige Hauptstadt, hat als einziger der besuchten Orte nicht so alte Wurzeln. Von Rabat nach Süden, stets der Küste folgend, ist Mohammedia das erste Ziel. Die frühe Geschichte liegt im Dunkeln, aber ab dem 12. Jahrhundert ist die moderne Stadt als Handelskontor der Almoraviden und später als Warenumschlagplatz für Spanier, Genueser und Venezianer verbürgt. Heute ist Mohammedia Teil des Großraums Casablancas. Dessen Name Casa (Branca) Blanca hält das portugiesische Erbe fest: Von Mitte des 15. bis Mitte des 18. Jahrhunderts dauerte Portugals Kontrolle über das damalige Anfa, das ein Erdbeben 1755 zerstörte. Architektonische Spuren sucht man vergebens. Ganz anders im malerischen Azemmour, das umgeben von seinen Mauern von dem Jahrhundert träumt, als Portugal 1486 ein Handelskontor eröffnete und der Stadt erstaunlichen Wohlstand bescherte. Allerdings von kurzer Dauer, schon 1541 wurden die Portugiesen vertrieben; nur ihre Zitadelle blieb. Eine Reihe breiter Sandstrände säumt die Küste bis El Jadida – doch Vorsicht, die Strömungen können tückisch sein! Besonders reizvoll ist der berühmte Strand von El Jadida nördlich des Ortes, dessen Mittelpunkt die »cité portugaise«, die Portugiesenstadt, bildet. In Form eines vierzackigen Sterns erbaut und mit Bastionen gesichert, ist ihr architektonisches Erbe unübersehbar. 1502 als Mazagan gegründet, diente sie als Ausfuhrhafen für Waren aus Schwarzafrika – auch viele Sklaven traten hier ihren Weg nach Europa an. Eine genussvolle Rast lockt an der Küstenstraße nach Safi: Die Austern und Muscheln von Oualidia kommen frisch aus dem Atlantik. In Safi sind Festungen und eine portugiesische Kapelle Zeugnisse der knapp hundert Jahre währenden Anwesenheit Portugals. In Essaouira weiter nach Süden ist das europäische Erbe schon an der Architektur der Befestigungsanlagen zu erkennen. In der Stadt schlägt ein multikulturelles Herz: Essaouira ist ein Zentrum der Gnaoua, der Nachkommen aus Schwarzafrika verschleppter Sklaven – und zieht heute als einer der besten Surfspots am Atlantik viele Europäer an. Auch Agadir hat portugiesische Wurzeln, doch fielen sie dem Erdbeben zum Opfer. Fantastische Strände und eine Uferpromenade verschönern das moderne Stadtbild.

Routensteckbrief

Routenlänge: ca. 635 km | **Zeitbedarf:** ca. 3-5 Wochen

Rabat → 64 km **Mohammedia** → 25 km **Casablanca** → 103 km **El Jadida** → 78 km **Oualidia** → 67 km **Safi** → 123 km **Essaouira** → 175 km **Agadir**

1 Rabat Rabat ist nicht nur die Hauptstadt Marokkos, sondern auch Regierungssitz und Residenz des Königs. Stufen führen hinauf zum Eingangstor der Kasbah im ältesten Teil der Stadt.

2 Casablanca Die gewaltige Moschee Hassan II., die sich auf einer Plattform über dem Meer befindet, ist das Wahrzeichen von Casablanca. Die Stadt, bekannt und berühmt aus dem gleichnamigen Film, ist heute das Finanz- und Wirtschaftszentrum Marokkos.

3 Essaouira Die Hafenstadt besticht mit ihrer einladenden Medina und dem Hafenviertel durch einen ganz besonderen Charme. Im Bild: die ehemalige Wehranlage Sqala du Port.

4 Agadir Zwar ist Agadir vorwiegend bekannt für seine Strände, aber auch die Innenstadt kann sich sehen lassen. Hier verstecken sich schmucke Bauten wie die Moschee Mohammed V. (im Bild).

Auf seinem Weg hat der Dades der Landschaft im Dades-Tal eine geradezu canyonähnliche Form verliehen.

Route 4: Vom Hohen Atlas in die Wüste

Schneebedeckte Gipfel, kühne Gebirgspässe, archaische Lehmburgen in tief eingeschnittenen Flusstälern, lebensfeindliche Wüste und überbordende Fruchtbarkeit prägen die Landschaften im und südlich des Hohen Atlas zwischen den beiden städtischen Polen Marrakesch und Ouarzazate.

Schon beim Verlassen von Marrakesch wirkt der besondere Zauber des Südens: Durch die palmenbestandene Ebene geht es auf die majestätische Wand des Hohen Atlas zu, den eine kühn in die Berge geschlagene Straße über den 2260 Meter hohen Pass Tizi n'Tichka überwindet. Kinder verkaufen am Straßenrand Halbedelsteine, und auf der Passhöhe eröffnet sich ein herrlicher Blick ins karge Gebirgsrund. Nach ungefähr 180 Kilometern weist ein Schild bergab zum Ksar von Aït-Ben-Haddou. Bei der Anfahrt stellt sich ein Déjà-vu-Effekt ein: Der dekorative, aus mehreren Berber-Wohnburgen bestehende Lehmksar im Tal des Flusses Asif Mellah schmückte als Kulisse zahlreiche Hollywood-Filme. Zentrum der marokkanischen Filmindustrie ist das nahe Ouarzazate. Die Ansammlung historischer Ksar-Burgen in seiner Umgebung ist imposant. Dem Dades-Fluss nach Nordosten folgend begleiten nun Oasengärten, Lehmdörfer und Türme von Ksar-Burgen die Route. Hinter Boumalne du Dadès, wo der Dades-Fluss aus dem Gebirge tritt, verengt sich das Tal zu einer Schlucht. Nur noch winzige Dörfer finden zwischen Fluss und den nahezu senkrechten Felswänden der Gorge du Dadès Platz. Die Menschen bauen auf Terrassenfeldern das Lebensnotwendigste an. Aït Oudinar ist der Schlusspunkt dieses Abstechers, danach geht es zurück nach Boumalne. In Tinghir lockt eine weitere Schlucht, die des Todra. Die Felswände rücken eng zusammen, dazwischen rauscht der aus dem Atlas herabströmende Fluss und bewässert die Felder. Auf der Weiterfahrt nach Erfoud meldet sich die Sahara vehement zurück – als graue, einförmige Hammada, Steinwüste. Doch südlich der modernen Oasenstadt erfüllt sie alle Sehnsuchtsbilder mit dem goldenen Dünenmeer des Erg Chebbi um das Lehmdorf Merzouga. Während der Dades das Tal zwischen Atlas und Djebel Saghro bewässert, schenkt der Drâa den Regionen südlich dieses Gebirgszugs Fruchtbarkeit und versickert schließlich in der Wüste. Auch hier säumen Oasengärten und Ksour den Weg des Wassers zwischen Zagora, Agdz und Ouarzazate. Jahrhundertelang diente das Flusstal als Karawanenweg. Von Ouarzazate geht es zurück nach Marrakesch.

Routensteckbrief

Routenlänge: ca. 1320 km | **Zeitbedarf:** ca. 4–7 Wochen
Marrakesch – 174 km **Aït-Ben-Haddou** – 30 km **Ouarzazate** – 122 km **Boumalne** – 25 km **Aït Oudinar/Dades-Tal** – 25 km **Boumalne** – 52 km **Tinghir/Todra-Schlucht** – 141 km **Erfoud** – 53 km **Merzouga** – 320 km **Tamegroute** – 22 km **Zagora/Drâa-Tal** – 162 km **Ouarzazate** – 194 km **Marrakesch**

❶ Dades-Tal In der Vorsahara-Landschaft zwischen Hohem Atlas und Djebel Saghro nährt der Dades zahlreiche Oasen. Immer wieder prägen typisch marrokanische Lehmburgen und Wehrdörfer das Bild.

❷ Todra-Schlucht Fast senkrecht ragen die schroffen Felswände dieser eindrucksvollen Schlucht auf. Sie zu durchqueren ist äußerst beeindruckend. Besonders beliebt ist sie bei Wander- und Klettefreunden.

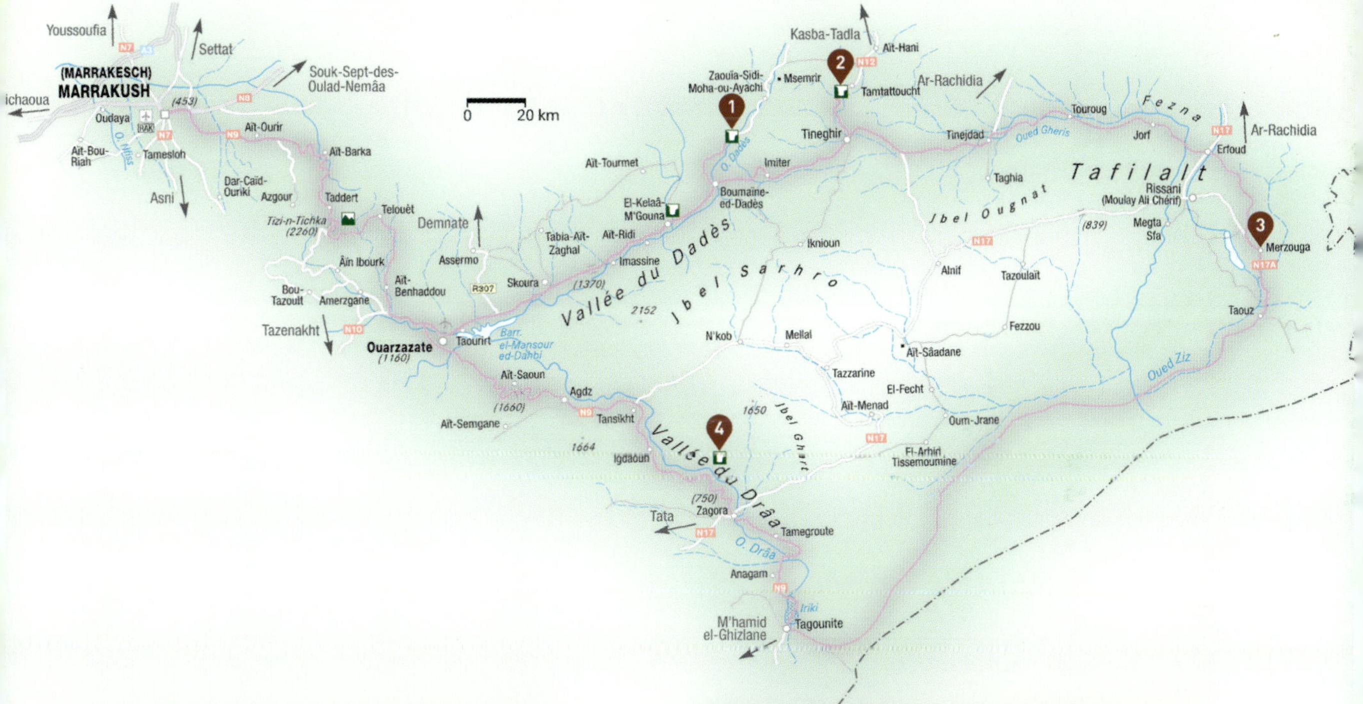

❹ Drâa-Tal Zagora im Tal des Flusses Drâa war früher eine Station für Karawanen auf dem Weg nach Timbuktu. 52 (Karawanen-) Tage dauerte die Reise von hier aus.

❸ Merzouga Den Traum von Wüste kann dieser Ort mitten im weiten Meer von Wüstensand und sanften Dünen erfüllen. Wer hier übernachtet, kommt in den Genuss feuerroter Sonnenuntergänge und betörender Sternenhimmel.

Reisetlas

Die Karten auf den folgenden Seiten zeigen Marokko im Maßstab 1:750 000. Die geografischen Details werden durch eine Vielzahl touristischer Informationen ergänzt – etwa durch das ausführlich dargestellte Verkehrsnetz oder die Piktogramme, die Lage und Art aller wichtigen Sehenswürdigkeiten und Freizeitziele angeben. Auch die UNESCO-Welterbestätten sind besonders gekennzeichnet, ein Ortsnamenregister erleichtert das Auffinden des gesuchten Ortes.

Zeichenerklärung 1:750.000

Autobahn/mit Gebühr
mehrspurige Schnellstraße
Fernstraße
wichtige Hauptstraße
Hauptstraße
Nebenstraße
Piste
touristische Route

Bahnlinie
touristische Bahnlinie
Autofähre
Wanderweg
National-/Naturpark
Sperrgebiet
Staats-/Provinzgrenze
9 Entfernungsangaben in Kilometern

E90 Europastraßennummer
A3 Autobahnnummern
N1 3611 sonstige Straßennummern
Tankstelle/Restaurant/-mit Motel
37 Anschlussstelle/mit Nummer
für Wohnwagen ungeeignet/gesperrt
XI-V 7-12 % Wintersperre/Steigungsangabe
Flughafen int./nat./regional

Besondere Sehenswürdigkeiten

Berühmte Reiserouten

Autoroute
Bahnstrecke
Hochgeschwindigkeitszug
Schiffsroute

Herausragende Naturlandschaften und Naturmonumente

UNESCO-Weltnaturerbe
Gebirgslandschaft
Felslandschaft
Schlucht/Canyon
Vulkan erloschen
Vulkan aktiv
Geysir
Höhle
Flusslandschaft
Wasserfall/Stromschnelle
Seenlandschaft
Naturpark
Nationalpark (Landschaft)
Nationalpark (Flora)
Nationalpark (Fauna)
Biosphärenreservat
Wildreservat
Whale watching
Zoo/Safaripark
Botanischer Garten
Küstenlandschaft
Strand
Insel
Quelle
Unterwasserreservat

Herausragende Metropolen, Kulturmonumente und -veranstaltungen

UNESCO-Weltkulturerbe
Außergewöhnliche Metropole
Vor- und Frühgeschichte
Prähistorische Felsbilder
Phönikische Kultur
Griechische Antike
Römische Antike
Jüdische Kulturstätte
Christliche Kulturstätte
Romanische Kirche
Gotische Kirche
Renaissancekirche
Barockkirche
Christliches Kloster
Islamische Kulturstätte
Kulturlandschaft
Historisches Stadtbild
Burg/Wehranlage/Kasbah
Burgruine
Palast/Schloss
Technisches/industr. Monument
Bergwerk (in Betrieb)
Staumauer
Sehenswerter Leuchtturm
Herausragende Brücke
Sehenswerter Turm
Windmühle
Herausragendes Gebäude
Grabmal
Denkmal
Spiegel- und Radioteleskop
Markt/Basar
Feste und Festivals
Museum
Freilichtmuseum
Theater
Weltausstellung
Olympische Spiele

Sport- und Freizeitziele

Arena/Stadion
Rennstrecke
Golf
Pferdesport
Skigebiet
Segeln
Tauchen
Windsurfen
Wellenreiten
Kanu/Rafting
Seehafen
Hochseeangeln
Wasserski
Badeort
Freizeitbad
Mineralbad/Therme
Freizeitpark
Spielcasino
Berg-, Wanderhütte
Bergbahn
Aussichtspunkt
Wandergebiet

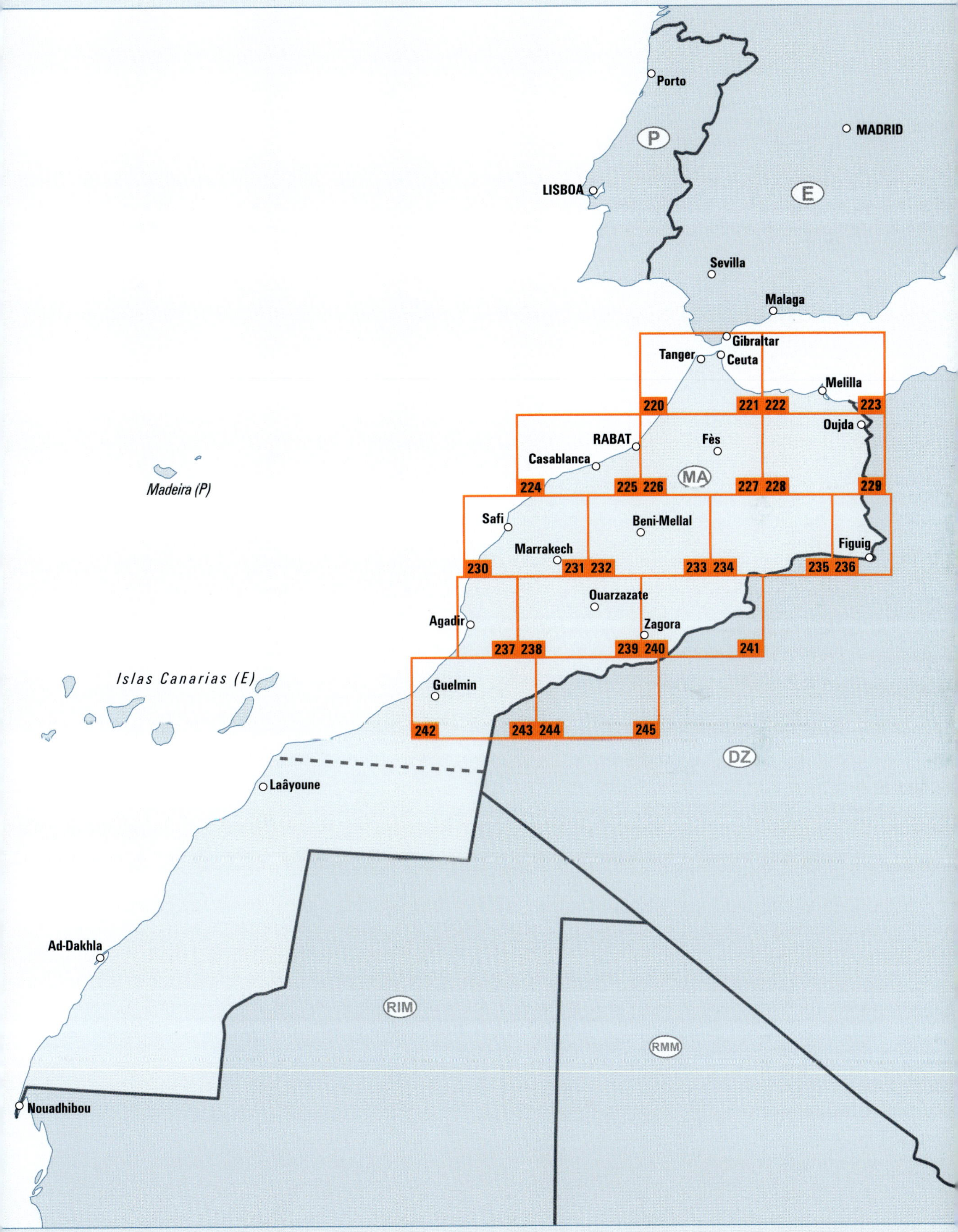
Porto
MADRID
P
LISBOA
E
Sevilla
Malaga
Gibraltar
Tanger
Ceuta
Melilla
220
221
222
223
Oujda
RABAT
Fès
Casablanca
MA
224
225
226
227
228
229
Madeira (P)
Safi
Beni-Mellal
Marrakech
Figuig
230
231
232
233
234
235
236
Ouarzazate
Agadir
Zagora
237
238
239
240
241
Islas Canarias (E)
Guelmin
242
243
244
245
DZ
Laâyoune
Ad-Dakhla
RIM
RMM
Nouadhibou

Maßstab 1:3 600 000

0 50 100 Kilometer

0 50 Miles

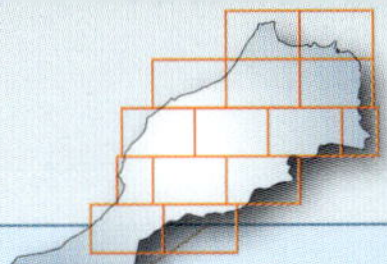

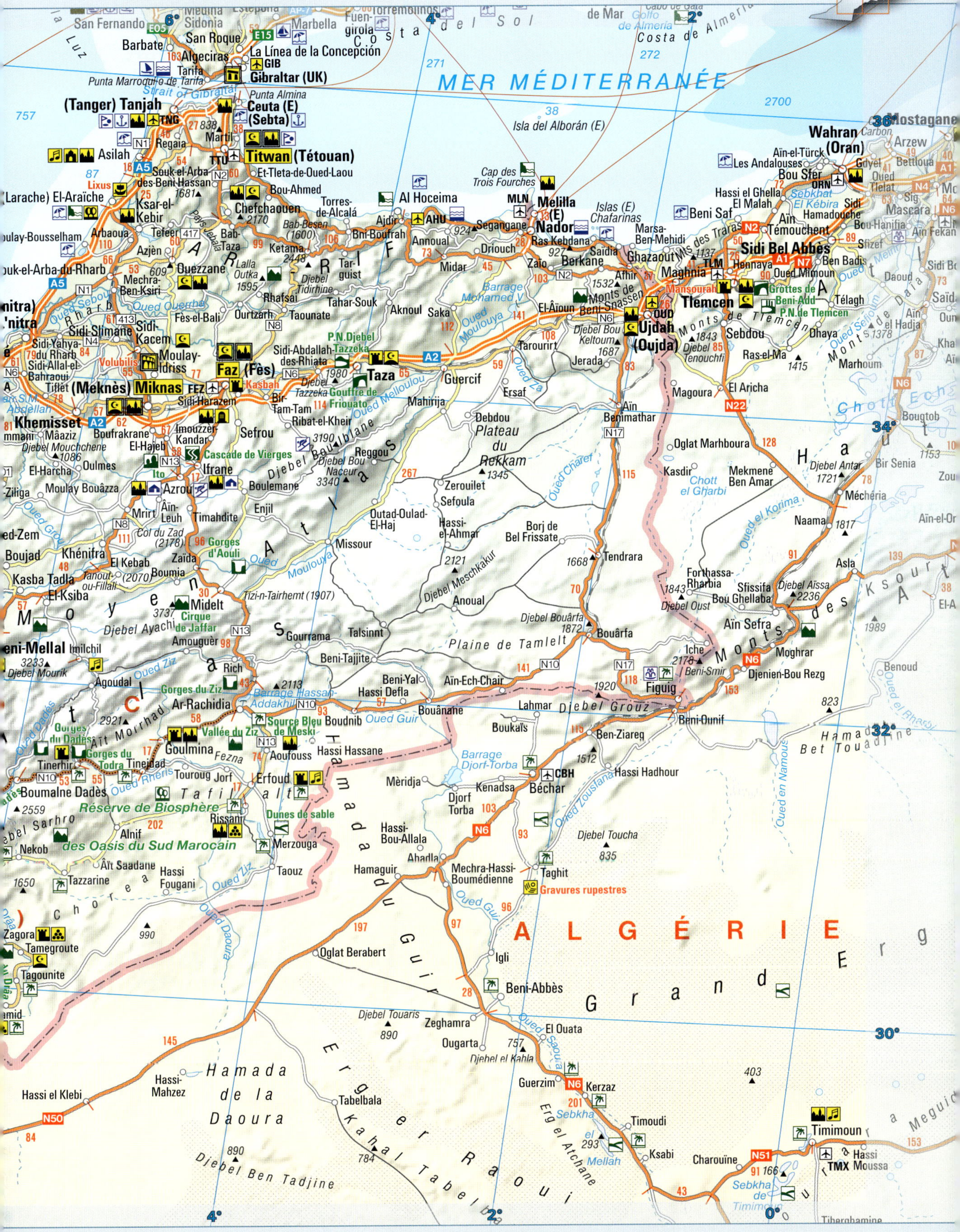
MER MÉDITERRANÉE
Costa del Sol
Costa de Almería
San Fernando
Barbate
Sidonia
San Roque
Algeciras
Marbella
Fuengirola
Tarifa
La Línea de la Concepción
Gibraltar (UK)
Punta Marroquí o de Tarifa
Strait of Gibraltar
Punta Almina
(Tanger) Tanjah
Ceuta (E)
(Sebta)
Martil
Titwan (Tétouan)
Asilah
Regaia
Et-Tleta-de-Oued-Laou
Isla del Alborán (E)
Cap des Trois Fourches
Melilla (E)
Nador
Islas (E) Chafarinas
Wahran (Oran)
Aïn-el-Türck
Les Andalouses
Bou Sfer
Arzew
Mostaganem
Lixus
(Larache) El-Araïche
Souk-el-Arba-des-Beni-Hassan
Bou-Ahmed
Ksar-el-Kebir
Chefchaouen
Torres-de-Alcalá
Al Hoceima
Ajdir
Beni-Boufrah
Segangane
Ras Kebdana
Saïdia
Marsa-Ben-Mehidi
Beni Saf
Hassi el Ghella
El Malah
Sebkhat El Kébira
Aïn Témouchent
Hamadouche
Sidi Bel Abbès
Moulay-Bousselham
Arbaoua
Tefeer
Azjèn
Bab-Taza
Bab-Besen (1600)
Ketama 2448
Annoual
Driouch
Midar
Zaïo
Berkane
Ghazaout
Maghnia
Hennaya
Ben Badis
Souk-el-Arba-du-Rharb
Ouezzane
Mechra-Ben-Ksiri
Lalla Outka 1595
Djebel Tidirhine
Targuist
Barrage Mohamed V
Monts de Beni-Snassen
Afhir
Mansourah
Tlemcen
Grottes de Beni-Add
P.N.de Tlemcen
Télagh
R I F
Rharb
Oued Sebou
Oued Ouerrha
Rhafsai
Tahar-Souk
Aknoul
Saka
El-Aïoun
Djebel Bou Keltoum 1687
Ujdah (Oujda)
Monts de Tlemcen
Sebdou
Dhaya
Sidi-Slimane
Sidi-Kacem
Fès-el-Bali
Ourtzarh
Taounate
P.N.Djebel Tazzeka
Oued Moulouya
Taourirt
Jerada
Djebel Tenouchfi 1843
Ras-el-Ma
Marhoum
Sidi-Yahya-du-Rharb
Sidi-Allal-el-Bahraoui
Tiflet
(Meknès) Miknas
Volubilis
Moulay-Idriss
Faz (Fès)
Kasbah
Sidi-Abdallah-des-Rhiata
Djebel Tazzeka 1980
Taza
Gouffre de Friouato
Guercif
Ersaf
Oued Za
Magoura
El Aricha
Khemisset
Sidi-Harazem
Bir-Tam-Tam
Ribat-el-Kheir
Mahirija
Debdou
Plateau du Rekkam
Aïn Benimathar
Chott Ech Chergui
Bougtob
Mâaziz
Boufrakrane
Djebel Mouchchene 1086
El-Hajeb
Imouzzer-Kandar
Sefrou
Djebel Bou Iblane 3190
Djebel Bou Naceur 3340
Reggou
Oglat Marhboura
Kasdir
Chott el Gharbi
Mekmene Ben Amar
Djebel Antar 1721
Mécheria
Bir Senia
El-Harcha
Oulmes
Moulay Bouâzza
Ito
Cascade de Vierges
Ifrane
Azrou
Boulemane
Zerouilet
Sefoula
Oued Charef
Oued el Korima
Naama
Aïn-el-Orak
Mrirt
Aïn-Leuh
Timahdite
Enjil
Outad-Oulad-El-Haj
Hassi-el-Ahmar
Borj de Bel Frissate
Col du Zad (2178)
Gorges d'Aouli
Khénifra
El Kebab
Zaida
Boumia
Tanout-ou-Fillali (2070)
Missour
Djebel Meschkakur 2121
Tendrara
Forthassa-Rharbia
Sfissifa
Djebel Aïssa 2236
Asla
Kasba Tadla
El-Ksiba
Midelt
Cirque de Jaffar
Djebel Ayachi 3737
Tizi-n-Tairhemt (1907)
Anoual
Djebel Bouârfa 1872
Djebel Oust
Bou Ghellaba
Aïn Sefra
Monts des Ksour
Moyen Atlas
Beni-Mellal
Imilchil
Djebel Mourik 3233
Amouguer
Gourrama
Talsinnt
Plaine de Tamlelt
Bouârfa
Iche
Beni-Smir
Moghrar
Djenien-Bou Rezg
Benoud
Agoudal
Rich
Gorges du Ziz
Beni-Tajjite
Beni-Yal
Hassi Defla
Aïn-Ech-Chair
Figuig
Oued el Rharbi
Ar-Rachidia
Barrage Hassan-Addakhil
Source Bleu de Meski
Boudnib
Oued Guir
Bouânane
Lahmar
Djebel Grouz
Beni-Ounif
Hamada Bet Touadjine
Gorges du Dadès
Aït Morrhad
Vallée du Ziz
Goulmina
Fezna
Aoufouss
Hassi Hassane
Boukaïs
Ben-Ziareg
Tinerhir
Gorges du Todra
Tinejdad
Tourourg
Jorf
Erfoud
Barrage Djorf-Torba
Mèridja
Djorf Torba
Kenadsa
Béchar
Hassi Hadhour
Oued en Namous
Boumalne Dadès
Tafilalt
Réserve de Biosphère des Oasis du Sud Marocain
Rissani
Dunes de sable
Hamada du Guir
Hassi-Bou-Allala
Ahadla
Oued Zousfana
Djebel Toucha 835
Djebel Sarhro
Alnif
Nekob
Merzouga
Âït Saadane
Hassi Fougani
Taouz
Oued Ziz
Hamaguir
Mechra-Hassi-Boumédienne
Taghit
Gravures rupestres
Tazzarine
Chorea
Oued Daoura
ALGÉRIE
Zagora
Tamegroute
Tagounite
Oglat Berabert
Igli
Beni-Abbès
Grand Erg
Djebel Touaris 890
Zeghamra
Ougarta
Djebel el Kahla
El Ouata
Oued Saoura
Hassi el Klebi
Hassi-Mahzez
Hamada de la Daoura
Tabelbala
Erg er Raoui
Kahal Tabelbala
Guerzim
Kerzaz
Erg el Atchane
Sebkha el Mellah
Timoudi
Ksabi
Charouïne
Timimoun
Hassi Moussa
Gourara
Sebkha de Timimoun
Meguiden
Djebel Ben Tadjine
Tiberghamine
Vallée du Drâa
Zriba
M'Hamid

Maßstab 1:750 000

0 10 20 Kilometer

0 10 Miles

Fb
Fc
Fd
Ga
00
01
02
03
04
222
227
San Roque
Taraguilla
Los Barrios
ALGECIRAS
Palmones
Bahía de Algeciras
El Campamento
LA LÍNEA DE LA CONCEPCIÓN
Gibraltar(GB)
The Rock
Gorham's Cave Complex
Punta Grande de Europa
Punta Mala
Sotogrande
de los Alcornocales
Sierra del Niño
Tahivilla
Facinas
Santuario de Na. Sa. de la Luz
Los Pastores
El Lentiscal
El Cuartón
El Bujeo
P.del Carnero
Mirador El Estrecho
Alto El Cabrito
Ensenada del Tolmo
Ensenada de Valdevaqueros
Tarifa
Castillo de Guzmán el Bueno
Punta Marroquí o de Tarifa
Détroit de Gibraltar
Jbel Musa
Port de Tanger Méditerranée
Ksar-es-Seghir
Benzu
Catedral
Monte Hacho
Fortaleza del Hacho
El-Biutz
Fnideq
Riffien
SEBTA (CEUTA,Esp.)
MER MÉDITERRANÉE
Souk-Tleta-Taghramet
Restinga Smir
Mellbussa
Jbel Tsetouira
Jbel Haouz
El-Bofi
El-Arba
Sebt-Zeniate
Souk-Khémis-des Anjra
Souk-Sebt-el-Kdim
Barrage Asmir
Mdiq
Cabo Negro
Martil
El-Meliallyne
Jbel Hayya
Dar el Makhzen
TETOUAN
Médina
Tamuda
El-Fendek
Souk-Tnine-des-Beni-Harchen
Beni Maden
Dar-Ben-Karriche-El Bahri
Zinat
Cap Mazari
Et-Tleta-de-Oued-Laou
Tleta-des-Beni-Yder-Cherki
Oued Hajera
Es-Sebt-de-Saïd
Georges d'Oued Laou
Targha
Souk-el-Arba-des-Beni-Hassan
Jbel Kelti
Souk-Khémis-des-Beni-Arousa
Pays Rhomara
Bou-Ahmed
Amtar
Jbel Karcha
Bouhachem
Talembote
Jbel Tassaot
Barrage d'Ali Thelat
Ichtal
Jbel Meggou
Jbel Tisouka
Parc national de Talassemtane
Kasbah
Chefchaouen
Médina
Jbel Sougna
Derdara
Jbel Bouhalla
Oued M'Ter
Pointe des Pêcheurs
El-Jebha
Oued Ouringa
Peñon de Velez de la Gomera
Torres-de-Alcalá
Kalah Iris
Forteresse
Massif des
Parc National Al Hoceima
Draa-el-Asel
Bab-Taza
Cherafat
Bni-Boufrah
Arda-Snada
El-Had-d'Agadir-el Krouch
Jbel Tisirene
Bab-Berret
Oued Siflah
Oued bou Frah
Mokrissét
Ankod
Tamorote
Bab-Besen
Ketama
Targuist
Georges d'Oued Loukkos
Oued Aoudour
Oued Aoulai
Tleta-Ketema
Azila
Mont Tidiquin
Zerkat
Tizi-Tfiri
Beni Ahmed
Zoumi
Jbel Issoual
Karrouba
Tabouda
B'lder
Tamesnite
Lalla-Outka
Bab-Mareklo
Souk-el-Had-de-Ikauen
Beni-Ammart
Boured
Sidi-Yahia

Maßstab 1:750 000

0 10 20 Kilometer

0 10 Miles

Ha
Hb
Hc
Hd
00
01
02
03
04
E R R A N É E
s Trois Fourches
ILLA (Esp.)
talayon
Islas Chafarinas
Cap de l'Eau
Ras Kebdana
l'Embouchure de la Moulouya
riet Arkmane
Saïdia
Marsa-Ben-Mehidi
GHAZAOUT
Cap d'Acra
Ile de Mokreum
Cap Noé
Honaïne
855
Sidna-Youcha
Nédroma
Bab-Taza
912
Remchi
Ain Y
He
Mulay-Rechid
Monts de Kebdana
927
Zaïo
Saf-Saf
Aklim
Oued Moulouya
Madagh
Cafe Maure
Berkane
Ahfir
Oued Kiss
613
Bab El Assa
Col de Guerbouss
(539)
1021
1532
Gorges du Zegzel
Plaine de Maghnia
Monts des Traras
N16
N2
N7A
N7AA
N99
N98
N35
612
6204
229

Maßstab 1:750 000

0 10 20 Kilometer

0 10 Miles

Dc
Dd
Ea
Eb
05
06
07
08
09
Mehdiya
Mehdiya-Plage
Lac de Sidi Bourhaba
Plage des Nations
Sidi Bouknadel
Jardins exotiques de Bouknadel
SALÉ
Grande Mosquée
Médina
Mausolée Mohammed V
RABAT
Chellah
Kasbah des Oudaïa
Tour Hassan
Arba-des-Sehoul
Barrage Sidi Mohammed Ben Abdellah
Témara-Plage
Témara
Skhirat-Plage
Skhirat
Sidi-Yahya-des-Zaër
Aïn-Atiq
Gorges
Aïn-el-Hallouf
Sidi-Azouz
Bouznika-Plage
Al Jasira
Alboustane
Bouznika
Aïn-el-Aouda
Nikheïla
Gorges de l'Oued Korifla
Sidi-Abdallah
Mansouria
Tilal
MOHAMMEDIA
CASABLANCA
Mosquée Hassan II
Sidi-Abderahman
Aïn-Diab
Parc de la Ligue Arabe
Aïn-Harrouda
B.-Yakhlef
Aïn-Tekki
Aéroport Ben-Slimane
Cascade de Mizab
Ben-Slimane
Souk-Jemâa-des-Feddalate
Tit-Mellil
Sidi-Hajjaj
Dar-Bouâzza
Sidi-Messaoud
Sidi-Moulay-Thami
Bouskoura Golf City
Bouskoura
Aïn-Saïerni
Médiouna
Souk-El-Had-des-Moualine-el-Oued
Souk-El-Had de Moualine El-Oued
Sidi-Barka
Barrage de l'Oued Mellah
Oued Mellah
Oued Nefifikh
Oued Cherrat
Souk-Tleta-des-Ziaïda
Dar-el-Assia
Sidi-Bettache
Gorges de l'Oued Korifla
Oued Korifla
Merchouch
Kasbah Merchouch
Rommani
Had-Brarhoua
Aéroport Mohamed-V
Déroua
Es-Sebt
El-Had-de-Nouaceur
Sidi-Mahamed-el-Kebir
Souk-et-Tleta-des-Oulad-Sebbah
Souk-Tnine-des-Oulad-Ali
Souk-Jemaa-des-Mellila
Sidi-Sibara
Aïn-Guernounèche
Oued El-Aterch
Sidi-Kassem-Lemmal
Chaïkh-Allal
Berrechid
Sidi-Abd-el-Aziz
Bir-el-Kelb
Had-Roualem
Sidi-el-Mekki
El Gara
Chaouia
Chaïkh-bou-Azzou
Moulay-Tahar
Khatouat
Ez-Zhiliga
Col de Khaloua
Sidi-el-Aïdi
Riah
Oued-Rhfir
El-Kseiba
Mgarto
El-Khatouat
Chabet-el-Btom
Souk-Tléta-des-Gnadiz
Forêt de Smala
Sidi-Cheïkh-Zeroual
Ben Ahmed
Souk-Jemâa-des-Oulad-Mhammed
Moualine-el-Oued
Mils
Settat
Ras-el-Aïn
Oued-Nana
Souk-Tnine-des-Oulad-Bour-Hadi
Loulad
Pays Zaër
226
232
A1
A3
A4
A5
N1
N6
N9
N11
N25

Maßstab 1:750 000
0 10 20 Kilometer
0 10 Miles

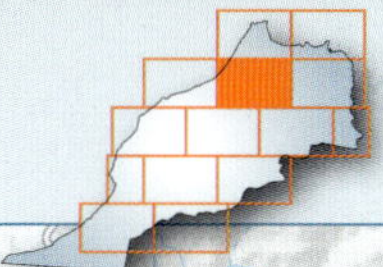
221
Fb
Fc
Fd
Ga
Souk-el-Had-de-Ikauen
Sidi-Yahia
El-Had
Afouzer
Rhafsaï
Taounate-el-Kchour
Tabrannt
El-Haddara
Boured
Tahar-Souk
Barrage Assfalou
El-Tleta
Aïn-Dorij
Mjâra
Tafrannt
El-Bibane
Barrage el Wahda
Fès-el-Bali
Ourtzarh
Jbel Amergou
Jbel Messaoud
Bourdoud
Sidi-Mokhfi
Imerchdene
El-Haddada
Es-Sebt
Oued Querrha
Beni-Oulid
Bouadel
Jbel Teirara
Taïneste
Kef-el-Rhar
Grotte de Kef-el-Rhar
El-Gouzat
Arba-Beni-Ftah
El-Kaira
Taounate
Oulad-Tahar
Aïn-Mediouna
Aïn-Aïcha
El-Kelaa-des-Slès
Aïn-Maatouf
Ech-Chouyyab
Smila
Karia-Ba-Mohamed
Bouchabel
Bouarouss
Sebt-des-Smara
Ras-el-Oued
Oued Lebene
Sebt-des-Beni-Frassèn
Sanctuaire de Si.-A.-Zerrouk
Aïn-Bou-Kellal
Pont du Sebou
l'Oulja
Dar-Moulay-Arafa
Tissa
Fête du Cheval
Souk-El-Had-des-Oulad-Zbaïr
Souk-El-Arba-des-Beni-Lent
Meknassa-Tahtania
Cheraga
Jouaber
Oulad Mimoun
Jbel Sedrata
Oued el Mellah
Mikkes
Moulay-Yâcoub
Sidi-Ahmed-el-Bernoussi
Jbel Zalagh
Barrage Idriss Ter
Sidi-Abdallah-des-Rhiata
Bab-Marzouka
TAZA
Haut-Taza
Col de Touahar
Oued-Amlil
Grande Mosquée
Cascades de Ras
Gouffre du Friouato
Col de Sidi Mejbeur
Grottes de Chiker
Mosquée Al Quaraouiyine
FÈS
Kasbah
Médina
Aïn-Kansera
Matmata
Sidi Abdeljelil
Tahala
Jbel Tazzeka
Gorges de l'Oued Zireg
Douyet
Tnine-des-Mhaya
Aïn-Chkeff
Ras-el-Ma
Aïn-Taoujdate
Sidi Harazem
Sidi-Abdel-Bazeck
le Saïss
Plain du Saïss
Oued Sebou
Bir-Tam-Tam
Gorges d'Oued Sebou
Parc National Jbel Tazzeka
Bab-Bou-Idir
Bel-el-Arba
228
Oulad-Driss
Merhaoua
Ras-el-Ksar
Gorges de l'Oued Zo
Aïn-Chgag
Barrage Allal-el-Fassi
Sidi-Arbia
Aït-Sebaa
Bhalil
Sefrou
Fête des Cerises
Azzaba
El-Menzel
Sidi-bou-Rhobza
Col du Kandar
Kaf El-Moumen
Dar-Mimoun
Ribat-el-Kheir
Oued Zloul
Tizi-Oulmou
Imouzzèr-Kandar
Massif du Kandar
Aïoun-Senanne
Sources d'Aïn Timedrine
Sources d'Aïn Sebou
Tamtrouchte
Berkine
Sidi-Marphi
Dayet Âaoua
Annoceur
Kasbah d'Annoceur
Tazouta
Tizi n'Tiskine
Moussa ou Salah
Tighza
Tajdimt
Zaouia d'Ifrane
Vallée des Roches
El-Aderj
Tizi-bou-Zabel
Tamjilt
Cascade des Vierges
Ifrane
Dayet Ifrah
Roches ruiniformes
Talzemt
Aït-Lahsen-ou-Mimoun
Tinesmet
Tizi-Abekhnanes
Skoura
Tilmirate
Jbel Bou Iblane
El-Kébir
Jbel Bou Naceur
Jbel Gaberaal
Forêt de Cèdres
Cèdre de Gouraud
Tin-n-Tretten
Jbel Tichtrar
Aït-Ameur-Ouabid
Massif de Tichchoukt
Arherm
El-Mers
Imouzzèr-des-Marmoucha
Tirnest
Mischliffen
Almis-du-Guigou
Aït-Makhlouf
Oulad-Ali
Jbel Hebri
Boulemane
Athia
Kef el Mellah
Ifkern
Jbel Saïd Airhem
El-Orane
Oued Chegg el Ard
Almis-des-Marmoucha
ahdite
Hadri-n'Aït-Atmane
Enjil-Ikatarn
Aït-Kermouss
Jbel Tsiouant
Azinous
Foum Kheneg
Arhbalou-Lârbi
Jbel Habbou
Taourech
234
El Beri

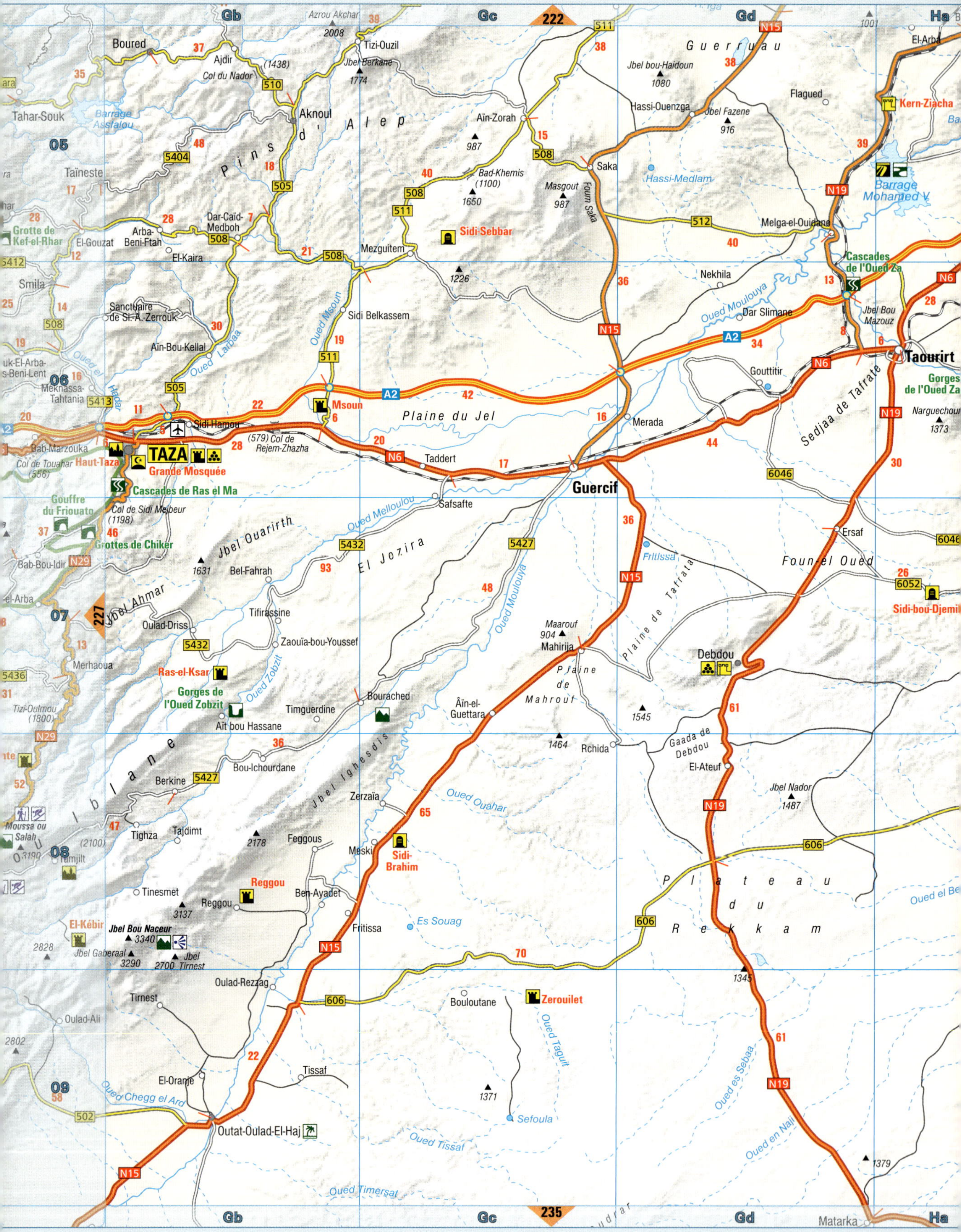

Maßstab 1:750 000

0 10 20 Kilometer

0 10 Miles

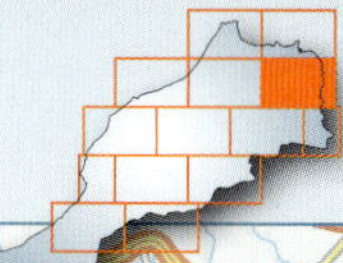

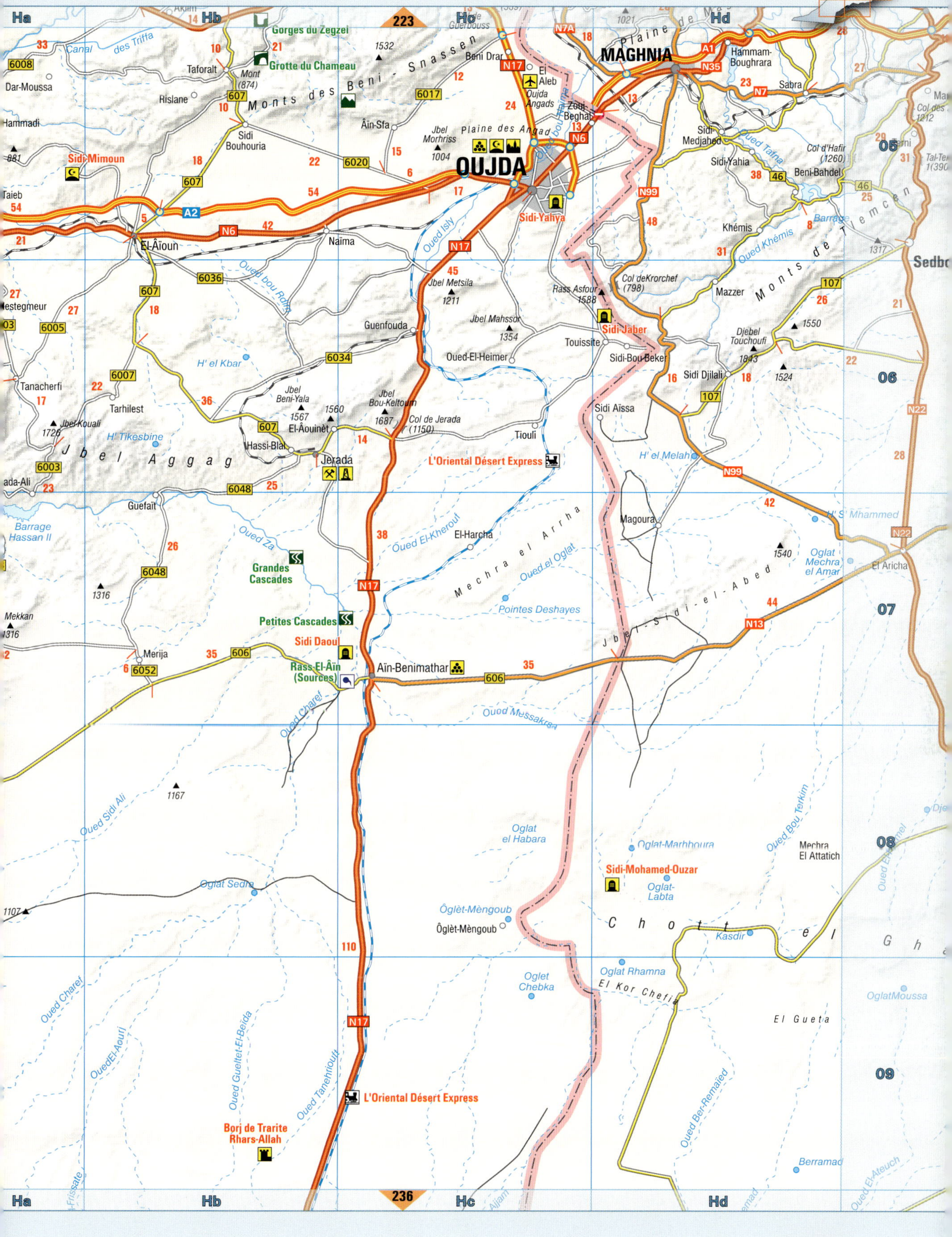

Ha
Hb
Hc
Hd
223
236
05
06
07
08
09
Gorges du Zegzel
Grotte du Chameau
Taforalt
Mont (874)
Rislane
Dar-Moussa
Hammadi
Sidi-Mimoun
Sidi Bouhouria
Monts des Beni - Snassen
Beni Drar
El Aleb
Oujda Angads
Âïn-Sfa
Jbel Morhriss 1004
Plaine des Angad
OUJDA
Sidi-Yahya
MAGHNIA
Plaine de Maghnia
Zouj-Beghal
Hammam-Boughrara
Sabra
Sidi-Medjahed
Sidi-Yahia
Oued Tafna
Beni-Bahdel
Col d'Hafir (1260)
Barrage
Khémis
Oued Khémis
Monts de Tlemcen
Mazzer
Sedbou
El-Âïoun
Naïma
Oued Isly
Oued bou Rdim
Jbel Metsila 1211
Col de Krorchef (798)
Rass Asfour 1588
Sidi-Jaber
Touissite
Sidi-Bou-Beker
Djebel Touchoufi 1843
Sidi Djilali
Jbel Mahssor 1354
Guenfouda
Oued-El-Heimer
Tanacherfi
Tarhilest
H' el Kbar
Jbel Beni-Yala 1567
Jbel Bou-Keltoum 1687
Col de Jerada (1150)
El-Âouinèt
Hassi-Blal
Jerada
Tiouli
Sidi Aïssa
Jbel Kouali 1726
H' Tikesbine
Jbel Aggag
Guefaït
Barrage Hassan II
L'Oriental Désert Express
H' el Melah
Magoura
Oued Za
Grandes Cascades
Petites Cascades
El-Harcha
Oued El-Kheroul
Mechra el Arrha
Oued el Oglat
Pointes Deshayes
H' S' Mhammed
Oglat Mechra el Amar
El Aricha
Mekkan 1316
Merija
Sidi Daoul
Rass-El-Âïn (Sources)
Aïn-Benimathar
Jbel - Sidi - el - Abed
Oued Messakrsa
Oued Charef
Oued Sidi Ali
1167
Oglat el Habara
Oglat-Marhhoura
Oued Bou Terkim
Mechra El Attatich
Sidi-Mohamed-Ouzar
Oglat-Labta
Oglat Sedra
Ôglèt-Mèngoub
Chott el Gharbi
Kasdir
Oglat Rhamna
Oglet Chebka
El Kor Chefia
OglatMoussa
El Gueta
Oued Charef
OuedEl-Aouïj
Oued Gueltet-El-Beïda
Oued Tanehiouït
Borj de Trarite Rhars-Allah
Oued Ber-Remaied
Berramad
Oued El-Ateuch
A1
A2
N6
N7
N7A
N13
N17
N22
N35
N99
606
607
6003
6005
6007
6008
6017
6020
6034
6036
6048
6052
107

Maßstab 1:750 000

Settat
Cd
Da
Db
Dc
224
232
238
Jemaâ-Sidi-Brahim
Jemaa
Tleta-des-Oulad-Rhamem
Sebt-Sais
Sidi-Smaïl
Souk-Arba-Mogress
Jemâa-Beni-Hellal
Khemis-Mtouh
Boulâouane
Daourat
Fauconnerie
Kasbah de Boulâouane
Vignobles de Boulâouane
Souk-Khemis-des-Gdana
Dar-Cheikh-Zere
Oulad Saïd
Sidi-Barka
Dar-el-Haoussine
Khemisset
Souk-el-Had-des-Mzoura
Sidi-Rahhal
Souk-Tleta-des-Oulad-Srhir
Souk-Tnine-de-Toualèt
Guisser
Imefout
Barrage d'Im'fout
Arba-Aounate
Jemâa-Oulad-Abbou
Sidi-Marouf
Khemis-des-Zémamra
Sidi-Bennour
Sidi-el-Hassem
Sidi-Mohammed-Ben-Naïm
Gharbia
El-Agagcha
Sidi-bou-Lemna
Sebt-Mâarif
Mehaya
Larouane
Had-Bkhati
Arba-Amrane
El-Jemaa
Dar-Caïd-Tounsi
Zaouïa-Caïd-Tounsi
Had-des-Aounate
El-Rharchaouat
Khemis-Ksiba
Jbel Lakrdar
697
Dar Chêkh-Rahal
Et-Tnine
El-Mehazil
Mechra-Benâbbou
Aïn-Belmesk
Oued Kibane
Plateau des Beni
Dar-Chaffaï
Br-Rherarda
Semda
Skhour-Rehamna
Barrage Al Massira
Jbel Kharrou
542
Sidi-Salah
609
El-Halet
Sidi-Amara
Jemâa-el-ma-Berd
602
Oulad-Selmoun
Rehamna
SidiTahami
Youssoufia
Tnine-de-Bouchane
Sebt-des-Brikyine
Sidi-Moulay-Ksiksou
Ben Guerir
Nzalet-el-Hararcha
512
Sidi-Bou-Yahia
Zaouïa-Sidi-Haff
Arba-de-C
Sidi-bou-Taïeb
Et-Tnine-Gantour
Charkarkar
Plateau des Ganntour
Sidi-Mbarek-el-Fkih
Nouasseur
Chemaïa
467
Sidi-bou-Younes
Ben Guerir Airbase
Nzalèt-el-Adam
Sedd el Mejnoun
Jemaa-Arracha
El Hiadna
Seuil de Kelaa
Tnine Mhara
Oulad-Imloul
Ej Jomaa
Bahira
553
Bou Naga
El-Kelaâ-des-Sraghna
El-Assassel
El Mendjel
744
Khouadra
Had-Brahim
412
Jbel Taksim
1060
Jbel Karrouba
1027
Sidi-Bou-Uthmane
Jbel Salrhof
944
Jbilet
764
Tamensourt
Tamelelt-el-Kdima
Tamelelt
Attaouia-Ech-Cheibiya
Sidi-Zouine
Oued Nfiss
Oudaya
Jardin Majorelle
Médina/Jamaâ El Fna
Zaouia-Ben-Sassi
Oued Tensift
Oued Rdat
Agadir bou Achel
Tazzerte
Talkount
Timinoutine
Sidi-Rahal
Barrage Mouley Yo
M-Zoudia
Marrakech-Ménara
Souks
Ménara
MARRAKECH
Oued Issil
Aït-Ourir
Taferiate
Pont-du-Zat
Oued Zat
Touama
El-Khémis
1721
Sebt-des-Aït-Imour
Aït-bou-Riah
El Gouz
Haouz
Aire de Repos
Tamesloht
Canal de Rocade
Aït-Dawd
Sidi Amil
Nzala
Amanouz
Aït-Barka
Tizi-n-Aït-Imguer (1470)
Jbel Igoudlane
2182
Arbhalou
Guemassa
Oulad Bouhker
Lalla-
Oumnass
Arba-Talatast
A1
A3
N1
N7
N7A
N8
N9
N11
10
11
12
13
14

Maßstab 1:750 000

0 10 20 Kilometer

0 10 Miles

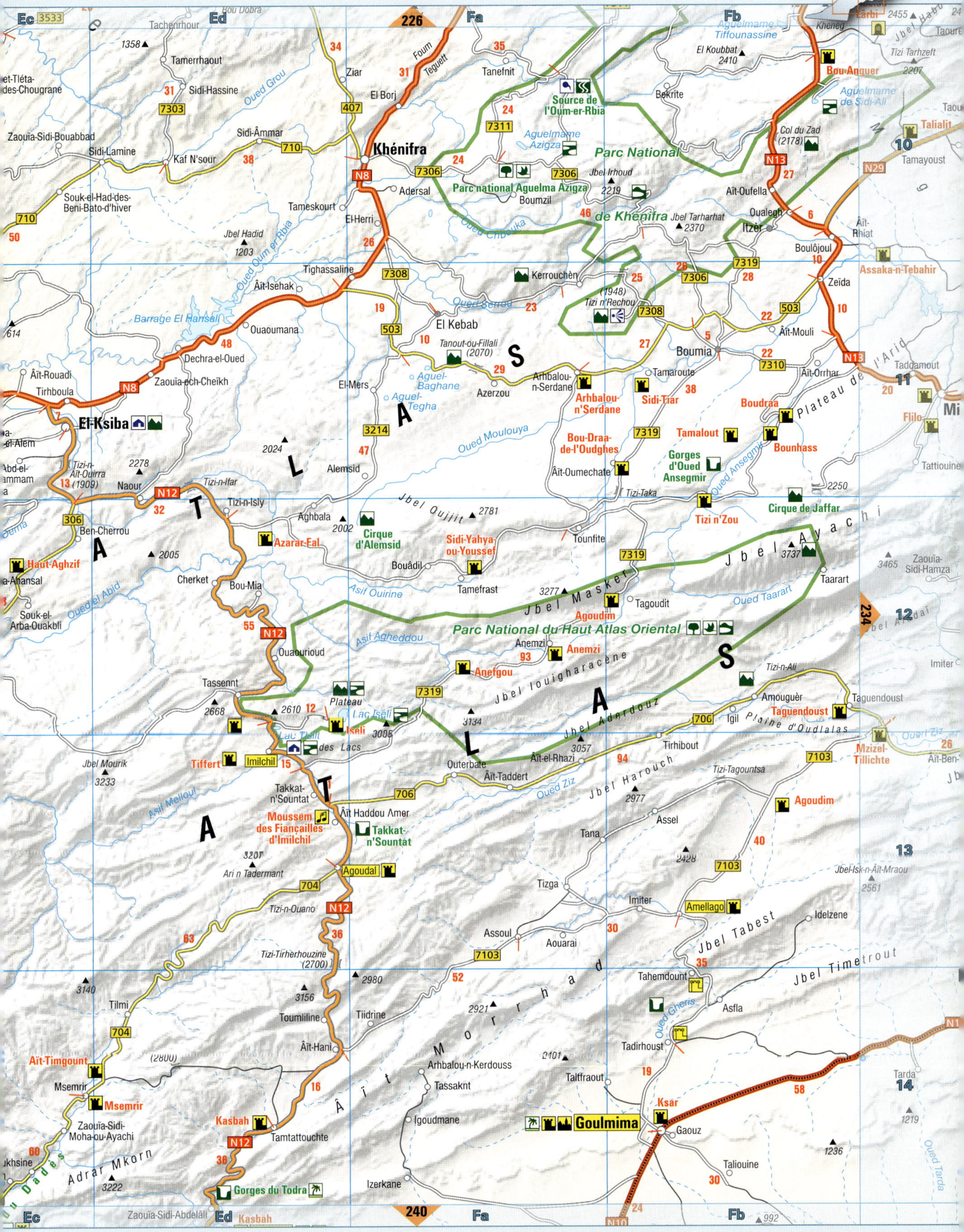

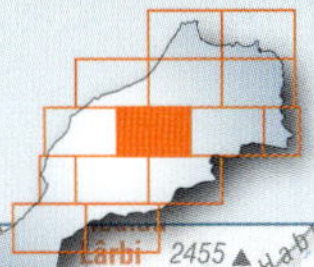

Ec
Ed
Fa
Fb
226
240
234
Tachenrhour
Bou Dobra
Foum Teguett
Ziar
El Borj
Tanefnit
Source de l'Oum-er-Rbia
Aguelmame Tiffounassine
El Koubbat 2410
Bekrite
Bou-Anguer
Aguelmame de Sidi-Ali
Tizi Tarhzeft
Talialit
Tamayoust
Col du Zad (2178)
Tamerrhaout
Sidi-Hassine
Oued Grou
Zaouia-Sidi-Bouabbad
Sidi-Lamine
Sidi-Âmmar
Kaf N'sour
Khénifra
Aguelmame Azigza
Parc National
Parc national Aguelma Azigza
Adersal
Boumzil
Jbel Irhoud 2219
Aït-Oufella
Itzèr
Oualegh
Souk-el-Had-des-Beni-Bato-d'hiver
Tameskourt
El-Herri
Oued Chbouka
de Khénifra
Jbel Tarharhat 2370
Boulôjoul
Aït-Rhiat
Assaka-n-Tebahir
Jbel Hadid 1203
Oued Oum er Rbia
Tighassaline
Âït-Isehak
Kerrouchèn
(1948) Tizi n'Rechou
Zeïda
Barrage El Hansali
Ouaoumana
Oued Serrou
El Kebab
Tanout-ou-Fillali (2070)
Boumia
Aït-Mouli
Dechra-el-Oued
Zaouia-ech-Cheïkh
Aguel-Baghane
Aguel-Tegha
Azerzou
Arhbalou-n-Serdane
Tamaroute
Sidi-Tiar
Taddamout
Âït-Rouadi
Tirhboula
El-Mers
Âït-Orrhar
Plateau de l'Arid
Boudraa
El Ksiba
Bou-Draa-de-l'Oudghes
Tamalout
Bounhass
Filo
Oued Moulouya
Gorges d'Oued Ansegmir
Tizi-n-Âït-Ouirra (1909)
Naour
Alemsid
Âït-Oumechate
Oued Ansegmir
Tattiouine
Tizi-n-Ifar
Tizi-n-Isly
Jbel Oujjit 2781
Tizi-Taka
Tizi n'Zou
Cirque de Jaffar
Aghbala
Ben-Cherrou
Azarar-Fal
Cirque d'Alemsid
Tounfite
Sidi-Yahya-ou-Youssef
Jbel Ayachi
3737
Haut-Aghzif
Bouâdil
Tamefrast
Zaouïa-Sidi-Hamza
Taarart
Cherket
Bou-Mia
Asif Ouirine
Jbel Masker
Tagoudit
Agoudim
Oued Taarart
Souk-el-Arba-Ouakbli
Oued el Abid
Parc National du Haut Atlas Oriental
Anemzi
Asif Agheddou
Ouaourioud
Anefgou
Jbel Iouigharacène
Imiter
Tizi-n-Ali
Tassennt
Plateau
Lac Iseli
Isseli
Amouguèr
Taguendoust
Igil
Plaine d'Oudlalas
Jbel Aderdouz
Lac Tislit
des Lacs
Mzizel-Tillichte
Oued Ziz
Jbel Mourik 3233
Tiffert
Imilchil
Outerbate
Âït-Taddert
Âït-el-Rhazi
Tirhibout
Tizi-Tagountsa
Jbel Harouch
Agoudim
Asif Melloul
Takkat-n'Sountat
Moussem des Fiançailles d'Imilchil
Âït Haddou Amer
Assel
Tana
Ari n Tadermant
Agoudal
Jbel-Isk-n-Âït-Mraou
Tizga
Imiter
Amellago
Tizi-n-Ouano
Assoul
Aouarai
Idelzene
Jbel Tabest
Tizi-Tirherhouzine (2700)
Tahemdount
Jbel Timetrout
Tilmi
Toumliline
Tiidrine
Âït Morrhad
Asfla
Oued Gheris
Âït-Timgount
Âït-Hani
Arhbalou-n-Kerdouss
Tadirhoust
Msemrir
Tassaknt
Taltfraout
Tarda
Zaouia-Sidi-Moho-ou-Ayachi
Kasbah
Igoudmane
Ksar
Goulmima
Gaouz
Tamtattouchte
Adrar Mkorn
Oued Dadès
Oued Tarda
Taliouine
Izerkane
Gorges du Todra
Zaouia-Sidi-Abdelâli

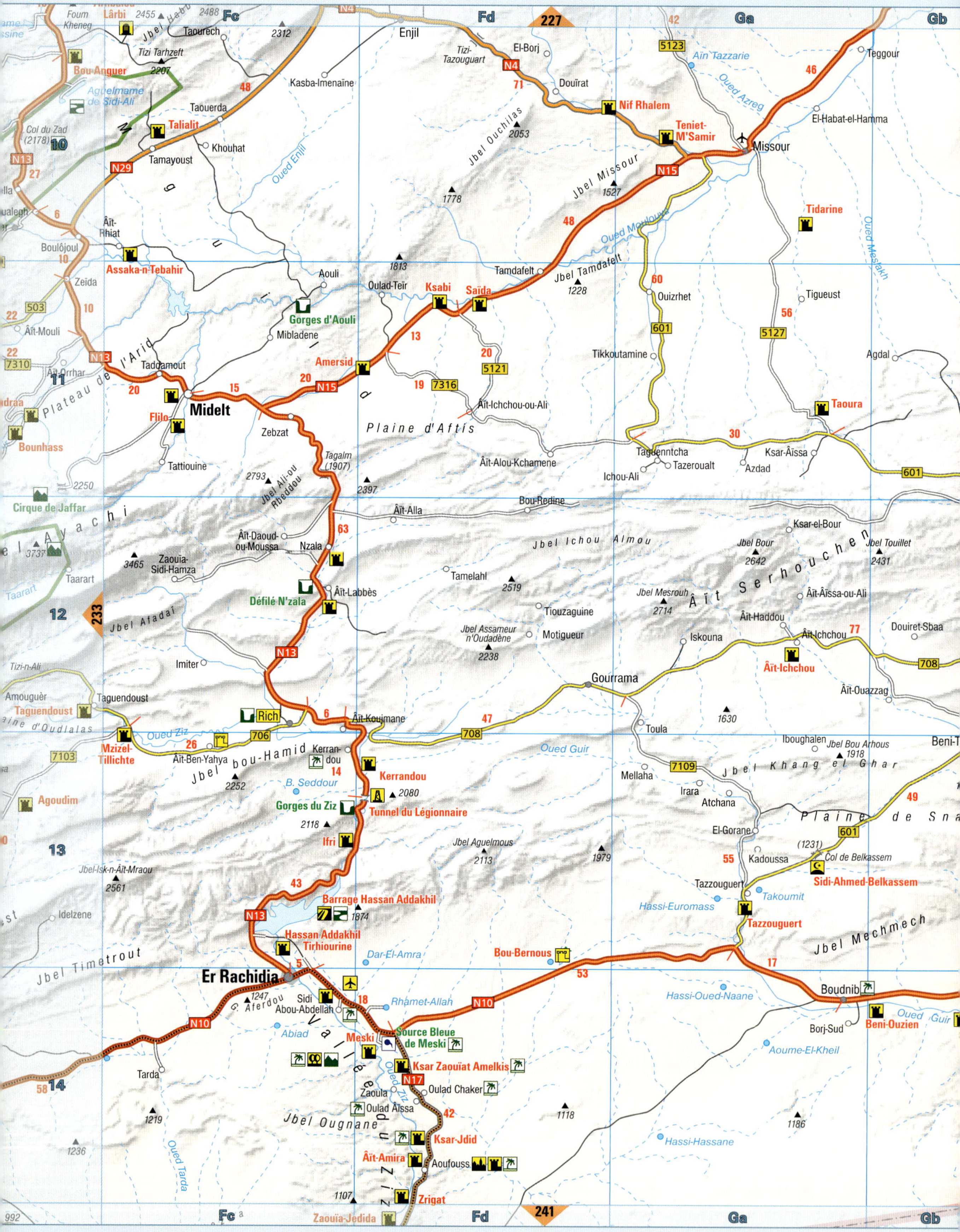

Maßstab 1:750 000

0 10 20 Kilometer
0 10 Miles

Gb
Gc
228
Gd
Ha
Oued Timersat
Oudrar
1537
Matarka
5110
42
Chebket bou Abssira
1678
Hassi-el-Ahmar
Oglet et Hasseï
Hassi-Jnim-Rtem
124
Oued Chaïef
Es Sahibat
Oued Mehareg
Oued Bel-Frissate
10
Borj de Bel-Frissate
604
1567
1851
Feja Kbira (1600)
1866
Jbel Meschkakour
2121
1701
Chebka Bou Graba
57
1642
Hassi-Zirara
Jbel Tata
1919
11
Bel Ghiadia
Anoual
2173
1621
96
1490
Hassi-El-Âricha
Jbel Bou-Habbi
1736
Jbel Jellalib
1645
Jbel El-Ourak
1798
Jbel Lakhdar
1919
Jbel Marzimine
1108
Jbel Mdour
1395
1742
1254
1380
236
12
Âït-Yakoub
Oued el Hallouf
Oued Remila
Plaine de Tamlelt
N10
Hassi el Mefsoukh
1509
1500
00
potable
Ksar Mohel
Âït-Sebbaït
Oued Aït Aïssa
Beni-Bassia
1590
Hassi Badda
Jbel Kellal
1351
Mengoub
63
25
Aourir
1477
Aïn-Ech-Chair
6111
1342
Oued Mellah
58
13
Hassi-Douis
1372
Hi-Keroula
Jbel Zelmou
Takoumit
Oued Bouanane
Bouânane
Mont Général Leclerc
1899
Hassi-Defla
Hassi-Hamed
Belibilia
Megrane
El-Hajoui
Hassi-Defilia
El-Menabba
Mogheul
Oued Tholfa
Oued el Abiod
Hassi ed Di
Tiriatine
848
881
937
Safsaf
Doukhaïa
1002
El-Ahmar
886
Souissifa
Jbel Horreït
1461
14
Oued Zelmou
El-Aouïna-Souâtar
Hassi-el-Morra-Tatiania
Oued el Morra
Garra Golla
1013
50
867
766
886
37
El-Gada
845
Hassi-El-Haouari
el-Kelba
Gara-Douifa
852
Garet-Oum-Es-Seba

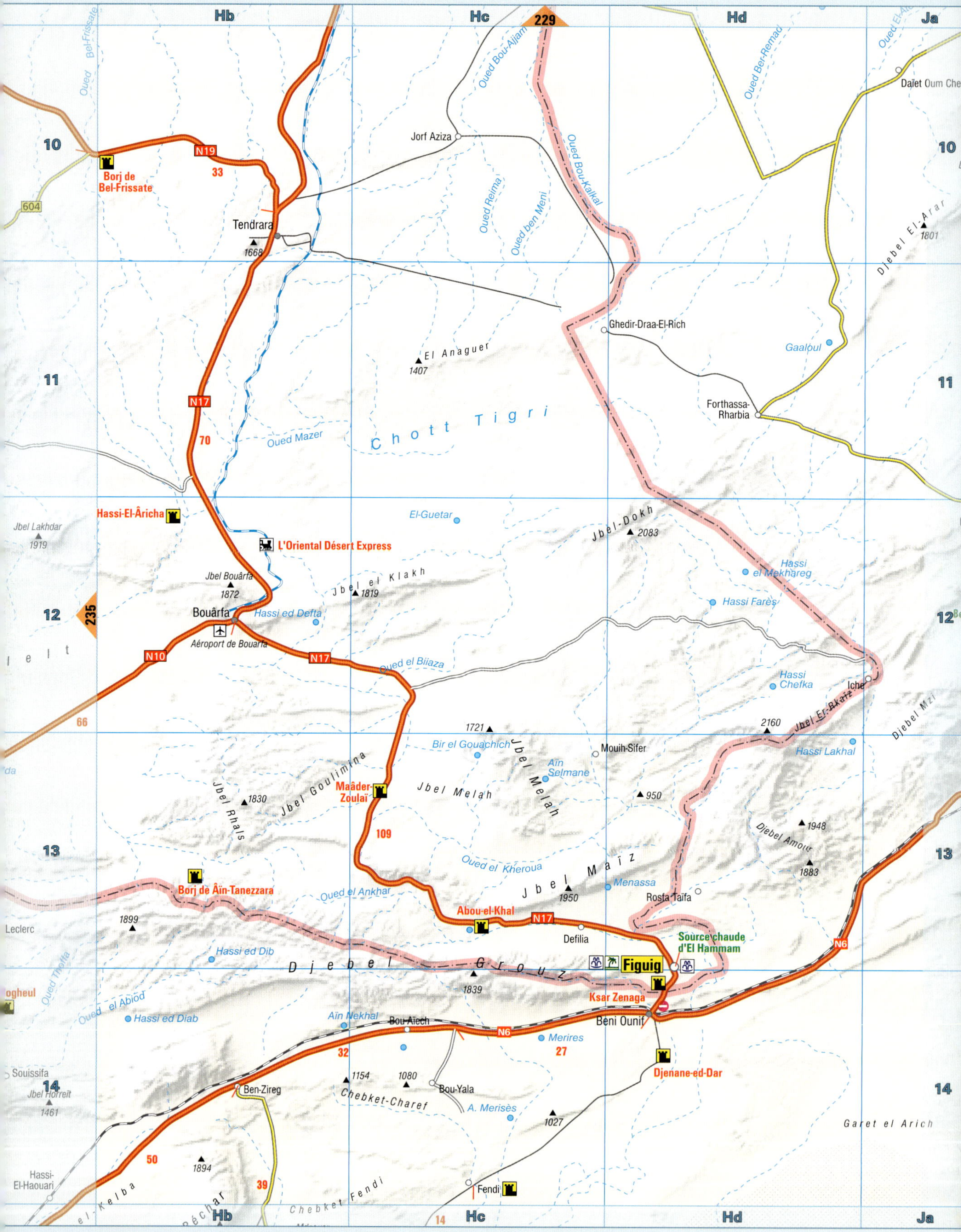

Maßstab 1:750 000

0 10 20 Kilometer

0 10 Miles

Bd
Ca
230
Cb
Cc
A3
Takhensa
Bjal-el-Kheneg
Oulad-Chinnane
Jbel Amardma
655
Sebt-des-Neknafa
Âït-Zelten
Tnine-des-Ida-ou-Zemzem
Dar-Caïd-Neknafi
Kasbah
Dar Caïd Zemzem
Had-Smimou
Smimou
Bouabout
Jbel bou Zergoun
1263
Zaouïa-Sidi-Abd-el-Moumene
Souk-et-Tnine-Imi-n-Tlit
Jbel Amsittene
905
Taouloukoult
Aderras
Zaouïa-Rahhal-des-Hassain
Oued el Rhira
Dar Cheikh-Taguent
Cap Tafelney
Sebt-Imgrad
H
a
h
Oued Zeltene
Imi-n-Tanoute
Bou-Laouane
Âït-Ouaguenna
Jbel Lemgou
1685
Sebt-des-Âït-Daoud
Dar-Caïd-Allal-bou-Fenzi
1595
Jbel Igrane
Medersa-Ichamrar
Irchalèn
1932
Tizi-Maachou
Tissiane
Zaouïa-Tamaroute
Tamanar
1127
Arhoundfar
Forêt d'Aderno
Tizi-N'Tabgourt
Asif n'Srou
Grand Plateau des Ida-ou-Bouzia
Asif n'Aït Moussa
2012
3205
Arba-des-Ida-ou-Trhouma
Aglagal
2484
Khemis-Igui-Nilieud
Imousane
Pointe Imsouane
Asif Tamsoult
Souk-el-Had-Oudarhas
1368
Tizza
Pointe d'Igui-n-Tama
Gouffre d'Agadir Imoucha
823
Arhbalou
Timegzounine
Jbel Tichka
3350
Thine-de-Tigouda
Tamri
Asif Aït Ameur
994
Gorges
Ej-Jemaa
Sebt-Talmakant
Jbel Aoulime
3555
Jbel Touchka
1692
Argana
Tasguinnt
Cascades
Bigoudine
Adrar-n'Tament
Oued Tinkert
Had-d'Imoulas
Ej-Jemaa
1452
Tamadant
1923
Tanefacht
Imouzzèr-des-Ida-Outanane
Isk
1789
Iferd
361
Assafid
Tassademt
1735
Afensou
1427
Cap Rhir
Amesnaz
Issi
1340
1342
Agoumadane
Ida-ou-Gaïla
Tirhanimine
El-Menizla
Et-Tnine-de-Boulajelat
Tarnaloukt
238
Taghazoute
Tamrhakht
Ardeniers
Iminiki
Oulma
Asif Tamrhakht
1349
Tiziouint
Adouz
Talaint
Ameskroud
Amcherk
Igli
Kasbah
Jbel Lgouz
Oued-Issene
Souirate
Âït-Yazza
Kasbah de Freïja
Oued Sous
AGADIR
Souk
Taroudant
Et-Tnine
Plage
Ben-Sergaou
Tolba
Ahmer
Arazane
Inezgane
Ej-Jorf
Oued Sous
Oulad-Teïma
Sebt Guerdane
Âït-Melloul
Temsia
Tazzemourte
Agraïz
Kasba-et-Tahar
Agadir Almassira
Souk-Sebt-des-Kfifate
Krarma
El-Koudia
Hafaïa
Adouar
Imi n'Titek
Tioute
Kasbah
Imariden
El-Kolea
Sidi-Toual
Takat
Âït-Haïda
Rgaig
Âït-Kassem
Tinoujinane
Ouaoufenrha
Draïd
Sidi-Bibi
Izkritèn
El-Had
Tifnite
Inchaden
Biougra
Dar-Cheick-Lahoussine
Tidsi
Adar-ou-Aman
Souk-Sebt-de-Tataoute
Amagour
El-Khemis
Et-Tleta
1267
Parc National Souss-Massa
Ifriane
Amechtoutel
Arganoual
Souk-el-Had
Imi-Mqourn
Souk-el-Arba-d'Assads
Irhil-n'-Isemsiden
Sidi-bou-Médiane
Sidi-Rbat
Sidi-Rbat
Anou-Jdid
El-Borj
Anrouy
2000
Sidi-Ouassaï
Tiferhal
365
Âït-Baha
Imi-el-Had-de-Tasguedelt
Souk-Tnine-Toufelazt
Massa
Had-Belfa
Réserve de Biosphère Arganeraie
Timzit
Igherm
Tassila
Assersif
Dar-Lahoussine
Et-Tnine
1359
Souk-el-Had-d'Imaoun
Azoura
Oued Massa
Agadir-Izouïka
Es-Sebt
1900
Oulad-Noumer
Âït-ou-Mribete
1916
Âït-Ourhaïne
Âït-Ouiguiddem
Lezzit
Souk-el-Had-de Targa-n-Touchka
Fouanou
Et Tleta-des-Idouska
Idaou
El-Grara
Tioulit
Agadir-Tasguent
Âït-Sembalet
Souk-Khemis-des-Ida-ou-Gnidif
Outourouine
El-Mers
Sidi-Abdallah
El-Feïd
Aarba Âït-Ahmed
Tiguermine
Arbaa-Rasmouka
Aougounz
Âït-Iftene
Souk-Khemis-d'Issafèn
1726
Barrage
Tizi n'Tagouint (1758)
243
2359 Jbel Lekst
Âït-Abdallah

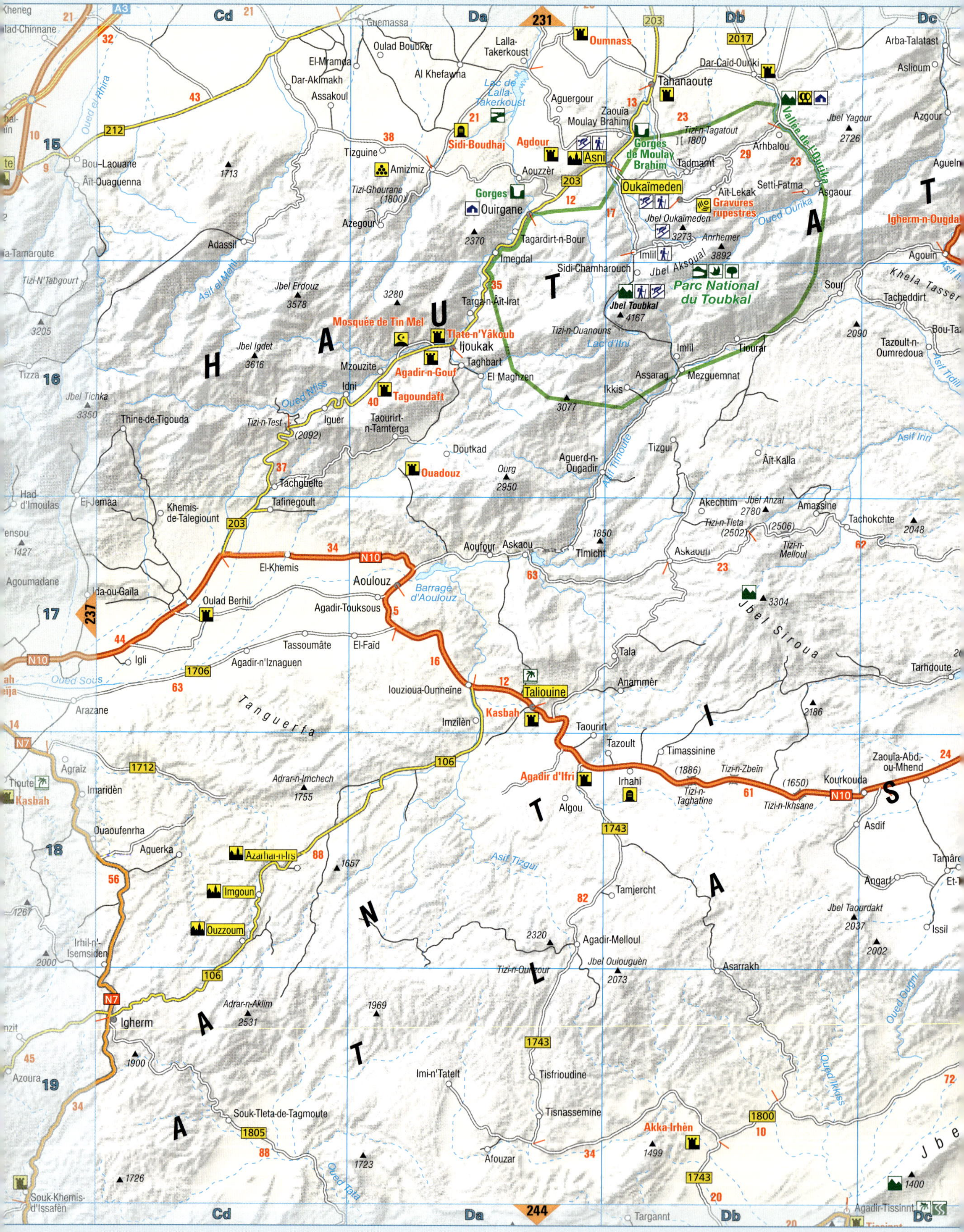

Maßstab 1:750 000

0 10 20 Kilometer

0 10 Miles

232
245
240
Dc
Dd
Ea
Eb
15
16
17
18
19
Taddert
Imouzer-des-Glaoua
Âït-Tatlane
Kasbah des Glaoui (Telouet)
Telouèt
Tizi-n-Tichka
Jbel Tistouit
Jbel Ouanzel
Jbel Anrhomer
Jbel Ghat
Anemitèr
Kasbah
Asif Ounila
Taguendoucht
Asif Mellah
Achahoud
Tiseldei
A. Ibourk
Tamdaght
Iflilt
Amerzgane
Ksar
Âït-Benhaddou
El-Mdint
Tadoula
Tazentout
Tikirt
Tiouine
Aït-Bou-Ktir
Tiffoultoute
Oued Ouarzazate
Route des Kasbahs
Taourirt
Ouarzazate
Golf Royal Ouarzazate
Barrage El Mansour Eddahbi
El-Mansour Eddahbi
Assermo
Tifflit
Tidrheste
Tagragra
Amezri
Tamezrit
Tissouguine
Âït-Moudzit
Imi-n-Oulaoun
Tabia-Âït-Zaghar
Toundout
Irhil M'Goun
Tizi-n-Âït-Hamed
Amesker
Amejgag
Âït-Toumert
Tatrarate
Bou-Thrarar
Tourbist
El-Goumt
El-Kelaâ-M'Gouna
Kasbah El Glaoui
Roseraie
Route des Kasbahs
Kasbahs d'Âït-Ridi
Imassine
Vallée du Dadès
Kasbah Âït Abou Ali
Âït-Souss
Kasbah Amerhidil
Kasbah Aït Ben Moro
Skoura
Tizi-n-Taddert
Oued Dadès
Sidi-Flah
Oulad-Merzoug
Bou-Skour
Jbel Sarhro
El-Hart
Souk-Khe
Zaouït-el-
Âït-Youl
Kasbahs
Taguenzelt
Finnt
Jbel Zerzoum
Asif n'Aït Douchchene
Oued Drâa
Cascades de Tizgui
Tizgui
Jbel Tifernine
Âït-Saoun
Tizi-n-Tinififft
Ourika-Ouaourmas
Rebat
Jbel Kissane
Taourirt
Tamnougalte
Timiderte
Agdz
Ouriz
Arâmd
Tansikht
Ouaouzagour
Tamezmoute
El Had
Taakilt
Oulad-Âtmane
Timaslâ
Igdâoun
Tinzouline
Akhellouf
Route des Kasbahs
Défilé de l'Azlag
Qsebt el Nommad
Âït-Slilo
Imi-n'Kern
Zaouïa-Tafetchna
Jbel Bou Zerouat
Vallée du Drâa
Jbel Azlag
Jbel Amergou
Tissergate
Zagora
Jbel Zagora
Amazraou
Bachkoum
Tagangout
Tislit-n-Âït-Douchchene
Tafounent
Tazenakht
Tiflernine
Oued Tamsift
Âït-Semgane-n-el-Grara
Tasla
Tizi-n-Taguergoust
Tizi-n-Timlaine
Bou-Azzer
Zaouït-Sidi-Blal
Amazzer
Kasbah
Talato
Tassetift
Imi-n'Ouasif
Ilirh
Foum el Oued
Asaka
Assemlil-Jdid
Âït-Hamane
Tizgui
Bleïda
Jbel el Hassel
Amtazguine
Taourirt n'Tillès
Allogoum
Oued Tlite
Nkheïla
El-Merja
Bou-Rbia
El-Mhamid
Foum-Zguid
Oued Oulad Heïtat
Jbel Bani
Zaouïa-Sidi-Abd-en-Nebi
Oued Zguid
Hassi Heda
Oued Moulili
N9
N10
N17
108
111
307
1506
1507
1800

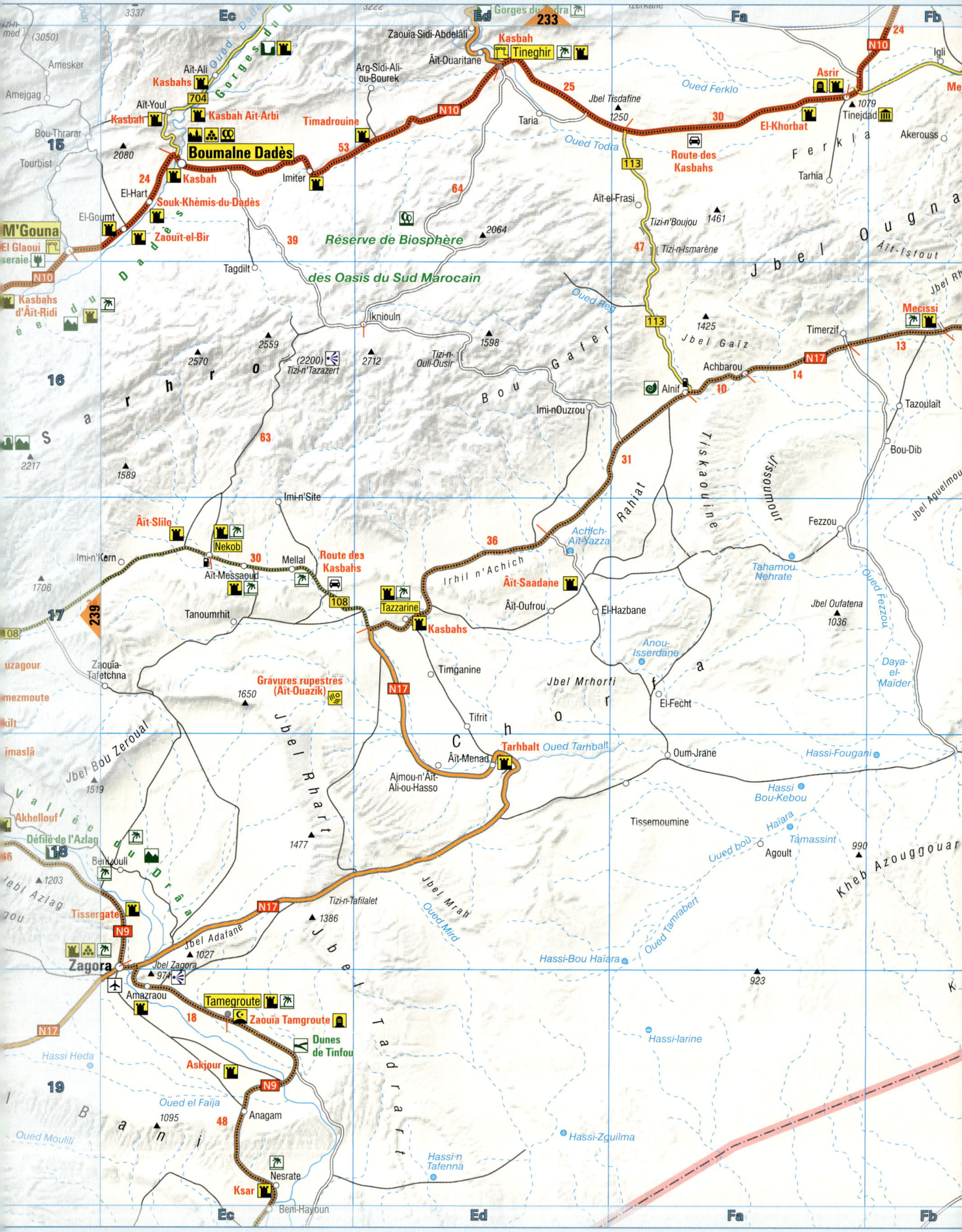

Maßstab 1:750 000

0 10 20 Kilometer

0 10 Miles

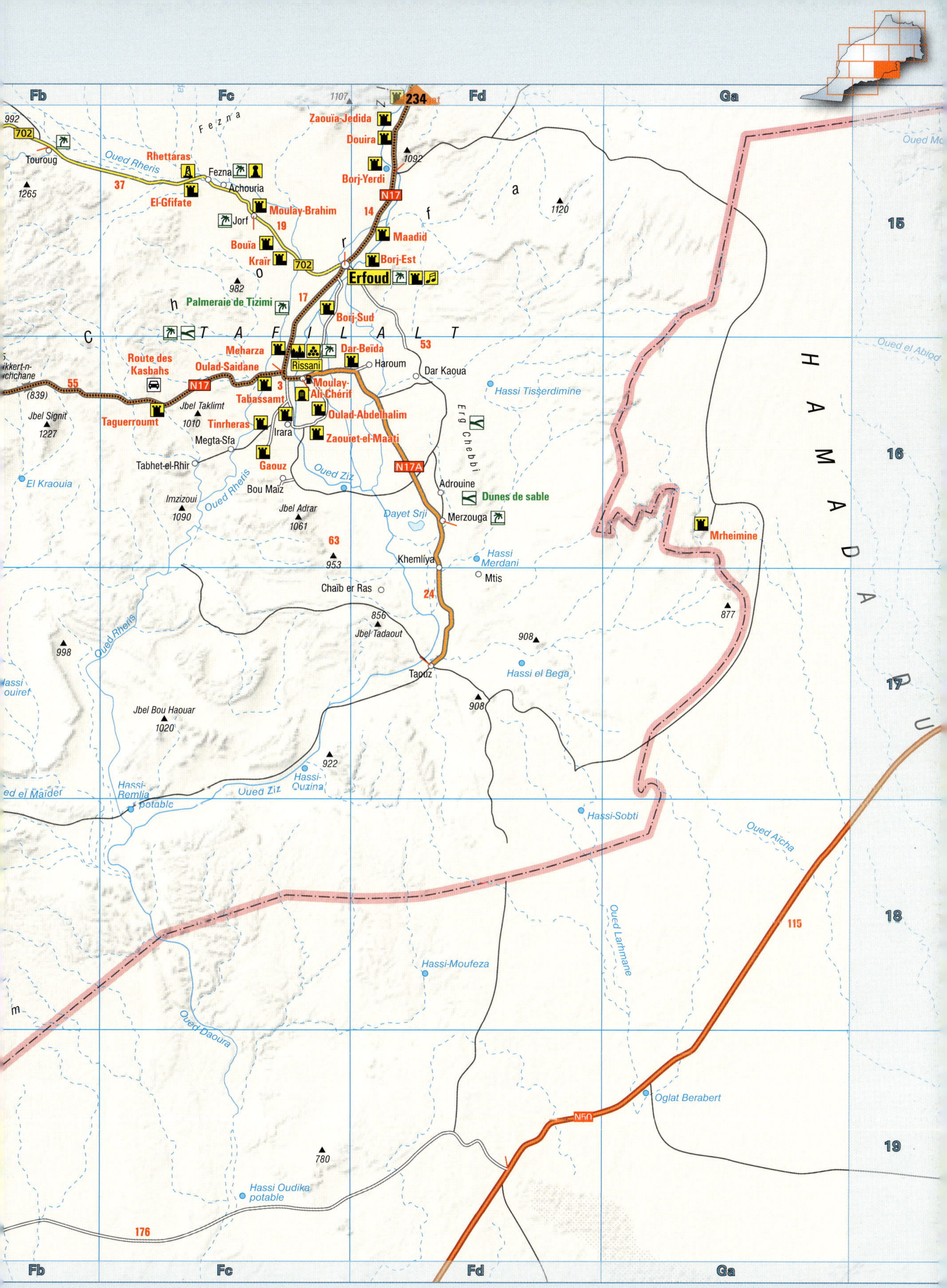

Fb
Fc
Fd
Ga
702
Touroug
Oued Rheris
Rhettâras
Fezna
Achouria
El-Gfifate
37
Moulay-Brahim
Jorf
19
Bouïa
Kraïr
Zaouïa-Jedida
Douira
Borj-Yerdi
N17
14
Maadid
Borj-Est
Erfoud
234
1092
1120
982
Palmeraie de Tizimi
17
Borj-Sud
T A F I L A L T
53
Route des Kasbahs
Meharza
Rissani
Dar-Beïda
Haroum
Dar Kaoua
Oulad-Saidane
Moulay-Ali-Chérif
Tabassamt
Oulad-Abdelhalim
Tinrheras
Zaouïet-el-Maâti
Taguerroumt
Jbel Taklimt 1010
Jbel Signit 1227
55
N17
Irara
Megta-Sfa
Tabhet-el-Rhir
Gaouz
N17A
Hassi Tisserdimine
Erg Chebbi
El Kraouia
Bou Maïz
Oued Ziz
Adrouine
Dunes de sable
Imzizoui 1090
Jbel Adrar 1061
Dayet Srji
Merzouga
Mrheimine
63
953
Khemlíya
Hassi Merdani
Mtis
Chaïb er Ras
24
856 Jbel Tadaout
877
998
908
Hassi el Bega
Taouz
908
Jbel Bou Haouar 1020
922
Hassi-Remlia potable
Oued Ziz
Hassi-Ouzina
Hassi-Sobti
Oued Aïcha
H A M A D A D U
15
16
17
18
19
115
Oued Lahmane
Hassi-Moufeza
Oued Daoura
Oglat Berabert
N50
780
Hassi Oudika potable
176
Oued el Abiod

Maßstab 1:750 000

0 10 20 Kilometer

0 10 Miles

Cs
Cb
Cc
Cd
237
244
20
21
22
23
24
Aougounz
Tizi n'Tagounit (1758)
2359 Jbel Lekst
Tanalt
Vallée des Ammeln
Oumesnat
Sidi-Abd-el-Jebar
Taguenza
Agard-Oudad
Tafraoute
Titeki
Aït-Abdallah
2092 Tizi n'Tarakatine
Tazalarhite
Tagmoute
Souk-Khemis-d'Issafèn
1816
Tisgui-Ida-ou-Ballou
Zaouia-Sidi-Nisseur
Agadir-Lehne
Tata
Aïggo
Aguelliz
1727
Igezmirt
El-Khemis
Châpeau de Napoleon
Adaï
Aouzert
Les peintures
2344 Adrar-Mqorn
Talate-Azougarn
Tazegzaoute
Had-Tahala
Tlata Tasrite
Timkyet
Jbel Tillit 1742
1920
1826
Hassi-el-Kerma
Imitek
Hassi-Brahim
Agarzane
Tazart
El-Ayo
Jebair
1112
Tiggane
Tizourhane
Jemaa Ida Oussemlal
Tnine Tarsouale
2145
Khmes aït Ouafka
Bou-Zarif
Hassi-Bar
A. Sekka
Souk-el-Had-d'Afella-Irhir
Talate-n-Issi
Izerbi
Gravures rupestres
Targannt
Sidi Abdulah Embark
Oued Tata
Aït-Rahhal
Tagâdirt
1111
Akka
Oum El Alek
Sidi-Bou-Addi
1049
Talrhaïcht
Targa n'Yasine 615
Tamessoult
1168
Tadakust
Touzounine
Im-Ouzlag
Aguerd
Aït-Ouabelli
Tizgui
Igdi
Tagoujgalte
Aït-Herbil
774
541
1223
1028
Icht
Sidi Adnane
Foum el Hassane
1029
Fam El-Hisn
950
Dar-Brik
Jbel Tazout
Talreicht
Oued Drâa
Oued Tamanart
Jbel Ouarkziz
Gravures rupestres
Hassi
Oum el Achar
Bou Akba
Khebel
Oued bu legmaden
606
Merkala
566
Touaref bou Aam
Oued el Ma
N7
N17
107
104
1916
1910
102
1803

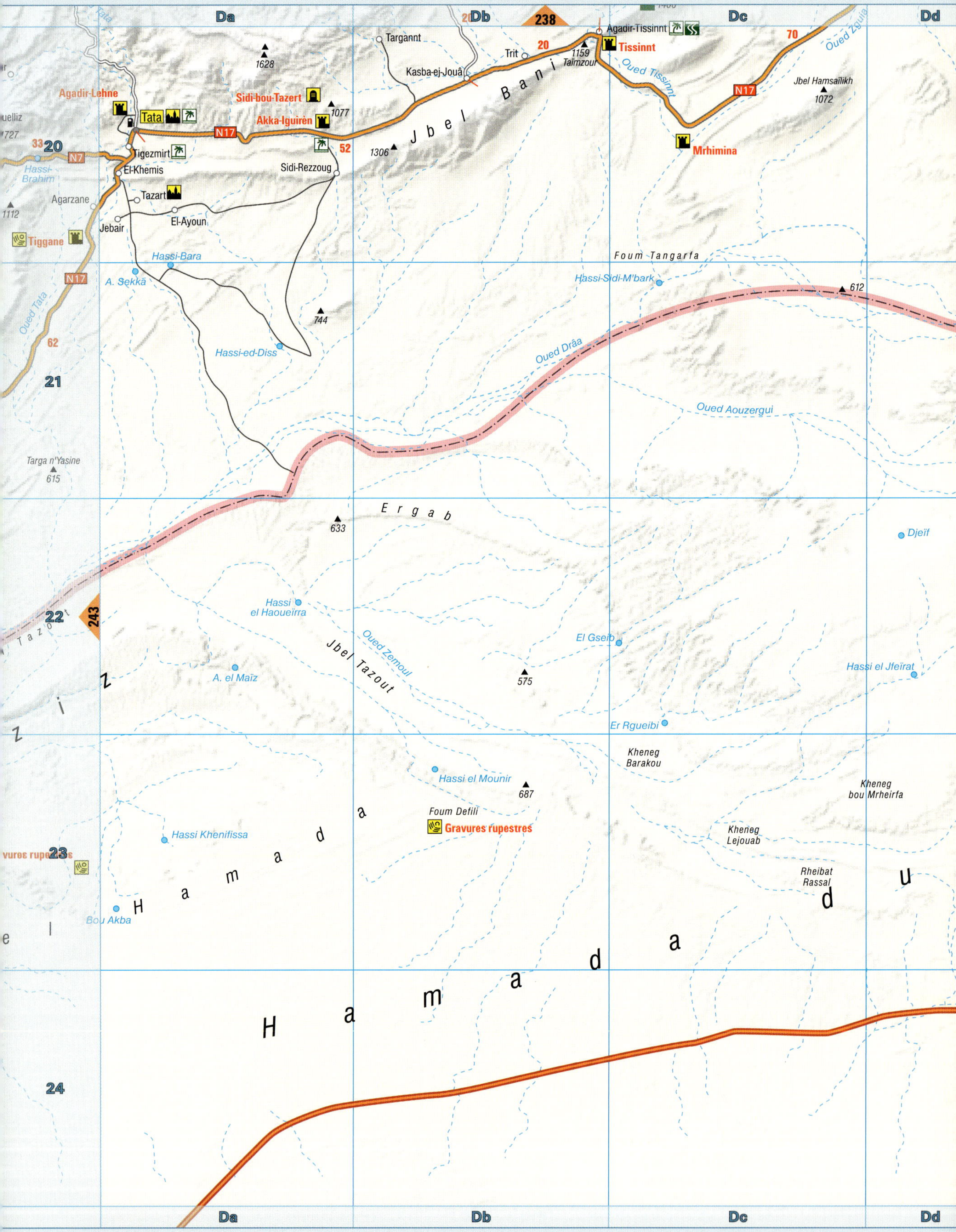

Maßstab 1:750 000

0 10 20 Kilometer

0 10 Miles

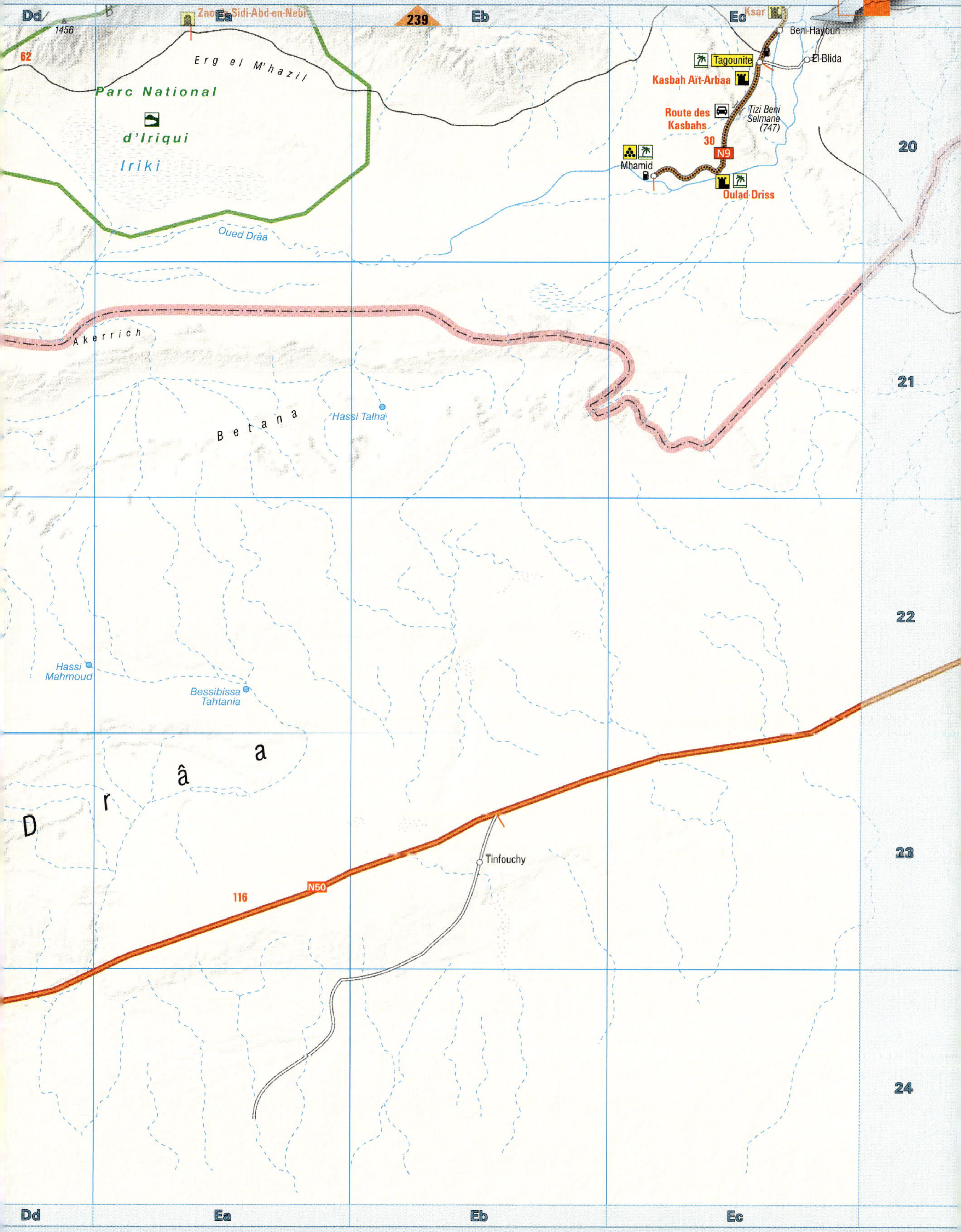

Dd
Ea
Eb
Ec
239
1456
62
Zaouia Sidi-Abd-en-Nebi
Erg el M'hazil
Parc National
d'Iriqui
Iriki
Oued Drâa
Ksar
Beni-Hayoun
El-Blida
Tagounite
Kasbah Aït-Arbaa
Route des Kasbahs
Tizi Beni Selmane (747)
30
N9
Mhamid
Oulad Driss
20
21
22
23
24
Akerrich
Betana
Hassi Talha
Hassi Mahmoud
Bessibissa Tahtania
Drâa
Tinfouchy
116
N50

A

B

C

D

E

F

G

H

M

N

O

P

Q

R

S

T

V

Z

Register

Bildnachweis · Impressum

A = Alamy; C = Corbis; G = Getty Images; M = Mauritius Images

Cover: Getty/Dave Greenwood (Abendstimmung über Aït-Ben Haddou), Getty/Xavierarnau (Medina von Fès); Buchrücken: Look/age (Karawanen in den Dünen bei Merzouga, Erg Chebbi); Rückseite: Look/Manuel Bischof (Menara-Gärten, Marrakesch), Look/Priska Seisenbacher (Oase von Skoura), Look/Avalon Red (Koubba el-Baadiyn, Marrakesch)

S. 2-3 G/Starcevic, S. 4-5 G/Peter Adams, S. 6-7 G/Peter Adams, S. 10-11 Look/age, S. 12-13 G/Pierre-Yves Babelon, S. 14 G/Patrick Donovan, S. 14-15 G/Andrea Forlani, S. 15 M/Alamy, S. 15 G/Pierre-Yves Babelon, S. 16 G/Pierre-Yves Babelon, S. 17 G/Jerry Moorman, S. 17 G/Evgeny Sergeev, S. 17 M/Steve Vidler, S. 18 M/Alamy, S. 18-019 G/Copyright Alengel, S. 19 G/Copyright Alengel, S. 19 G/Copyright Alengel, S. 19 Look/Kay Maeritz, S. 20 G/AFP, S. 20 G/AFP, S. 20 G/Frans Lemmens, S. 21 M/Alamy, S. 21 G/Youssef El Majdoub, S. 21 M/Alamy, S. 22-023 G/Elena Danileiko, S. 24 Look/age, S. 24 M/Eddy Buttarelli, S. 25 M/Alamy, S. 25 M/Alamy, S. 25 M/Nico Tondini, S. 26 M/Daniel Kempf-Seifried, S. 26 G/Juanorihuela, S. 26 M/Marco Cristofori, S. 27 G/Julian Schaldach, S. 27 M/Thomas Hinsche, S. 28-029 G/Santiago Urquijo, S. 30-031 Look/age, S. 31 M/Tolo Balaguer, S. 31 M/Alamy, S. 31 G/Izzet Keribar, S. 32 G/Ichauvel, S. 32 G/Alvaro Leiva, S. 32 G/Ichauvel, S. 32 M/Alamy, S. 32-033 M/Alamy, S. 34 G/Frans Lemmens, S. 35 G/Omar Sakhi, S. 35 M/Alamy, S. 35 M/Emanuele Ciccomartino, S. 36 M/Alamy, S. 37 M/Emanuele Ciccomartino, S. 37 G/Santiago Urquijo, S. 37 G/El Montassir Dahmane, S. 38-039 G/Santiago Urquijo, S. 40 G/Luis Davilla, S. 40 M/Hermes Images, S. 41 Look/age, S. 41 M/Tristan Deschamps , S. 42 G/Massimo Borchi, S. 42 M/Urs Flüeler, S. 42 M/Alamy, S. 43 G/Raquel Maria Carbonell Pagola, S. 44 Look/Axiom, S. 44-045 M/Wigbert Röth, S. 45 M/Alamy, S. 45 M/Alamy, S. 46 M/Alamy, S. 46 Look/age, S. 47 M/Alamy, S. 47 M/Alamy, S. 48-049 G/Doug Pearson, S. 50 G/Benedek, S. 50 M/Florian Bachmeier , S. 51 M/Alamy, S. 52-053 M/Wigbert Röth, S. 54 M/Peter Schickert, S. 54 M/Stefan Auth, S. 55 M/Alamy, S. 55 G/Saiko3p, S. 56 M/Alamy, S. 56 G/Tuul & Bruno Morandi, S. 57 M/ClickAlps, S. 57 G/luisapuccini, S. 58 M/ClikkAlps, S. 58 M/Alamy, S. 59 M/Alamy, S. 60-061 G/Thanachai Wachiraworakam, S. 62 G/Juergen Ritterbach, S. 62-063 M/Wigbert Röth, S. 63 M/Alamy, S. 64 M/Marco Cristofori, S. 64-065 G/Atlantide Phototravel, S. 65 M/Alamy, S. 65 M/Alamy, S. 66 C/Massimo Borchi, S. 66 M/Alamy, S. 66-067 M/Stefano Paterna, S. 67 G/Kelly Cheng, S. 68 G/Mida Abdelghani, S. 68 M/Marco Cristofori, S. 69 M/J.D. Dallet, S. 69 G/Rosmarie Wirz, S. 69 G/Elena Odareeva, S. 70 G/Chris Griffiths, S. 70 M/Alamy, S. 71 M/Alamy, S. 71 G/Winfried Schafer, S. 71 M/Alamy, S. 72 G/Michal Balada, S. 73 G/Julian Schaldach, S. 73 M/Alamy, S. 73 M/Alamy, S. 74 M/Alamy, S. 75 G/John Elk, S. 75 M/Alamy, S. 76 M/Alamy, S. 76 M/Alamy, S. 78 M/Alamy, S. 78 M/Alamy, S. 79 M/Alamy, S. 79 G/Thanachai Wachiraworakam, S. 80 M/Jörg Dauerer, S. 80 C/Massimo Borchi, S.81 G/Stuart Christhilf, S. 81 G/Thomas Pollin, S. 81 M/Alamy, S. 82-083 M/Jörg Dauerer, S. 84-085 Look/Kay Maeritz, S. 85 G/Richard Sharrocks, S. 86 G/Cavan Images RF, S. 86-087 G/Stanley Chen Xi, S. 87 M/Catharina Lux, S. 87 M/Alamy, S. 88 M/Stefano Paterna, S. 88 G/Hakan Deliç, S. 88 M/Alamy, S. 88-089 M/Bruno Kickner, S. 90 Look/Daniel Schoenen, S. 90 M/Alamy, S. 92 M/Alamy, S. 92 M/Alamy, S. 92 G/Thanachai Wachiraworakam, S. 93 M/Alamy, S. 93 M/ImageBroker, S. 93 G/Yoshihiro Takada, S. 94 G/Leonid Andronov, S. 94 G/Leonid Andronov, S. 95 G/Zdenek Kajzr, S. 95 G/Leonid Andronov, S. 96-097 M/Alasdair Turner, S. 98 G/Colors Hunter, S. 98 G/Leonid Andronov, S. 98 G/Juergen Ritterbach, S. 100-101 M/Alamy, S. 101 G/Zouhair Lhaloui, S. 101 G/Ugurhan Betin, S. 102 M/Alamy, S. 102 M/Alamy, S. 103 G/Gavran Boris, S. 104-105 M/Freddy Cerdeira, S. 106-107 G/Mlenny, S. 107 G/Pietro Costanzo, S. 108-109 G/Andrea Pistolesi, S. 109 G/Stefan Cristian Cioata, S. 109 G/Pierre-Yves Babelon, S. 109 G/Xavierarnau, S. 109 G/Paul Biris, S. 112 G/Symphonie, S. 112 Look/Kay Maeritz, S. 112 M/Alamy, S. 113 G/Kelly Cheng, S. 113 Look/Robertharding, S. 114-115 M/Stefano Paterna, S. 116-117 G/Kelly Cheng, S. 117 M/Alamy, S. 118 M/Alamy, S. 118-119 G/Peerakit Jlrachetthakun, S. 119 G/Hans Georg Roth, S. 120-121 G/Benbenjilali, S. 122 M/Alamy, S. 123 G/Giraudou Laurent, S. 123 G/Arturogi, S. 123 G/Oversnap, S. 124 M/Alamy, S. 124-125 G/Ianmcdonnell, S. 125 M/Alamy, S. 126-127 G/Martin Harvey, S. 127 G/Martin Harvey, S. 127 M/Wigbert Röth, S. 128-129 M/Thomas Dressler, S. 129 M/Fabian von Poser, S. 129 G/Alisha Bube, S. 129 M/Alamy, S. 130 G/Eunika Sopotnicka, S. 130 G/Denis Schaal , S. 131 M/Klaus Kranebitter, S. 131 G/Bob Balestri, S. 131 G/Paul A. Souders, S. 132 M/Winfried Wisniewski, S. 132 M/Alamy, S. 132 M/Alamy, S. 132 M/Gerard Lacz, S. 132 G/Tambako the Jaguar, S. 132 M/Thomas Hinsche, S. 132 M/Peter Schickert, S. 133 M/Günter Flegar, S. 133 M/Arthur F. Selbach, S. 134 G/Kike Arnaiz, S. 134-135 G/Ania Blazejewska, S. 135 M/Alamy, S. 135 G/Frank Cornfield, S. 136-137 M/Alamy, S. 138-139 M/Alamy, S. 139 G/Mmeee, S. 139 M/Alamy, S. 140-141 M/Wigbert Röth, S. 142-143 M/Steffen Rothammel, S. 143 M/Walter G. Allgöwer, S. 143 G/Ptxgarfield, S. 144 G/Walter Bibikow, S. 144 M/Alamy, S. 145 M/Wigbert Röth, S. 145 G/Rudolf Ernst, S. 145 M/Terrance Klassen, S. 146 M/ImageBroker, S. 146 G/Richard T. Nowitz, S. 147 G/Dainis Derics, S. 147 M/Alamy, S. 147 M/Alamy, S. 147 G/Rudolf Ernst, S. 147 Look/age, S. 148-149 M/Wigbert Röth, S. 150 G/Rudolf Ernst, S. 151 M/Alamy, S. 151 M/Alamy, S. 152-153 Look/Kay Maeritz, S. 154-155 G/Zzvet, S. 154-155 M/Alamy, S. 156-157 G/Igor Dymov, S. 157 M/Alamy, S. 157 M/Jose Fuste Raga, S. 157 M/Alamy, S. 157 G/Allan Watson, S. 158 Look/age, S. 158 M/Gavin Hellier, S. 159 M/Jordi Ferré Gicquel, S. 159 M/Alamy, S. 160-161 G/Davide Seddio, S. 162 G/Paul Biris, S. 162-163 M/Wigbert Röth, S. 163 M/Alamy, S. 164-165 G/Shyish, S. 166 M/Pixtal, S. 166-167 M/Alamy, S. 167 M/Wigbert Röth, S. 167 G/CCat82, S. 167 M/Paul Williams, S. 168 G/Angel Villalba, S. 168-169 G/Cheryl Ramalho, S. 169 G/Angel Villalba, S. 169 M/Alamy, S. 170-171 G/Mmeee, S. 172 M/Alamy, S. 172-173 G/Mariss Balodis, S. 173 Look/age, S. 174 G/Tony4urban, S. 174 M/Franziska Maier, S. 176-177 G/yavuz sariyildiz, S. 178-179 G/Arnaud Spani, S. 180-181 M/Alamy, S. 181 M/Alamy, S. 181 M/ImageBroker, S. 181 M/Neil Bowman, S. 182 M/Bruno Kickner, S. 182 M/David & Micha Sheldon, S. 182 M/Lesley van Loo, S. 183 G/Raquel Maria Carbonell Pagola, S. 183 M/Thomas Dressler, S. 184 M/Alamy, S. 185 M/Alamy, S. 185 M/Wigbert Röth, S. 185 M/age, S. 186 M/Chris Caldicott, S. 186 M/Jörg Dauerer, S. 186-187 G/Enrique Díaz, S. 187 M/Alamy, S. 187 M/Monica Gumm, S. 187 M/Alamy, S. 188-189 M/Alamy, S. 190 M/Alamy, S. 190 G/Stanislavgusev, S. 191 M/Camille Moirenc, S. 191 M/Alamy, S. 191 M/Camille Moirenc , S. 192-193 M/Camille Moirenc , S. 193 M/Alamy, S. 193 M/Alamy, S. 194-195 M/Kymri Wilt, S. 196 G/Mtcurado, S. 196 G/Tuul & Bruno Morandi, S. 197 M/Alamy, S. 197 M/Alamy, S. 197 M/Thomas Dressler, S. 198-199 G/John Seaton Callahan, S. 199 G/Hans Neleman, S. 199 M/Adolf Martens, S. 200 G/Art Wolfe, S. 202-203 G/Dave Greenwood, S. 205 G/Paul Biris, S. 206 Look/Photononstop, S. 207 M/Tolo Balaguer, S. 207 Look/age, S. 207 G/Pierre-Yves Babelon, S. 208 Look/Manuel Bischof, S. 209 M/Alamy, S. 209 M/Stefano Paterna, S. 209 G/Luis Davilla, S. 209 C/Massimo Borchi, S. 210 G/RilindH, S. 211 M/Alamy, S. 211 M/Franziska Maier, S. 211 G/Zouhair Lhaloui, S. 211 M/Bruno Kickner, S. 212 G/Wigbert Röth, S. 213 G/Zzvet, S. 213 G/Cheryl Ramalho, S. 213 G/Davide Seddio, S. 213 G/Igor Dymov, S. 214 G/Starcevic

MAIRDUMONT GmbH & Co. KG, Ostfildern
St.-Cajetan-Straße 41
81669 München
Telefon +49.89.45 80 20-0
Fax +49.89.45 80 20-21

www.kunth-verlag.de
info@kunth-verlag.de

1. Auflage
Printed in Italy

MIX
Papier aus verantwortungsvollen Quellen
FSC® C015829

Text: Daniela Schetar, Rita Henss

Redaktion: Julia Schott
Gestaltung: Ulrike Lang